人權之基本原理

許慶雄 著

序　言

　　人權是現代立憲主義的核心部分，權力分立與國民主權都是為了保障人權而存在，因此研究憲法必須由人權及其基本概念著手。本書非常榮幸經由台灣憲法學會推薦列為「台灣憲法學會叢書第二號」。本書內容提供一般尚未詳加論述的人權之基本概念：人權體系之界限與相互調整、人權之效力、平等原則之意義與基準等，是極為有用、且每一位 21 世紀現代文明人，都應該了解的人權概念。特別是台灣近年來要求改革憲政體制的聲浪高漲，其中人權理念、主張應該具備之正當性、合法性何在，都與這些概念息息相關。本書有關平等原則佔有相當篇幅，原因是自由與平等雖然是現代人權發展過程中最主要的兩個部分，但是一般憲法著作，針對自由權都會在各種人權分類中詳細探討，對於平等原則卻只是在前言簡單論及。

　　自由與平等是現代人權最主要的兩個概念，但是兩者之間到底是一種互相調和的關係，或是處於對立矛盾的關係，一直存在著各種不同的見解。傳統的見解比較傾向於兩者是密切結合的關係，認為平等原理在自由體系內是不可或缺的，自由原理也必然融入平等體系中，所以才會提出人生而自由、平等的主張。一方面，現代的國家社會中，兩者卻常處於緊張的關係，

愈自由則造成愈不平等，反之愈平等則愈不自由，要維持平等狀態就必須限制自由，要任其自由競爭就必然會造成不平等的結果。因此，自由與平等的關係並非穩定或一成不變，值得進一步探討。

首先，研究平等原則才能正確把握自由人權保障的範疇：例如，思想自由並非只是正面保障思想自由，若是無法保障每一個人不因思想因素而在日常生活上受差別待遇，就是違反平等原則且侵害思想自由。當然，宗教信仰、學問自由、各種表現自由、集會、結社等相關的自由權保障，也同樣適用平等原則所延伸出來的不受差別待遇之保障。很多國家雖然容許各種不同思想、言論自由自在的表現，但是一方面又針對反體制、反主流的異議人士，在公、私兩方面採取監視、查稅的不平等差別待遇。這種現象如果仍然普遍存在，則不能視為保障自由人權的民主法治國家。例如，經濟自由權在職業選擇自由保障方面，對於資格、證照取得是否有不平等的現象，是經常引起爭議的部分。營業規制的問題，一般針對營業目的、性質、公共安全等做審查，合格則發給營業許可證，因為採取客觀基準認定，這一部分較為平等。但是採取特許制度限定經營者數量時（例如電台、電信、銀行），則等於是對其他第三者的經營自由權予以限制。此時特別許可的基準必須符合平等原則，同時對於特許經營者也必須有適當的相對規制。例如，限定利潤上限或賦予特許業者承擔某些公共義務等。

其次，社會福利制度是國家為落實社會權保障，使國民在基本的經濟、社會生活條件上享有平等的分配，所架構的各種

制度。福利制度的本質就是為了追求實質的平等，因而在各種國家制度中與平等原則的關係最為密切。現代平等原則最重要的理念，是將實質平等保障的人權轉化為「社會基本權」，以具體保障每一個人過著有尊嚴、有文化、有品質的最基本生活。這種追求實質、結果平等的福利國家體制，在 21 世紀仍將繼續成為人類社會發展的主流，台灣要成為先進國家也不能將之排除在外。傳統的（古典的）自由主義認為國家權力的束縛與干涉，是造成個人不幸的主要因素。因此強調限制國家權力，成立「自由國家」與「小而美的政府」，認為儘量使個人的私生活領域自由自在，才能保障國民享受更多的幸福。然而，擁有巨大財富者與明天三餐何在都沒有著落者，他們是否會同樣的感受到幸福；失業的勞工是否能與資本家同樣的過著自由自在的生活；如果這些都是否定的，則所謂人權只是形式化的口號，所謂幸福的生活只是不能實現的夢。因此，現代福利國家為了使人權實質化，必須改變過去消極的態度，積極的介入國民的社會、經濟生活，以確保每一個人實際能享有幸福的生活。在這種具體保障人權、積極追求正義、公平的福利國家中，平等不再只是單純的禁止差別的概念，平等原則對國家權力作用與主要制度，也會產生何時適用及如何適用的各種關係。

最後，國家權力機關在立法、政策執行、司法判斷等作用過程，都廣泛的涉及平等原則的適用。此時，平等原則是否有允許其裁量的空間，立法、行政、司法機關所擁有的判斷範圍何在，都關係到「基準」的問題。如果涉及個別的權力機關，對應平等原則時所必須釐清的界限，其基準理論就更為複雜。

例如：立法機關立法時，法律「內容」的「平等」其意義為何。五光十色的法律中，其內容是否符合「平等」原則，並非任何人可以主觀的、直覺的認定，而是必須經由學理探討、判例研究與解釋等，形成客觀、合理的「基準」，才能判斷是否未違反平等原則。這就延伸出有必要對平等原則的基準，做進一步的探討與研究。平等原則不只是拘束一般法律，效力高於法律的憲法、條約、國際法也同樣適用平等原則。故國家立法作用當然必須受拘束，其所制定的法律內容應符合平等原則，是一種必然存在的「原理」。何況，如果種種差別狀態或不平等制度，都可以經由立法而正當化，認定惡法亦法、法律萬能，則要求適用、執行這種法律時必須平等又有何意義。例如：行政機關執行法律或國家公務員執行公務時，都應受平等原則拘束，不能因人、因事而採取不同對應或差別待遇。平等原則對行政作用的拘束是全面性的，包括依法行政、行政中立、行政裁量，甚至公務員日常的所作所為都可適用，例如：司法機關的作用與司法審判亦同樣受平等原則的拘束，有關訴訟制度、判決、審判手續等，都應適用平等原則。特別是，司法機關所審理的案件或違憲與否的審查，也都必然與平等原則有關，平等相關的基準、理論也大多是在各種審判中發展形成。因此，司法作用是各種國家權力作用之中，與平等原則適用的關係最為密切者。

此外，民主國家的選舉制度除了希望能設計出反映民意、使國民主權得以落實的制度之外，也必須符合國民參政權平等保障的原則。又如，國家的活動必須依賴向國民課稅來維持，

但是長久以來課稅是否公平，如何公平一直是國民高度關注的焦點，也一直是極具爭議性的問題，如果處理不當常會引起重大的政治抗爭。因此現代國家應積極介入、調整國民經濟地位的平等，租稅制度、年金制度對國民日常經濟生活影響極大，所以也是國家調整國民之間經濟不平等的主要手段。「租稅平等」、「年金平等」雖然是各國共通的基本原理，但是如何規定才能使國民公平負擔稅賦、享有年金，所謂稅制、年金的平等應考慮哪些原則與基準，論及這些具體實際的規範時，都會涉及平等原則理論。

台灣在長期威權體制下，對於人權理念及保障制度的理論研究，幾乎是一片空白。人權必須有學理出現，才能形成保障制度，才會產生具體保障的效果。平等原則也是如此，沒有正確的理論，就不可能形成衡量審查的基準，平等保障就無法具體實現，故平等原則理論的研究應該是落實人權具體保障重要的一步。

本書為「憲法與人權之基本理論」系列之第二部，第一部「憲法之基本原理」也請參照。本書承蒙秀威資訊科技股份有限公司杜國維先生及編輯同仁之協助，能夠順利出版，在此深致謝意。

本書獻給大多數人權仍舊受壓迫的台灣人民。

2015.10.15. 許慶雄

目次

CHAPTER 1

人權之歷史發展

「研究憲法就是研究人權」，學術領域並沒有人權學，憲法學就是在探討人權的內容、如何保障人權的權力分立體制及政治運作的相關事項。憲法學者就是研究人權的學者，憲法課程就是人權的課程。

憲法的內容必須具備現代立憲主義的基本原理：保障人權、國民主權、權力分立，才具備合法性、正當性，否則就不配稱之為憲法。「沒有」國家、「沒有」憲法亦可研究憲法，因為現代立憲主義憲法有共通的基本原理，研究憲法與任何國家的一部憲法典並無必然關連性。憲法並非供觀覽的古董或供膜拜的法統，憲法最重要的是實施，使其效力真正能保障人權、落實民主法治的權力制衡體制。

一、人權發展時期之區分

人權是現代立憲主義的核心部分，要研究憲法必須由人權及其基本概念著手。同時隨著歷史的發展，人權亦從自由基本權逐漸擴充與成長，不論內容與性質都有很大的變化。回顧人權發展的歷史過程，主要可以區分成四個階段。

第一階段是 1215 年自英國展開，英王頒布「大憲章（Magna Carta）」，確立英國貴族享有部分政治權利與自由，亦保障教會不受國王的控制，同時限制了國王的一些權力，一般論及人權之歷史淵源都以 1215 年英國的大憲章為起點。然而，所謂大憲章是當時擁有絕對權力的專制君主與封建貴族等上層特權階級之間所形成的契約書，針對君主課稅、刑罰權等部分，不再由君主

任意決定。大憲章只是封建特權階級與君主之間的協定，使君主不再擁有絕對權力。由此觀之，大憲章定位為人權的起源並不妥當，[1]因為其內容與實質作用與一般民眾並無直接關連，人權的普遍性是非常薄弱的。

大憲章之後，經過四百多年發展形成的 1628 年「權利請願書」、1679 年「人身保護令」、1689 年「權利典章」等，才逐漸具備保障一般民眾自由權利的普遍性，終於使人權奠定發展的基礎。此一階段之發展僅及於英國地域且長達四、五百年，對像是限制君主大權，維護貴族的權益，並不認為所有人不分國籍、身分、地位，都享有與生俱來的自由人權，本質上與現代人權理念並不一致，只能定位為人權發展的萌芽期。

第二階段是由 1776 年美國獨立及 1789 年法國大革命時期，相關的人權宣言展開。此一階段的發展主要是 18 世紀初，在約翰洛克（John Locke）、雅克盧梭（Jean Jacques Rousseau）、孟德斯鳩（Montesquieu）等思想家的影響下，逐漸確立自然權的理念，演變成人權是與生俱來的權利。

1789 年美國憲法條文中並無人權保障條文，當時認為人權是超越人所制訂的法（包含憲法）之上的自然權利，不必再用憲法條文加以保障。一方面，如果憲法條文只列入部分人權內容，反而使其他未列入的人權或未來必然出現的新人權受到排斥，對人權保障與發展是危險的。[2]因此要理解美國獨立時期的人權內

1 　芦部信喜《憲法學 II 人權總論》，東京：有斐閣，1994 年，頁 3。
2 　芦部信喜《憲法學 II 人權結論》，東京：有斐閣，1994 年，頁 6。

涵，必須由美國獨立宣言及維吉尼亞憲法著手。[3]1776年制定的維吉尼亞憲法第一條申論自由人權是與生俱來不容剝奪的權利，特別是財產權、幸福追求權及生命自由權都應享有。第二條指出國民主權原理。第三條指出國家政府是為保障人權而成立，若未能達到此目的甚至違反，則人民有改變及推翻的革命權。

　　1789年法國憲法的人權宣言，主要延續美國獨立宣言的理念，只是更為具體規定其內容，兩者之間有以下之差異。首先，美國人權宣言強調自然人權本質，其人權相關內容只是再予確認，以抽象概括性論述，並未詳細具體列舉。法國人權宣言，則顯示綱領性條列式的大陸法系性格。其次，美國人權宣言認為國家權力包括行政權、立法權，都應受拘束，不得侵犯自由人權。然而法國革命時期過於肯定人民革命力量，認為由人民組成的議會，不會受到壓抑或是違背人民。因此賦予立法權掌握保障人權的絕對權力。甚至為了防止人民以外的反對勢力濫用人權，亦規定議會為了公共秩序，得立法規範人權，即所謂法律保留條款。[4]法國人權宣言過份信賴民主的傳統，一直影響到20世紀法國違

---

[3]　維吉尼亞權利法案（The Virginia Bill of Rights），1776年6月12日通過；美國獨立宣言（United States Declaration of Independence）由湯瑪斯・傑佛遜（Thomas Jefferson）起草，1776年7月4日於費城批准，日後成為美國獨立紀念日；美利堅合眾國憲法（The Constitution of the United States of America），1787年9月17日在費城召開的制憲會議批准，1789年4月30日美國憲法正式生效。

[4]　1789年8月26日，法國大革命期間，國民議會通過人權和公民權利宣言（Declaration of the Rights of Man and of the Citizen），簡稱法國人權宣言。人權宣言全文17條，其中第十條指出任何人不應為其意見、甚至其宗教觀點而受到干涉，除非表達違反法律及公共秩序；第十一條指出自由傳達思想與意見是人類最為崇高的權利，任何人都可以自由地從事言論、著作與出版，但在法律規定之下，仍應承擔濫用的責任。此即所謂法律保留條款。

憲審查制，對於非民主的司法介入審查向來採慎重立場。

　　第三階段是由 18、19 世紀以自由權為中心的人權體系，發展成包括「社會基本權」的人權體系，使人權的保障更為落實。20 世紀有關社會基本權的思想，事實上在 1793 年法國憲法就提及對勞工生活，教育學習等國家應予協助。[5]然而就實際運作的人權角度觀之，應屬政府政策及救濟性質，並無權利主張的本質。因此一般都認為，1919 年德國的威瑪憲法才正式將社會權保障列入憲法條文。威瑪憲法的社會權內容涵蓋層面極廣泛，包括生活權、教育藝術學習權、勞工權等都詳細規定。甚至農地之利用、居住用地等國家也應確保使用者的權利。當時受到蘇聯革命及社會主義風潮影響，歐洲各國多採取傾向農工弱勢階級之政策，以緩和來自社會主義革命的壓力。因此，社會權保障雖然入憲成為人權的一部分，但事實上多採法律保障的綱領性方式。社會權成為具體人權保障，應該是二次大戰之後，各國在崩壞的社會結構重新建立過程，在重視實質平等的人權潮流影響之下，才成為具體人權保障。

　　第四階段則是二次世界大戰之後，以聯合國憲章及世界人權宣言為中心所形成的國際化人權保障體系，使人權成為國際社會普遍遵守的規範。二次大戰是人類史上最大規模，死傷慘重的戰爭，因此戰後各國對於人權問題更加重視。一方面，聯合國在戰時就提出以維護人權為對抗的主要目的，因此戰後人權保障提升為超越國家的國際保障層次，成為國際法具體保障的對象。其中

---

[5]　中村睦男《社会権法理の形成》，東京：有斐閣，1973 年，頁 54-57。

《世界人權宣言》是聯合國大會於 1948 年 12 月 10 日通過的決議，可以說是目前人權歷史發展的總結，當時雖無具體保障的效果，但是人權保障開始成為國際法的一部分，不再是個別國家內政的問題。1966 年 12 月 16 日通過人權兩公約，《公民權利和政治權利國際公約》和《經濟、社會及文化權利國際公約》；1976 年 1 月 3 日生效；1951 年 7 月 18 日通過，並於 1954 年 4 月 22 日生效的《難民地位公約》；1979 年 12 月 18 日通過，並於 1981 年 9 月生效的《消除對婦女一切形式歧視公約》等，超過 20 種的人權條約，除了影響國際人權保障，也對加入當事國產生法的拘束力，使人權保障國際化。若由自由權公約觀之，其內容之詳盡，與先進各國憲法之保障，實有過之而無不及。其中社會權公約的內容，更使先進福利國家的保障相形失色。因此 21 世紀的人權發展，已使人權國際化，人權保障及基準是各國必須面對的重大課題。

　　然而必須注意的是，人權條約、國際人權宣言所提及的人權，也是另一種不確定性、指標性的人權。國際人權在批准當事國應具有國內效力，但是對於尚未加入或批准的國家，所列舉人權並無拘束力。既使是人權條約的當事國，國家依國際法應保障條約所列舉之人權。然而，國際法並無法強制管轄的國內效力，因此保障與否仍有賴各當事國最終決定。由此可知，國際人權除非結合特定民主法治國家憲法保障的基本人權，否則仍無法成為具體保障的權利。

　　目前，人權仍在不斷的發展與演變之中，各種對於人權的看法及見解也因時、地、背景有所差異。然而，憲法學界對於人權

保障的基本概念，經由不斷的研究論議，已形成相當的共識。對於這一部分值得加以分析，以進一步理解人權的真意與價值。

二、人權歷史發展之區別

現代民主法治國家是以人權保障為建國的目的，因此必須與國民定契約，在憲法中明文保障基本人權。憲法中所保障的基本人權，只是人權中最基本及國家應予保障的最低部分，事實上人權是隨著時代的進步發展，不斷的在擴大與形成各種新的人權。有關人權歷史發展之區別，可以由以下三部分來理解。

（一）由近代人權與現代人權之區別觀之

所謂近代人權是指，18 世紀以前歐洲的英國為主，出現爭取權利的狀態出現的時代，所發展形成的人權發展史。13 世紀英國處於王權專制的統治型態，長期受壓制的貴族、宗教領袖、武士等特定上層階級起來向國王爭取權利。這些爭取到的權利並非一般人所能享有，只是成為特定身分與階級的特權。所以嚴格來講，並非「全體英國人的權利」，只是「特定上層階級的利益」。17 世紀初英國人民開始爭取權利，才逐漸進入普遍享有的近代人權發展時期。

現代人權則是以 1776 年「美國獨立宣言」及 1789 年「法國人權宣言」為起源，打破封建身分、階級體制，追求「所有的人」、「任何人」皆能普遍享有的人權發展時期。因此，起來抵抗爭取人權的運動參與者，涵蓋各種身分階級，所爭取到的人權則由所

有的人民共同享有，甚至包括過去壓制人權的人士也能同樣獲得人權保障。

（二）由人權具體享有主體之區別觀之

現代人權發展雖有 200 多年的歷史，實際上人類社會仍有很多婦女、幼兒、少數族群、貧困弱者等，仍未享有人權保障。美國自 1866 年解放黑奴之後，黑人雖不再受奴役，但其人權直到 20 世紀 60 年代才逐漸在抵抗運動過程中，獲得平等保障。北歐各國雖然一直被認定為人權保障的先進國，但婦女參政權也是在 20 世紀初期才取得。由此可知，人權若由享有主體的歷史觀察，主要有以下三個發展階段。第一階段是，特定身分的貴族上層階級才是人權享有主體。第二階段，一般白人男性成年者才是人權享有主體。第三階段，所有的人（包括婦女、兒童、有色人種）都成為人權享有主體。

（三）由人權內容之區別觀之

初期的人權只是追求，不受權力壓抑的各種思想、言論、人身、經濟等「自然狀態」之下的權利，一般稱之為「自由人權」。中期的人權則追求，做為主權者參與「社會狀態」下的權利，一般稱之為「政治人權」。目前的人權則追求，正義公平、人格尊嚴等「弱勢狀態」下的權利，一般稱之為「社會人權」。

三、人權歷史發展之總結

　　一開始人權（human rights）的意義一般是指「人之所以為人，當然擁有之權利」、「人出生之後即不可讓予、不受侵犯之權利」。每一個人在不同的狀況之下，都會對人權內容有不同的主張或見解。因此各種各樣的人，會認為他應享有這些權利及那些權利，這就使「人權」這一名詞當初被廣泛的一般化使用或定義。

　　然而，人權除了是人出生之後必然擁有的權利之外，也必須涵蓋人要維持人性尊嚴國家所應保障的基本權利。所以憲法學所提及的人權是指「基本人權」（fundamental human rights），是憲法、實定法所明文規定，並以國家權力作為後盾具體保障的人權。因此，某一種特定的人權，若目前尚未能納入基本人權體系成為憲法上的人權，雖然可以主張或爭取使其成為基本人權，但在爭取未成之前，現實上就不可能成為國家權力具體保障的對象。例如，環境權雖被主張為人權，但很多國家尚未列入憲法保障，就無法成為該國具體保障的基本人權。例如國際人權保障方面，雖然有很多國家批准人權條約，但是在國內並未具有效力，其人權保障仍然處於蕩然無存的狀態。[6]反而是部分民主法治國

---

[6] 2001 年 2 月 28 日中國全國人大常委會批准人權兩公約，《公民權利和政治權利國際公約》和《經濟、社會及文化權利國際公約》。3 月 27 日中國駐聯合國代表向聯合國交存批准書，正式使人權兩公約具有效力。但是在中國國內並未具有效力，中國人權保障仍然處於蕩然無存的狀態。中國政府也承認擁有 13 億人口，8 億在農村，受發展水平制約，要具體保障人權兩公

家，依據憲法保障國民的基本人權，已經具備相當水準。但是對於人權條約部分條文，仍然自認無法具體保障，因此尚未批准各種人權條約。由此觀之，人權是否成為國家以權力作為後盾具體保障，才是關鍵所在。

事實上，漢字翻譯是以美國的人權用語，故被直譯為「基本」人權。同樣的人權與憲法用語，在法國是使用「實定的公法上權利」；在英國是使用「市民（公民）的權利」；在德國是使用「實定法上的基本權利」，這樣的用法或翻譯也許更能表現出有國家具體保障效果的基本人權本質。

約所規定的各項權利，還有很長的路要走。中國在恢復對香港、澳門主權之前，英國和葡萄牙作為人權兩公約的締約國，將《公約》延伸適用於香港、澳門，使當地人權保障具備相當水準。但是在成為中國香港特別行政區和澳門特別行政區之後，反而使當地人權保障效力逐漸喪失。

CHAPTER 2

人權之意義與本質

人權（human rights）的意義一般是指「人之所以為人，當然應該擁有之權利」、「人出生之後即不可讓予、不受侵犯之權利」。[1]同時，人權除了是人出生之後必然擁有的權利之外，也必須涵蓋人要維持人性尊嚴憲法所應保障的基本權利，故又稱為「基本人權」（fundamental human rights）。[2]此外，若論及的人權與國家體制有關者，則人權的意義亦涵蓋個人在國家體系中的政治地位與權利。

　　因此要充分表達人權的意義，可由以下幾方面加以理解：

一、人權是自然擁有的權利

　　人類自原始社會開始，即擁有自由自在生活著的各種權利，一般稱之為「自然人權」或「前國家性人權」。例如，思想、言

---

[1]　過去為了要強調人權之不可侵、不受實定法的限制，因此提出人權的保障是來自神授或自然法，以強化其對抗實定法之權威。但是現代的人權概念已不再如此強調其自然法的依據，而認為人權的必然存在係直接基於人格與人性尊嚴，與任何自然人並存，乃是不可分割的一整體。換言之，由「人性」就可以引申出人權之必然存在。參照宮澤俊義《憲法 II》，有斐閣，1974年，頁 77-78。佐藤幸治編著《憲法 II（基本人權）》，成文堂，1988 年，頁3-4。

[2]　人權與基本人權的用法，在憲法學界仍有不同主張，並無定論，故使用時常難以區分。然而，一般認為人權是在廣泛探討人的存在意義及人的普遍性權利時使用，屬廣義用法；基本人權則是指實定法或憲法典中所保障的權利，屬狹義用法。實際上，所謂 Fundamental human rights 主要是以美國為中心發展而形成的用法，其他國家則有其他表達用語。例如，法國以「人的權利」與「市民權利」或「自然人權」與「公共自由」（libertés publiques）的概念來區別。英國則用「公民自由」（civil liberties）來表達。德國則以「自然人權」（menschenrechte）與「實定法基本權」（Grunderechte）來區別。參照，辻村みよ子〈人權の概念〉，樋口陽一編《講座憲法學（3）權利保障》，日本評論社，1994 年 6 月，頁 17。

論、遷徙等權利。反而是國家體制、政府組織等政治權力出現以後，國家為管轄、統治上的方便，常對人民施加種種限制，甚至剝奪人民的自由權利。因此這裡所謂人權的意義就是恢復人民在（專制）國家出現以後，被剝奪的各種權利，劃定兩者的界限使國家權力不可侵犯人民權利。

二、人權具有普遍性，且是放之四海皆準的權利

人權是與人種、性別、身分地位、宗教等種種關係無關，只要是人皆當然享有的普遍性權利。因此人權絕對不是只有西方民主國家才適用，東方國家就可不適用；或是只有社會中的某一階級、身分者才可享有，其他人不可享有的權利。只是有某些國家人權保障的程度不夠，必須進一步加以改善，絕非人權可以有不同的內容與標準。同時若就國際人權法的層次而言，確實有些國家在實際上存在著某些人權保障上的差異，或是某些人權的保障僅是道德上、理念上的階段，而未成熟到發展為具體的法權利。但必須加以特別注意的是，只要是在道德上或理念上共同確認，並有可能在任何國家享有的人權，即符合人權普遍性保障的原則，不可因有些保障手段上的差異或理念、道德上的認知差距而否定其普遍性。

三、人權是創設國家權力的權利

　　依現代立憲主義原理，國家權力乃是由人民所賦予。亦即由人民行使制憲權制定憲法、組織政府。這種人權是民主政治的重要基礎，也是確保其他人權的權利。國家權力唯有在此一基礎上，才具備其正當性及合法性來源。一方面，也唯有如此才可界限國家權力，不可侵犯人民的自由自在生活領域。

四、人權是掌握國家權力的權利

　　國家存在的目的是保障人民能過著幸福生活，因此為了確保創設的國家權力不被惡用，人民必須擁有參政權，直接掌握國家權力，監督政府運作。

五、人權是要求國家「作為」的權利

　　人權除了要求國家「不作為」，以免侵犯個人自由自在的領域之外，亦涵蓋著個人得要求國家「作為」，以使權益落實的部分。例如，社會權及請求權就是屬於這類的權利，如此人權才不會淪為空洞化。

六、人權是不斷發展充實的權利

　　人權雖然在某一時期有明確的項目與內容,各國憲法條文也多列舉應予保障之人權。但是,人權並非限定在既有或列舉之範圍內,而是可以隨著人類社會的發展,不斷的形成人應享有的「新的人權」。實際上各國憲法在內容上,也都預留著人權可以有不斷發展的空間。

七、人權是不受侵犯的永久性權利

　　由於人權是基於人的本質,是身為一個人所固有的權利。因此此種基本的人權不僅不受法律的任意侵害,亦不可透過修憲的方式侵害之。換言之,這裡的「不受侵害」是指不受行政權、立法權、憲法修改權等一切國家權力的侵害。但須加以注意的是,這裡所謂的「不受侵犯」並非意味著人權是絕對無限制。例如,1789 年的法國人權宣言中,即規定自由乃是在不侵害他人的前提下,做一切可為之事」。此外,隨著資本主義高度的發展,社會益形複雜化,社會性亦隨之增加,因此人權當然存在一定的界限與範圍。

　　但值得注意的是,人權只由正面宣示其意義,難免會造成其理念的抽象化。因此,以下試由其他幾個不同的角度來思考人權的意義與本質。

　　首先,由人權實際發展的歷史加以觀察,即可以理解,人權

在本質上是人為追求從被壓迫狀態獲得解放的過程。例如，人在突破過去專制統治的政治壓迫過程中，即是由「臣民」解放為「自由人」，再經由參政權的取得而成為「主權者」。此外，又如突破宗教的思想壓迫，資本家的經濟壓迫等等，亦都是一種解放與解脫。因此，人權除了是人之所以為人所不可缺的「權利」之外，更必須理解到人權是人在受到現實的壓迫此一狀態下，所逐漸形成的「具體對抗」本質。換言之，人權是因為人類社會實際上，必然存在著壓迫者與被壓迫者這種具體狀態，才須要加以保障。倘若人所生存的社會、國家中不存在這種壓迫的狀態，則人權保障也就失去其發展的空間與存在的必要性。因此，人權在本質上絕非只是一種抽象的宣示或理念，而是一種必須同時包括，解決壓迫者與被壓迫者之間種種實際的問題，具體的具備保障功能之體系。這也是在探討人權此一概念時，除申論人權的理念之外，更必須同時具體的論及人權所要對抗的對象為何，人權主張的權利主體何在，以及如何實際保障人權等範疇之原因。[3]

其次傳統的人權概念都將人權定位在對抗國家權力的國民自由，或是與國家權力互動的國民權利之層次。當然不可否認的，由近代人權發展初期觀察，對個人權利形成壓抑的，主要都是來自國家權力。國家權力在少數人的把持下，干涉或介入每個人的私生活領域，壓制個人的自由活動。因此人權發展初期其主要內容都是針對，如何防止國家權力干涉或介入個人生活的自由權部分，並規制國家權力的濫用。然而在現代人權體系下，若僅

---

[3]　參照浦部法穗《憲法學教室 I》，日本評論社，1988 年，頁 46。

將人權界定在國民與國家之間的關係，則未免過於狹窄。因為可能對個人的尊嚴、價值、理想及權益造成侵害的，事實上並不只限定在國家權力，在人與人共同生活的社會中，亦存在著各種支配、壓迫他人的「社會權力」。特別是資本主義出現後的社會，更形成各種足以與國家權力匹敵的龐大社會組織，而使個人的人權飽受威脅。因此，現代人權的另一個特質是，認識到對人的尊嚴及相關權益會造成壓迫的，不只是國家權力，社會權力（特別是經濟層面的權力）亦同樣是人權必須對抗的範疇。由此可知，人權因對抗的權力之多元化，當然也使其內容相對的調整與擴充。[4]

最後必須注意的是，人權概念的歷史特性。換言之，人權是隨著歷史的演變而有不同的概念。例如，當初為要對抗專制君主的權力壓迫，所以主張天賦人權概念，強調人民應有排除國家權力介入的私人領域，要求自由與財產的保障。但是在國家權力已由人民自行掌握之後，反而形成社會權概念，主張以國家權力積極的介入經濟自由領域，以保障個人的勞動力。因此過去的人權概念與現在的人權概念當然會有很大的轉變，而未來的人權概念仍將會繼續的發展與演變，這就是人權隨著歷史發展的特性。

因此，總括而論人權可以定義為：「現階段人為對抗來自國家或社會之壓迫，維護人的尊嚴與人格的獨立存在，所保有人之所以為人應具備的基本權利」。

---

[4]　一般又稱為人權保障之社會化。參照和田英夫編著《現代憲法の體系》，勁草書房，1991 年，頁 64。

CHAPTER 3

人權之分類

隨著人類社會之發展與多元化，人權的內容也不斷地充實，傳統的人權與現代的人權不論在質與量都有很大的變化。因此究竟人權基本上應涵蓋那些部分，各種不同的人權有何特徵，人權保障的內容與目的何在，這些問題都有必要做系統性的探討。倘若能依學理將人權加以分門別類，當有助於進一步的理解各種人權的本質，以期達到確實的保障。這種對人權加以整理、區分、系統的方式實有其意義，因此長久以來憲法學的研究，都設法以各種不同的基準，將人權加以分類或體系化。在過去學者中最具傳統性及代表性的首推耶凌涅克（Georg Jellinek 1851-1911），其以國民與國家的各種相對地位為基準，將人權做以下之分類。[1]

　　（1）被動的地位（passive status），國民處於須服從國家統治的被支配地位，即一般所理解的國民義務。（2）消極的地位（negativer status），國民處於可要求國家（特別是立法及行政機關）須消極的不作為的地位。換言之，即可要求國家不得侵害或干涉個人自由領域的權利，此乃由自然法、個人主義、自由主義等引申而來的思想，也就是一般所謂的自由基本權。（3）積極的地位（postiver status），相對於消極的地位，此即為國民藉三權分立之憲政體制，在自由權受到侵害時，可要求國家權力機關（特別是司法機關）須積極作為，以落實具體保障自由權的地位，由於此乃要求國家作為，使國民享受權益的權利，因此一般稱之為受益權。（4）主動的地位（activer status），國民乃國家主權者，可主動參與國家意思形成的地位，即一般所謂的參政權。

---

[1]　參照，許慶雄《社會權論》眾文圖書公司，1992 年，頁 2。奧平康弘《人權體系及び內容の變容》ジュリスト 638 號，頁 243-244。

耶凌涅克的人權分類，長久以來廣為各界引用，一向居於代表性地位。但必須特別加以說明的是，分類當時是處在 19 世紀德意志帝制的環境下，因而其對人權的思考也是以立憲君主制做為出發點，所以所做之分類也就與現代立憲民主制之下的人權理念，多少有些格格不入之處。其中較明顯對立的部分是，其認為人權體系必然包含國民對國家的義務，換言之國民得一方面享有權利，國民在另一方面也相對的應盡義務。這種觀點影響到往後各國在制定憲法時多將人權的部分規定為「國民的權利與義務」。[2]

　　事實上，在現代立憲主義之下，基於國民主權原理，國家權力與國民之間已由過去的對立關係，轉變為融和關係。在國民是主權者之情況下，人權體系中的義務已不再是過去的「限制或對抗國民權利」性質的義務。[3]詳言之，例如納稅義務是為落實社會權保障；家長有使子女接受公教育之義務，其目的是為子女未來行使參政權或保障其生存權；防衛國家的義務則是基於保障國民可生活在自由、民主、不受威脅的和平生存權。以上這些都與保障或實現國民的權利有關，並非單純的以國民有義務服從國家支配可一語概之。

---

[2]　第二次大戰後，各國在新制定的憲法中，僅規定國民的基本權利，而未規定義務之先例已有不少。例如，法國 1946 年、西德 1949 年憲法都未規定國民的義務。參照，宮澤俊義《憲法 II》有斐閣，1974 年，頁 103-106，203-204。

[3]　例如，所謂國民有納稅的義務，絕非指在不公平稅制或貪污舞弊之下，國家可限制國民的財產權，強制其納稅。國民納稅是要建立保障人權、落實社會福利的政府。因此，納稅在本質上已變成，國民得以在「無代表即不納稅」、「財政民主主義」等原則之下，監督國家預算及各種收支的權利，而不單只是義務而已。

其次，19 世紀後期，在資本主義自由經濟體系運作下，逐漸出現傳統人權體系下所產生的矛盾，社會權理念的提出即是為解決此問題，並認為得依此限制經濟自由權。此種變化促使人權的分類勢必重新調整，否則在本質上或體系上都會產生困擾。例如，社會權若依傳統的分類，自應歸屬於「後國家性人權」。[4] 因為社會權在本質上，都必須經由國家權力之介入才能順利運作。但如此的歸類實易導致忽略社會權的自然享有本質，甚至影響其在人權體系中之重要位置。

此外，隨著時代的變化，人權的某些本質亦有所變動。例如，在過去國家主權由少數人掌握的情況下，人民確有必要經由請願來爭取權益，因此將請願權歸類為受益權概念尚可理解。但在國民主權原理與民主政治充分運作之情況下，請願權在人權體系中的位置，勢必調整為與參政權同性質的主動權利才有意義。以上這些都是促使現代人權分類必須跳脫傳統人權分類方式的原因。

關於現代人權體系，主要可以架構如下：[5]

（一）固有意義之人權

1. 總則性人權（概括性人權）

---

[4] 「前國家性人權」是指，國家未出現或未成立之前，個人即自然享有的權利，與生俱有的人權。「後國家性人權」是指，以國家存在為前提的人權，必須在國家權力積極運作下才能享有的權利。換言之，現代國家為了解決國家制度上或政策上之問題，必須設定各種的國民參政權；同時為要解決社會、經濟上各種的矛盾，亦必須設定社會權。這些人權都是國家體制出現之後，為對應其運作而發展形成之人權，故稱之為「後國家性人權」。

[5] 參照小林直樹《憲法講義（上）》，東京大學出版會，1987 年，頁 273-3。橫版健治《憲法の理念と現實》，北樹出版，1988 年，頁 119-120。川添利幸，山下威士編《憲法詳論》，尚學社，1984 年，頁 126-127。

(1) 平等原則。

(2) 個人人格與尊嚴。

(3) 和平生存權，免於恐懼權。

(4) 追求幸福權。

2. 自由權（消極性人權）

(1) 精神自由權。

內部：思想自由，信仰自由，學問自由。

外部：表現自由，集會。結社自由，祕密通訊自由。

(2) 人身自由權（非法逮捕的防止，法定手續）。

(3) 經濟自由權：財產權，遷移，旅行自由，營業自由。

3. 社會權（積極性人權）

(1) 生存權。

(2) 環境權。

(3) 學習權。

(4) 工作權。

(5) 勞工基本權。

（二）確保權利之人權（主動性權利）

1. 參政權（國民主權性權利）

(1) 選舉權。

(2) 罷免權。

(3) 參選權。

(4) 國民投票（全國公民投票或地方住民特別投票）。

(5) 請願權。

2. 國務請求權（維護性權利）

(1) 裁判請求權。

(2) 國家賠償請求權。

(3) 刑事補償請求權。

(4) 資訊公開請求權。

此外，有關人權的分類，尚有以下幾點值得進一步思考。

首先，人權原來就具有複合性的本質，因而各種的分類都無法清楚地顯示個別人權所涵蓋的內容，例如，由表現自由所引申出來的「知的權利」，在本質上就涵蓋著自由自在不受干擾接收資訊情報的「消極權利」本質；但是在國家的資訊情報統制龐大化之後，必然要涵蓋國民有積極要求國家公開資訊情報的「積極權利」本質；同時基於國民在行使參政權時，必須要具備正確判斷之能力，因此「知的權利」亦可歸類於「確保權利之人權」這一部分。此外，若以現代社會中傳播媒體巨大化之後，隨之而來對個人知的來源之壟斷層面加以觀察，則知的權利也應有接近（access）媒體權此種「請求權」之本質。[6]由此可知，我們絕不可因人權分類而落入狹義理解人權之陷阱，進而侷限人權之範疇，使人權原來多元化的內涵被忽略。

其次，在探討人權分類時，也不可無視人權體系原有之互補性與調和性，因而造成人權之間相互對立的誤解。例如，過於強調社會權具有的國家積極介入之本質，常會使有些學者憂慮會對原有的自由權保障有負面的影響，但這絕非人權分類的原意。人

---

[6] 參照，佐藤幸治編著《憲法 II（基本人權）》，成文堂，1988 年，頁 47。

權分類在理論面上，可正確掌握個別人權之特性與特徵，理解各種人權與國家權力運作之相互關係；而在實際面上，當涉及立法運作與憲法解釋時亦可發揮其分類的功能。[7]但須注意的是，各種人權之間，絕非存在異質性而相互抵消，反而是存在著相輔相成的關連性而使人權保障更加充實。因此人權不應該因學理上的分類，而將其切割成片斷，且仍應維持其整體性，並作體系性的理解。

　　最後，人權絕不可因分類而將之「固定化」，阻礙其繼續的成長與發展，否則就誤解了分類之原意。事實上，幾乎所有的人權分類都帶有濃厚的「現實性」主觀因素。例如，過去將財產權定位於優越的地位，認為財產是神聖不可侵之保障，然而隨著時代環境的變化，資本型財產的保障則被認為應加以適當的制約。事實上，人權的分類若由歷史發展過程觀之，即可發現有幾波的變動。第一波是 19 世紀以自由權為中心之分類，第二波則是 20 世紀發展出社會權後之分類。目前 21 世紀，人類社會面臨高科技與高度情報化的發展下，將必然形成新的人權，以保障人性不受科技產品的扭曲、保障個人資訊不受侵害。這時人權的分類必將重新調整，可說是第三波的分類。

---

[7]　有關人權分類之功能，參照川添前引書，頁 124-133、山口和秀〈基本的人權の體系〉，浦部法穗等編《現代憲法講義（2）》，法律文化社，1989 年，頁 64-65。

CHAPTER 4

人權享有主體之探究

憲法學對於人權享有主體，基本上有以下幾個層次的概念及問題點必須加以釐清。首先，各國在制定憲法時，大多將人權保障條文定義為國民之權利。例如，1958 年法國第五共和的憲法即規定 1789 年人權宣言是國民應享有的權利。因此，很明顯地「國民」為享有人權之主體。然而，人權既是「人之所以為人，應擁有之權利」，則在主權國家領域內，本國國民以外的外國人人權問題，憲法當然不可能無視，如何對應勢必加以處理。其次，人權享有之主體除了自然人之外，隨著社會的組織化與多元化，法人是否可以成為人權享有之主體，如何界定其資格與界限，亦成為必須面對的問題。最後，國民中具有特定地位者例如未成年人、受刑人、公務員其人權享有的主體性是否可以加以限制，也是須加以探討之問題。

　　由此可知，有關人權享有主體在學理上還有必須詳加探討的部分。一般在探討此一問題時，學界有兩種截然不同的見解；一是，強調人權乃屬實定法保障之對象，故必須依憲法條文規定，對其享有主體採用嚴格的解釋基準；一是，主張人權是由自然法的理念所形成，故應採用較寬廣的解釋基準，使人權享有主體能被廣泛的認定。[1]

　　事實上，若由人權發展的歷史過程觀之，最初人權被認為是貴族、有教養、有財產的男性才能享有。但是在傳統封建社會瓦解之後，人權享有主體的已逐漸擴大到勞工、女性、兒童及外國人等所有的自然人，甚至擴及特定的「人的集合體」，例如，勞

---

[1]　參照，川添利幸《憲法保障の理論》，尚學社，1986 年，頁 235。

工階層、身障人士、法人與少數族群等。因此此種逐漸擴大解釋的傾向乃成為歷史的潮流。另一方面，由於人權在本質上具備普遍適用性之要求，因此擴大享有對象之解釋原則，早已為學界多數所採納。

因此，以下並非探討何者才能成為人權享有之主體，而是針對各種不同的人權享有主體，其所能享有的人權內容及範圍，及如何區別享有的基準與理論加以分析。

一、國民

各國憲法都明文規定，國民是基本人權享有之主體。同時，為確定國民之身分，各國也都制定國籍法，用以規定成為國民的要件。一般而言，成為國民的方式有兩種：一是，因出生而自然取得與父母相同之國籍或出生地之國籍，成為國民；一是，依規定條件申請歸化，經核准之後取得國籍而成為國民。因此，必須注意到現代國際法小要求各國，在處理國籍或認定國民身分時，必須符合「單一國籍」、「真正關連性」、「消除無國籍者」等原則，以避免國與國之間因國民的認定問題而出現管轄權方面的紛爭。

然而，有關享有主體方面的問題，並非僅止於確定國民的身分之後即可使其單純化。事實上，即使同樣是國民，也常因年齡問題、特定身分及法律因素，而使其所能享有的人權在方式上及內容上有所不同。例如，各國都會規定必須年滿幾歲以上的成年人才能擁有選舉權，此即憲法中預先設計的一種成年限制。因為，未成年者雖擁有獨立人格，原則上雖亦屬於人權享有之主

體，但因其身心發育以及人格形成方面都屬於繼續發展狀態，所以與成年人應有所區別，無法完整的享有各種人權，此即所謂的「成年制度」。在傳統人權的制約理論中，往往僅以「成年」此一制度之存在為前提，就認為有必要對未成年人之人權加以限制，如此很容易對未成年人的人權造成侵害。實際上，單以思想未成熟或發育成長過程為理由，即對未成年人之人權片面加以限制，將會侵害未成年人的人權，故必須由未成年人的各種不同屬性做全面性的探討。

　　首先無庸置疑的是，未成年人乃是「人格主體」，原則上這種屬性跟年齡或成熟度並無關連，只要是一個獨立的人格主體，都應享有生命權及不受奴役權等人權，絕不可以未成年為由即任意加以剝奪及限制。其次，未成年人亦是「成長中的人」，既然未成年人是不斷的在「成長中」，則應盡可能區分以未成熟為由所課予的人權制約，隨著其發育過程加以調整，以免過度限制其人權。一般至少應區分為：幼年期、少年前期、少年後期、青年前期、青年後期才較妥當。[2] 最後，未成年人乃是「將來的成人」，所以未成年人的學習權、身心發達權等都必須加以明確保障。而這些正是其特有的權利屬性，家長、社會及國家反而更須承擔「育成」的義務，使未成年人在將來能成為自由、自立以及健全的成人。1989 年 11 月 20 日聯合國所通過的「兒童權利條約」第十

---

[2]　幼年期指小學入學前，少年前期指小學生，少年後期指中學生，青年前期指高中生，青年後期指 20 歲以前。因此，一般僅以青少年法令規範未成年人的方式，則顯得過於籠統。參照，芹沺齊〈未成年者の人權〉，樋口陽一，高橋和之編《現代立憲主義の展開（上）》，有斐閣，1993 年 9 月，頁 232-240。

二條即規定，有能力形成自我見解的兒童，應擁有自由表明對任何事物自我見解之權利。換言之，對於未成年人的人權，也應由自律及自我決定原理加以思考，而以如何排除阻礙其自律的環境，或如何強化其自我決定的能力為基準，才可加以制約。因此，限制未成年人的婚姻自主權或財產處分權，是基於其尚未具備選擇能力；禁止未成年人吸煙、喝酒，是基於其判斷能力不足，這些都是以保護未成年人權益為出發點才能成立。

此外，必須注意的是，對未成年人人權之制約，應以保障其身心健全發展所必要之最小限度為原則，[3]以避免侵害其人權。例如，過去要求初高中生必須剃光頭的規定，是否對維護青少年身心健全發展有益，或是反而在青少年的人格自我形成過程中，使其在心理上受到壓抑，甚至侵害其表現自由，這都是值得探討的問題。同時，隨著教育的普及與科技的發達，青少年的成熟期已逐漸縮短，判斷能力亦較過去提前具備，故各國多傾向於降低未成年人的年齡限制。

此外，對於未成年人人權之限制，亦必須考慮到家長監護權與國家權力之間的互動關係。因為未成年人的人權並不是被否定或取消，而只是由監護權者代為行使，因此若對其限制過嚴，則實質上亦同時侵害到家長的養育與監護之權利。

---

[3]　參照，野中俊彥。中村睦男。高橋和之。高見勝利著，《憲法 I》，有斐閣，1992 年，頁 208。

二、法人

　　由 18 世紀人權體系形成的歷史背景觀之，當時人權享有的主體只是以自然人為對象。然而，隨著時代的演變，法人的實際存在數量及其社會影響力都與日俱增，以致認定法人為人權主體的必要性逐漸形成。例如，美國憲法原來對於法人的人權主體性並未予以認定，直到 1886 年最高法院的判決，[4]首次認定法人亦屬憲法修正第十四條，「各州不得拒絕任何人在法律之前的平等保障」之對象後，直至 20 世紀初始確立法人為人權享有之主體。此外德國在 1919 年制定的威瑪憲法中，原則上亦否定法人可以享有人權，直到在 1949 年制定的基本法第十九條三項中，才明確規定「基本人權其性質上適用於本國法人者，應予適用之」。[5]至於日本在 1946 年的憲法中，雖沒有關於法人適用人權保障之規定，但一般學說都主張，若性質上許可，法人亦應同樣適用人權的保障。1970 年其最高法院亦判決，[6]「憲法第三章有關國民權利及義務之規定，在性質上若許可，應解釋為同樣適用於本國法人」。

　　由上述可知，各國原則上都肯定法人在人權體系中的主體

---

[4]　County of Santa Clara V.Southern Pacific Railroad Company, 118 U.5.394 (1886)。

[5]　川添利幸〈人権の享有主体〉,《日本國憲法 30 年の軌跡と展望ジュリスト》N0.638，1977 年 5 月 3 日號，頁 254。Konrad Hesse 著，阿部照哉等譯《西ドイツ憲法綱要 1 日本評論社》，1985 年 7 月，頁 146。

[6]　日本最高裁大法廷 1970 年 6 月 24 日判決,《民事判例集》第 24 卷 6 號 625 頁。《判例時報》第 596 號，頁 3。

性。然而學說上在論及法人主體性之學理依據時，卻有二種截然不同的觀點，一是，「自然人歸屬說」。此說主張法人是以自然人為基礎所構成，法人的各種活動也來自自然人之意思，所以其效果也歸屬於自然人。既然人權是以保障自然人為目的，則法人成為人權享有之主體並無不當之處。所以此說認為，法人之主體性既然是由自然人「間接」引申而來，就必須有自然人做為媒介的基礎才可成立。[7]一是「社會實體說」。此說則是認為，若由現代社會的實際狀況觀察之，法人的意思表達與活動型態，都應將其當做是一個獨立的實體來加以對應。法人雖然是基於自然人的參與而被構成的，但在本質上卻仍與個別的自然人有所差異，具有獨特的社會活動性質。所以既然要肯定法人是人權之主體，則不應再由自然人間接引申，否則反而會混淆法人主體存在的必要性。因此，學界一般比較支持此說。[8]

然而，我們在探討法人是否可以成為人權享有主體時，更應由憲法秩序保障人權的角度加以思考，賦予法人人權享有之主體性，是否對提升人權保障有其正面效果，如此才能更正確的掌握

---

[7] 若依此說，則欠缺自然人基礎（Personales Substract）的法人，例如私法或公法上的財團法人（Stiftung），其成為人權主體就有爭議。參照，蘆部信喜《人權享有的主體》，蘆部信喜編《憲法 II 人權（1）》，有斐閣，1985 年 12月，頁 28-29。

[8] 青柳幸一〈基本的人權の保障〉，佐藤司編著《現代憲法論》，八千代出版，1990 年 4 月，頁 131。伊藤正己《憲法（1）》，弘文堂，1984 年 2 月，頁198。川添利幸〈基本人權の主體〉，阿部照哉等編《憲法（2）》，有斐閣 1985年，頁 53。此外支持此說的另一理由是，若未能把自然人的因素排除，則類似財團法人這種不存在自然人的法人團體，則無法成為人權享有之主體。參照，佐藤幸治《憲法（新版）》，青林書院，1990 年，頁 386。井上英治《択一の爭點（下）》，法曹同人，1989 年 2 月，頁 26。

保障法人人權之意義。當然，若僅由法人在資本主義自由經濟體制下的活動加以觀察，法人是社會上獨立存在的實體，且屬於私法上的主體，此點已無爭議。但若由涉及與國家權利運作，或與個人人權對抗等相關的公法範疇加以思考，則將法人與自然人一併同列為人權享有之主體是否妥當，則有深入探討之必要。例如，傳播媒體（法人）若是做為國民知的權利之主要手段，則實有必要肯定其主體性，保障其表現自由。反之，若由巨大化之傳播媒體勢必威脅到個人隱私或壟斷資訊加以觀察，則使其成為主體亦有成為壓抑個人人權之工具的疑慮。

基本上，人權保障原本就是以個別的自然人為核心，若因法人成為人權享有主體而損及個人人權，則不符合憲法保障人權的本意。因此，法人之所以被賦予人權享有之主體性，主要是基於，若否定法人的主體性將會造成自然人在社會生活上的種種不便，甚至造成無法合理保障人權的結果。因此藉由確認法人人權之主體性，才有助於人權保障的順利運作與和諧。[9]所以在法理上要說明法人為人權享有主體時，應由其對整體人權保障之提升有正面效果的觀點來加以探討，而非僅就其實體之存在或機能上應具備之要件，列舉事實加以證明的方式即可解決。如此在探討對法人適用人權保障的限制時，就會產生困擾。

由此可知，法人原則上雖屬人權享有之主體，但是若由是否能增進人權保障的基準觀之，法人因其成立的目的與性質不同，

---

[9]　壽田龍輔〈法人と人權〉，奧平康弘，彬原泰雄編《憲法學（1）》，有斐閣，1977 年，頁 33-34。佐藤幸治〈基本的人權總論〉，佐藤幸治編著《憲法（II）基本的人權》，成文堂，1988 年 11 月，頁 57。

因此勢必對其所能享有之範圍加以區別。首先，具有行使國家權力性質的公法人，原則上不得成為人權享有之主體。因為人權保障，特別是自由權，基本上是以維護私生活領域，對抗公權力之侵害為目的，故代表國家公權力的各級政府機關原則上不可適用。其次，在財產保有等經濟活動方面的「一般法人」，應屬經濟性人權之享有主體，一般將此稱為「普遍性基準」。第三，在性質上若屬其他人權保障的法人，則隨之而來的制度，將使其成為該有關人權之享有主體。例如，宗教法人是信仰自由保障下的一種制度，學校法人是學問自由之下的制度，當然是該等自由權利的享有主體。此可稱之為「制度性基準」。第四，在人權性質上，若屬以集體保障較個人單獨保障更具效果的法人，一般都將其列入憲法條文中加以明確保障，或使其成為憲法習慣，以確定其主體性。例如，工會法人、大學法人等即屬此類，此可稱之為「憲法性基準」。

以上是以法人的本質為主，探討其所應享有的人權範圍，但若以人權的本質為中心，則法人所享有人權的界限，應由以下的層次加以思考。首先，本質上只限定自然人才能享有的人權，自應排除其適用。例如，人性尊嚴，生命、身體不可侵，性別、身分差別的禁止，思想自由，選舉與被選舉權，生存權，工作權，學習權等，都屬性質上不適用於法人的人權。

其次，本質上亦可適用法人的人權，則法人可成為該等人權享有的主體。例如，財產權，營業自由，言論、出版自由，要求公正審判的權利，通訊祕密自由的保障，請願權，國家賠償請求

權等，都屬此類性質。[10]

　　此外，亦有不少人權是否適合法人享有，尚未明確仍有待判斷。例如，美國最高法院在 1974 年的判決即對法人的隱私權加以肯定，[11]但在日本則尚有爭議。法人是否得以成為環境權享有的主體，例如學校是否有權要求國家保護安寧的學習環境，亦有各種不同見解。又如，法人的參政權在選舉、被選舉權的部分上，因本質上不適合，故予以否定，此點學界已都有共識，但法人是否可以行使政治捐獻則仍存有爭議。因此，有關法人人權享有之範圍與界限，事實上尚有很多未明確的灰色地帶，有待進一步的研究與探討。以下即試由法人的政治獻金問題，探討有關此一部分的判斷基準，並就法人的人權做一整體性的評析。

　　有關法人的政治獻金的問題，一直是民主先進國家不斷爭議的焦點。例如，美國在 20 世紀初即出現有關法人政治獻金之判例，[12]1907 年亦制定聯邦法律禁止國立銀行及特定公司的政治獻金。1971 年依「聯邦選舉活動法（Federal Election Campaign Act）」，禁止基於聯邦法律所設置的法人及與政府有契約關係的法人進行政治獻金，一般的法人則禁止超過一千美金以上的政治獻金。日本過去雖有判例肯定法人擁有政治獻金的權利，但招來學界嚴厲的批評。[13]因此，在 1994 年初通過嚴格的「政治資金

---

[10]　山本浩三《法人と人權》，清宮四郎等編《新版憲法演習（1）》，有斐閣，1980 年 3 月，頁 130-131。蘆部，前引文，頁 30-31。

[11]　山本，同，頁 131。California Banker Association V.Schulty, 416 U.S.21 (1974)。

[12]　People ex rel. Perkins V.Moss（1907）有關法人的政治獻金，參照富山康吉《株式會社のなす獻金（一）（二）（三）》，民商法雜誌，第 47 卷 3. 5. 6 號。

[13]　《八幡製鐵政治獻金事件》日本最高裁大法廷判決，1970. 6. 24 民集 24 卷 6 號 625 頁，「判例時報」596 號 3 頁。參照，西川昭《法人の人權主體性》，

規制法」，未來則將傾向於廢止法人的政治獻金。

事實上在憲法層次上，關於法人的政治獻金問題，有以下幾點必須加以釐清。第一，一般的企業法人既然是以營利為目的，則獻金必然會介入與企業營利有關之政策，易生政商勾結的弊害，侵害民主政治的正常運作，因此必須考量如何防止這種金權政治。第二，法人以巨大的組織力及資金介入政治，必然會威脅到個別國民的政治權利，兩者如何調整亦必須考量。第三，法人的決策階層所決定的捐獻對象，並不能代表每一個別的構成成員，如此必然會侵害到其他構成員的各種權益。第四，在本國法人中，其構成份子亦可能是外國法人或外國人，如此即涉及外國勢力干涉內政的問題。基於以上種種未能釐清的問題點，學說對於賦予法人之參與政治活動的權利性，多採消極與否定的原則。

總之，法人為人權享有之主體，雖已獲得肯定，但絕不可能就此認定法人與自然人是處於完全相同的地位。因此有關法人人權的享有至少應有以下的幾點認識。第一，在解釋或判斷法人人權時，應比自然人人權採用較嚴格的審查基準。[14]例如，德國雖以憲法條文保障法人人權，但其解釋及裁判基準都是優先考慮自然人的人格尊嚴及自由，因為之所以列入該條項乃是為保障「個人的人權」。[15]第二，兩種人權之間若發生對立與衝突時，應以自然人人權屬於本質性人權，且居於優越地位加以對應。[16]例

小林孝輔編著《判例教室憲法》，法學書院，1989 年 4 月，頁 34-41。

[14] 橫坂健治〈法人、外國人と人權〉，彬原泰雄編《憲法學の基礎概念 II》，勁草書房，1983 年 6 月，頁 191。

[15] 西川，前引文，頁 41。

[16] 蘆部，前引文，頁 35。

如，個人的信仰自由應優越於宗教團體的宗教活動自由，大學個別成員的學問自由應優越於大學自治的自主權。第三，自然人是主動、積極的人權主體，法人則是被動、消極的人權主體。因此，法人的人權性質主要是協助、增進自然人的人權。換言之，法人的人權應促進或至少不能侵害自然人的人權，否則保障法人人權的理由即消失。例如，工會擁有對會員之統制權，此乃勞工團體保障的內容，但若涉及壓抑會員個人的政治自由時，則必須加以限制。第四，若法人在本質上已等同於國家權力的運作，或與國家權力運作有關，則更應積極保障自然人的人權。此即第三者效力論中的「視同國家原則」。

三、外國人

國民是憲法所保障人權的享有主體，此點殆無疑義，至於對國民之中具有公務員身分者、未成年人、或受刑人等的人權加以限制，原則上亦屬於憲法體系內的互動關係，並非是對國民的主體性有所爭議。但是國民以外的法人及外國人是否為人權享有的主體，則常被同列為探討的對象。其實二者本屬不同的類型，因此不能類推。特別是法人一般是限定為「本國法人」，雖與自然人有性質上的差異，但是仍可定義在「國民」所擁有的人權範疇內。然而，外國人則完全與國民的概念無關，故探討其是否得為「國民」權利的享有主體，則屬更為複雜的課題。

外國人人權享有的問題之所以必須面對，實際上有其主客觀因素的存在。首先所謂的外國人在概念上是指未擁有本國國籍的

人士（包括無國籍者），故本質上與他國、國際社會及國際法秩序有關。有關外國人人權的議論，如果是在 17、18 世紀國家與國民的關係尚未明確時，或是在未來的 21、22 世紀國家可能已消失的時代，四海之內皆是世界公民時，也就沒有探討必要。由此可知，外國人人權與目前的國際社會是由國民國家（Nation State）、主權國家所構成的這種主觀因素有關。其次，外國人的人權問題之所以必須處理，亦與國際社會在經濟、社會、文化等各方面的交流頻繁，此一客觀因素的存在有關。若將本世紀初的狀況與目前相比較，即可了解各國人士出入國境所從事的複雜活動，都使國家不得不處理相關的各種法關係，因此也就勢必面對外國人人權保障的問題。

一方面，外國人人權亦可由憲法的人權保障體系，在不同時空因素的變化下，不斷演變發展的過程中加以考察。過去，在人權尚處萌芽的君主主權體制時期，人權唯有在君主的恩惠之下才得享有，當然也就沒有所謂的與外國人區別的問題。隨後，在不斷向君主抗爭爭取人權的時期，人權即被認為是不分內外任何人都應普遍享有的權利。此點由美國獨立宣言、法國人權宣言中，即可充分體會到這種以所有「人」為保障對象的人權理念。

然而，隨著各國憲法導入民主制度，認為唯有基於國民主權原理，由國民掌握國家權力，如此才能確保人權之後，各國也就逐漸演變為強調人權是「國民」才能享有的權利，使人權與國民之間畫上等號。例如，1831 年比利時憲法即使用「比利時國民之權利」，1849 年法蘭克福憲法用「德意志國民的基本權」，1850 年

普魯士憲法用「普魯士人的權利」等都是此類的規定。[17]其後，隨著資本主義而形成的殖民帝國主義，更將對國民的人權保障與次等的殖民地人民完全區隔。第二次大戰前大日本帝國對台灣人及朝鮮人的差別待遇即為明證。

此種忽視或完全否定外國人享有人權的現象，一直到第二次大戰後，隨著人權國際化的趨勢，才又逐漸改變。首先是聯合國憲章在八個部分明確提及保障人權，隨後又在 1948 年通過「世界人權宣言」，繼續推動人權的國際化，確立人權享有的普遍化原則，使本國人與外國人人權保障的問題，都不再是各國以國家主權原理或內政不受干涉原則所能否定。[18]1966 年通過的「社會權規約」及「自由權規約」，更使國際人權保障具有法的拘束力。同時在「選擇議定書」中，更明定「國家通報制度」與「個人通報制度」，以確保各國履行保障人權之承諾。這些都促使各國在考量人權問題時，不再侷限於國民的層次，而須擴大到包括外國人在內的「自然人」全體。

有關外國人是否為人權享有主體之學說，一般可區分為以下三種。[19]（1）否定說。此說一方面基於外國人與國民在本質上有所差異，一方面基於憲法條文中的「國民」無法解釋為包括外

---

[17] 宮澤俊義「憲法 II」有斐閣，1974 年，頁 23-24。1892 年在日內瓦的國際法協會決議中，強調國家擁有外國人的出入國及強制出境的決定權，乃國家主權獨立的必然結果。此即充分顯示當時傳統國際社會對外國人地位的立場。參照，荻野芳夫《基本的人權の研究～日本國憲法と外國人～》，法律文化社，1980 年，頁 12。

[18] 有關人權國際化的過程，參照宮澤俊義，前引書，頁 60-76。

[19] 有關學說之介紹及分析，參照太田益男《日本國憲法下の外國人の地位》，啟文社，1964 年 3 月，頁 93-122。

國人，故認為人權只限國民才享有，外國人則非憲法上人權享有的主體。雖然此說亦主張外國人人權應予保障，但卻定位在立法政策的層次，即認為應以法律規定加以對應。[20]（2）消極適用說。此說認為，憲法中保障的人權，因為包括國家權力運作的部分（參政權），原則上唯有國民才得以成為享有主體。但是，人權若在性質上屬允許外國人享有的部分，亦可以比照適用之。（3）積極肯定說。此說的主要根據是著重在人權本質上乃超越國家、憲法而存在，因此外國人也應成為保障的對象，如此才符合現代憲法的國際人權主義原則。依據現行國際社會的法秩序，人權保障應涵蓋外國人才具備妥當性，因此外國人應為人權享有的主體。總而言之，此說主張除非是憲法及國際法上明確限定國民才能享有的權利，否則都應適用於外國人。

由此觀之，否定說原則上採用傳統的國家主權優越理念，主張外國人人權應由國家自由裁量。其法理依據主要是，國民與國家之間有忠誠義務的特別關係，外國人則無此種義務。此外，基於國家安全及國民整體利益，有時必須對外國人的各種活動、資格加以特別規範，如此必然與人權保障牴觸。然而，若由現代人權法理觀之，國家與國民的關係，並非基於效忠義務，而是以保障人權為基礎。同時，以抽象的國家利益為由限制人權，已不符人權保障的法理，所以並不具備妥當性。因此，否定說這種排除外國人成為人權享有主體的主張，已不符時代潮流，顯然無法被接納。至於消極適用說與積極肯定說，原則上皆肯定外國人為享

---

[20] 佐々木惣一，《日本國憲法論》，有斐閣，1970 年，頁 468。

有主體，在法理上並無差別。但是外國人要完全比照本國國民享有人權，實際上在目前的國際社會仍有其界限。反之，要完全否定外國人成為享有主體，亦違反現代人權保障之理念。因此，問題在於以何種角度及基準來界定外國人人權享有之範圍。就比較而言，消極適用說著眼於國民與外國人的區別，以嚴格的基準列舉外國人人權的內容。相對於此，積極肯定說則是認為除涉及有關國家權力運作的部分外，原則上沒有必要否定外國人享有與國民相同的人權保障。同時此說也認為應採用「國際法上已明確認定唯有屬於國民才能享有」此一基準，做為區別外國人與國民享有人權時之準則。除此之外，外國人與本國國民之人權應無差別。

由此可知，外國人雖為人權享有的主體，但是因為其身分與國民並非完全相等，因此其人權保障之範圍應與國民有所區分。至於如何區分及區分的標準為何，也就成為探討外國人人權問題的主要焦點。一般而言，第一點必須思考的是外國人的身分問題。雖然同樣是外國人，但因其入國的理由及與當事國的真正關連性有所不同，都會影響其適用人權時的基準。外國人在他國的身分可區分為三種：第一種是「永久定居者」，指外國人已定居該國，在各方面都與該國有密切的關係，且沒有遷離該國的計劃。第二種是「長期居留者」，指外國人因工作、留學等原因，在相當期間內必須居留該國者。第三種是「短期停留者」，指一般因商務、探親、旅遊而暫時停留該國的旅客。

再者，外國人因其身分上的不同，而在各式各樣人權的享有方面亦有差異。例如，在外國人的入境方面，原則上基於主權原理國家擁有自由裁量之權限，國家可以根據種種原因自行判斷是

否准許外國人入境。但是，對於合法長期居住國內之外國人，因故出國之後的再入境，國家的自由裁量權即受約束，不得任意拒絕。因為此乃外國人所享有的旅行自由權，國家應予保障其入境之權利。[21]因此長期定住之外國人，在人權享有的範圍上，幾乎與一般的國民沒有兩樣，有些國家甚至賦予其地方參政權或國政投票權，[22]或是僅對其擔任中央公職的權利予以限制。

第二點必須思考的是，性質上應給予外國人同樣保障的人權與性質上不適於外國人享有之人權。一般而言，平等原則、自由權及國務請求權（維護性權利）等，都是在性質上比較傾向於外國人應同樣受到保障的人權。[23]

平等原則是人權保障的重要基礎。世界人權宣言第七條所規定的「所有的人在法律之前平等，都擁有不受任何形態的差別，享有法律平等保障之權利」，即可充分說明平等原則是不應區分國民或外國人，都應享有的權利，現代民主國家亦都承認此一基本原理。[24]

自由權原則上也是屬於人類普遍享有之權利，特別是有關思想、學問、信仰等內部精神自由及人身自由等權利，外國人當然

---

[21] 參照芹田健太郎著《永住者の權利》，信山社，1991 年 11 月，頁 202-239。

[22] 例如，瑞典賦予外國人地方參政權及國民投票權，其他如荷蘭、丹麥、挪威、瑞士亦都賦予外國人地方參政權，西班牙則賦予外國人擁有國會議員選舉權。參照，江橋崇著〈ヨーロッパにおける外國人の地方參政權の現狀〉，仲原良二〈諸外國における定住外國人の地方參政權〉，徐龍達編《定住外國人の地方參政權》，日本評論社，1992 年 2 月，頁 139-167。渡邊久丸《現代憲法問題の分析》，信山社，1994 年 4 月，頁 168-175。

[23] 蘆部信喜〈人權享有の主體〉，同編《憲法 II 人權（1）》，前引書，頁 20。

[24] 阿部照哉、野中俊彥著《平等の權利 1》法律文化社，1984 年 6 月，頁 37。

亦應同樣享有。自由權之中比較具有爭議性的是，政治表現自由及經濟自由的部分。例如，外國人的政治性集會、遊行、結社，如果是與自身利害相關的範疇內，則應予以保障；若是涉及批判當地政府政策、影響政府體制的活動，則可對其權利加以限制，此乃國民主權原理下妥當的判斷。又如，有關外國人投資股票、不動產取得及營業項目等經濟自由權方面，各國亦有不同程度之限制。

至於，有關要求接受審判、國家賠償等國務請求權部分，雖然屬於後國家性質的人權，但只要是法治國家基於維護法之正義公平，皆應給予外國人保障。[25]

其次，性質上不適於外國人享有之人權，一般較具代表性的是參政權與社會權部分。參政權是國民影響及介入國家事務的權利，社會權則是國民要求國家提供其各種生活相關條件之權利。兩者都是外國人應向其本國主張之權利，因而針對這兩種權利加以限制，理論上並未牴觸人權保障之精神。

參政權不論是在選舉權、被選舉權，或經由考試擔任公務員的權利等方面，都與國民主權原理有關，所以原則上各國過去都排除外國人享有這些權利。但是近年來隨著國際化潮流的發展，先進國已逐漸將地方性參政權及非權力管理性質的公務員職位，賦予擁有永住資格的外國人。[26]雖然如此，參政權中有關國

---

[25] 荻野，前引書，頁 247-250。

[26] 自 1970 年代開始，西歐各國因對外國人勞動力之需求，而加速形成保障定居外國人參政之趨勢。參照江橋崇《外國人の參政權》，樋口陽一，高橋和之等編，前引書，頁 185-200。

政的全國性選舉，或公務職位中屬於在第一線執行公權力，嚴格要求服從指揮命令及效忠關係的部分，例如：法官、檢察官、警察、軍人等，都仍然要求須具備國民的要件。

　　社會權在本質上有其階段性，國家必須視財政狀況及經濟發展情況而逐漸提升保障之水準。因此，優先考慮以國民為對象之保障方式，有其必要性與合理性。例如，在失業情況嚴重下，允許外國人工作則會侵犯國民的工作權，因此工作權在現階段並未普及到對外國人之保障。然而，保障社會權的基本精神在於維護做為人的最低限度尊嚴，如果只因為是外國人即排除其享有這些權利則不妥當。若允許外國人長期居住，而不允許其就業或否定其生存權，則當初應禁止其入境，否則外國人與國民同樣納稅，加入醫療、失業及退休等安全福利制度的權利也應予保障。同時，社會權一般多屬於由立法配合後，才具體成為享有對象的權利，法律即使允許外國人享有社會權並無違憲之慮。此點，在本質上與參政權涉及牴觸國民主權原理有所不同。1966 年社會權規約第九條亦要求，締約國必須保障外國人之社會安全保險享有之權利。1990 年 12 月聯合國通過的「保障移動勞工及其家屬權利條約」中，甚至對於違法的外國人勞動者之生命維持及醫療保健等，亦規定不可加以差別或拒絕。[27] 顯見國際潮流對於外國人社會權之保障，是朝著不應與國民有所差別的方向在發展。目前先進國家對於長期居住的外國人之社會權，若非有正當且具體的事由，多不再與國民有所區別。反之，當國民長期居住外國，而

---

[27] 外國人之生命維持及醫療保健等權利，參照，渡編久丸，前引書，頁 213-235。

與本國已逐漸失去真正關連性之情況下，其享有本國社會福利之權利，亦將受到種種限制。

第三點必須思考的是，外國人人權限制之審查基準。理論上，有關外國人人權限制基準與本國國民並無兩樣。首先是以必要最小限為原則，對外國人人權採用「廣泛保障基準」，除非性質上可以證明不適於外國人享有，否則不能單以國籍為由否認外國人人權。其次，對於限制精神自由部分，應較限制經濟自由採用較高的標準，即所謂「雙重區分基準」。最後，審查外國人人權之限制是否妥當時，應採用「嚴格基準」。例如，限制目的是否正當、手段是否過當，都必須由國家負證明之責。

此外，認為外國人人權可以用自由裁量論、公共利益論、合理差別論等加以限制之主張，乃是由傳統的國家權力至上論等引申而來的誤解。事實上，若允許依此等抽象基準限制外國人人權，則對國民的人權保障也會形成威脅。總之，保障外國人人權，本質上與國民權利並非處於對立。同時外國人的數量，國家亦可限定的情況下，實際上對社會、經濟之影響亦有限。故，外國人人權應優先由人權保障的基本精神加以考量。

四、結語

自 1215 年英國大憲章至今已有八百多年，自 1789 年法國人權宣言至今也有二百多年，在 21 世紀的今天回顧人權的發展，實在有很多可以論議與比較之處。特別是如同以上所論述，民主先進國對於人權理論之探究，已發展到極精緻的程度。然而，仍

有不少國家，人民是否能維持基本的存活，都停留在尚待確認的階段，更不必談論如何保障人權。更令人擔憂的是，某些國家雖然在經濟方面已進步且現代化，卻仍然視人權為猛獸般的拒而遠之，實在令人不解。因此如何使更多人，由各種不同角度來理解人權概念，實有待努力。以下由不同時代背景之下，人權本質、分類、主體所顯現的概念加以分析，檢討過去及展望未來人權概念的新發展做為結語。

首先，就人權的本質觀之，人權在發展初期被定位為是由專制枷鎖解脫的象徵，在高喊人權及爭人權的過程，使人民在身心兩方面都獲得解脫。之後，人權又被定位為區別善與惡之基準，使保障人權代表為善拒惡。目前，人權則成為人類普遍信仰的共同價值理念，朝著跨越國界、人種、文化界限的方向發展。

一方面，人權的本質若由人權的來源或依據的歷史角度觀之，最初人權必須依賴神所賦予的觀念來主張其正當性。隨後，人權則以源自自然法來解釋其本質。然而，現今的憲法理論都認為應以人的尊嚴存立來主張人權的正當性，人只要依據自己本身的存立，即可主張人權的正當性，人只要依據自己本身的存在，即可享有人權。人權的本質長久以來發展的另一趨勢是，由抽象的口號逐漸轉變為具體明確的內涵。現代的人權本質上已不再是過去追求理想的指標或高掛壁上的標語，而是必須由國家權力、全體法秩序具體保障與實踐的對象，這才是目前人權的重要本質與意義。

其次，就人權的分類觀之，人權因為在質的方面不斷提升，而促使分類必須更為精緻，因為在量的方面繼續增加，而促使分

類更為多元化。傳統的人權分類只在自由權範圍內區分，但是目前從自由權中細分出來的新人權，有些已不再是自由權性質所能涵蓋。20 世紀所形成的社會權類型中，目前亦有新的人權在形成。21 世紀的科技性人權如何定位，則更非以現有的分類所能涵蓋。

一方面，人權的分類受到國際化的影響，最近亦有國際人權與憲法人權的區分。隨著人、事、物往來的頻繁，人權的保障已逐漸超越國界的限制，成為全球一體化。因此國際人權法的研究，仍將傳統憲法學的人權及國際化之下必須規劃的人權加以整理區分，使之成為國際人權的分類。

最後，就人權主體觀之，初期的人權享有主體只限定男性，並非兩性都能享有人權。即使是民主先進國女性的參政權，也一直到 20 世紀初才逐漸獲得保障。其他婦女工作權、學習權、財產權等之保障，都有不完整的部分。因此，現階段「人權等於男性」的觀念，如何澈底消除，仍有待進一步檢討。值得注意的是，隨著人類生活型態的改變，同性或中性者的人權問題，亦成為論議的對象。這也是未來探討人權享有主體時，必須面對的新課題。

一方面，人權發展初期，享有主體僅限定是貴族封建階級。英國的大憲章、權利請願書，都是特定身分階級者才能成為享有主體。18 世紀美國獨立宣言及法國人權宣言，正式使用所有人民的人權觀之後，人權才由身分差別下解放，成為一般人民普遍享有的權利。即使如此，實際上美國仍有一段時期實行奴隸制度，禁止有色人種享有人權；法國對猶太人及殖民地人民的人權，也是加以排斥，一直到 20 世紀才獲得局部性解決，未來仍然有必須面對的課題。

人權體系之界限與相互調整

人權是現代立憲主義的核心部分，一部憲法若未能有效保障人權，就是沒有憲法的國家，要研究憲法也必須由人權及其基本概念著手。同時隨著歷史的發展，人權不論內容與性質都有很大變化。因此，如何正確理解人權保障相關的基本概念，乃憲法學研究首先必須探討的焦點。

　　人權的意義就是指：「人之所以為人，當然擁有的權利」、「人生而不可讓予、不受侵犯之權利」。憲法所保障的基本人權，是每一位現代國民所應該享有的權利。基本人權非但不容許立法、行政、司法等國家機關任意加以限制或剝奪，而且是國家機關必須以國家權力為後盾具體保障的人權，國家具體保障是基本人權的本質，否則就不必列入憲法加以保障。然而，過去君主專制國家對人權保障，常以「在法律規定範圍內」得享有人權，表面上好像已保障人權，實際上統治者在必要時，卻可立法剝奪之。台灣目前以中華民國憲法二十三條為依據，認為為了國家安全、社會秩序即可立法限制人權，事實上是同一模式。這與先進國家認為，人權只能基於人權相互間的調整之需要，才可以立法界限的原理，實有天壤之別。以下人權體系之界限與相互調整之論述，就是要釐清此一錯誤概念。

　　人權是憲法體系的核心，人權如何更完善的保障，一直是憲法學研究的主要目的。然而，探討人權保障一定會面臨有關人權應如何界限，才能避免形成對立衝突的難題。一方面，如果探討人權保障而避開界限這個問題，結果也會成為一個空泛的理論，無法具體而實際的確保人權。此外，過去論及界限問題，由於過份強調人權必須「限制」的觀念，因而造成僅以「法律保留」、「國

家社會利益」、「私人間無效力」、「特別權力關係」等簡單的概念，即對人權加以限制的狀況。實際上，這種限制的觀念常常成為壓抑人權的藉口或工具，反而使人權保障受到層層的阻撓，對增進人權並無實質意義反而有害。目前憲法學界雖然肯定「人權應有界限」，但卻認為「人權不可任意限制」的觀念更為重要。所以，探討人權界限的問題，原則上應該由人權體系之間如何相互調整的角度，來架構各種界限人權的理論。因此，人權「調整問題」（coordination problem）[1]便成為現代人權界限理論中，一個很重要的核心概念。

一、人權界限概念之歷史演變

人權在形成初期，曾被認為因為人生而自由，故任何可能妨礙人權自然及自由狀態的限制都應排除。人除了對自我的「自制」之外，不應受到任何限制，這就是所謂「自然的自由」。依此，則人權具有不應受界限的性格，個人自由可以在不受限制的狀況下盡情的享有發揮。

但是人並非孤獨存在，處於多數人共同生活的社會狀態之下，個人自由盡情發揮的結果，必然會導致互相對立衝突。所以自然的自由這種思想，處在共同生活社會狀態的前提之下成為不可行。這就是盧梭所言，人類經由自然狀態演進到社會狀態的結果，必會使「自然自由」轉變為「市民自由」。換言之，社會中

---

[1] 　調整概念參照，長谷部恭男，〈国家権力の限界と人権〉，樋口陽一編《憲法學》（3），日本評論社，1994 年，頁 51。

的個別成員基於保護自己所擁有的身體、財產自由的需要，必然會共同訂定「社會契約」，允許社會的「共同意志」來限制個人的「自然自由」，以保障社會中所有構成員的「市民自由」。[2]因此，即使是強調「人生而自由」的法國大革命時期，在一七八九年的權利宣言第四條中亦指出：「自由是以不損害他人做其他事項而存在，個人自然權利之行使，應以確保他人享有同樣權利為界限」。

人權發展由不予界限的原始自然自由，演變為應有界限的文明市民自由之後，隨之而來的問題是，何者有權限制人權或應由那一種權力來劃定人權的界限。有關此問題，如果由不同時代的發展及相關統治型態觀之，可以區分為以下幾種限制的類型。

第一、「行政權限制型」。這種型態與統治權力集中專制有密切關係。人權發展初期，國家體制仍屬君主專制或威權獨裁體制，因此行政權獨大，人權界限當然是由行政機關主動劃定。人民雖然向統治者爭取到人權保障的承諾，但是人權的範圍及內容都有保留。因此，除非行政權自我約束，否則人權仍可以用行政命令及權力者個人意願而任意加以限制或剝奪，故一般稱之為「行政保留型」。

第二、「立法權限制型」。此型原則上排除行政權得以任意限制人權之空間，要求在依法行政原則下，人權只有依立法機關所制訂的法律，才能加以限制。在此情況下，人民雖然爭得人權，且列入憲法條之中予以保障。但是因為允許立法機關立法加以限制，故其保障並不實在，隨時可能會受到法律的限制或剝奪。特

---

[2] 盧梭（Jean-Jacques Rousseau, 1712-78）《社會契約論》第一編第八章，參照，原田鋼著《西洋政治思想史》，有斐閣，1985 年，頁 322-342。

別是當立法機關並未民主化，且不能真正代表民意或站在人民立場時，實際上人權保障與第一種類型並無多大差別，人權仍可任由權力者加以限制。因此，此型雖已撤廢行政權保留，不再由行政機關劃定人權界限。但是卻又允許立法的權力者劃定人權界限，故一般稱之為「法律保留型」。例如，憲法中雖列舉各種人權保障條文，但是卻有「依法律規定範圍內享有」或「得以法律限制之」的保留，都屬此型。

第三，「憲法限制型」。此型原則上排除行政權與立法權得任意以行政命令、立法限制人權之空間，認為人權只有為增進其他人權保障內容，才得以相互調整。因此，即使是立法機關制定的法律，若不符合人權相互調整原則，任意限制人權，則屬違憲無效。此型雖已排除行政及立法機關劃定界限權，撤廢行政及立法保留，使人權保障不受憲法人權體系以外權力的限制。然而，理論上仍因為在憲法中列舉限制人權保障的條件，使人權保障受憲法之限制，[3]故一般又稱之為「憲法保留型」。

第四，「非限制型、內在制約型」。此型理論上認為人權應有界限，但是卻不應對其範圍加以任何限制。因此，憲法中一方面必須宣示人權並非只限定憲法所列舉的範圍之內，人權得因時代環境之變動而繼續發展，須保留其未來變化發展的空間。一方

---

3 例如中華民國憲法第二十三條「以上各條列舉之自由權利，除為防止妨礙他人自由、避免緊急避難、維持社會秩序、或增進公共利益所必要者外，不得以法律限制之。」，是屬於以憲法條文明白宣示人權可以限制的型態；且是以抽象及概括性概念做為限制的基準。德國基本法第十九條雖然亦屬此型，但其實限制基準在條文中有明確規定，其實際作用上與「非限制型」較為接近。此外，在個別條文中，以「和平的」請願權等附帶條件方式加以限制，亦屬憲法限制型。

面，基於人權具有「任何人」都應享有的普遍性，及人權行使不應對他人不利益的公平性，故應在人權體系內相互調整其界限。內在制約型已成為現代立憲主義的主流。

由以上人權發展之回顧，及有關界限概念之探討，可以發現人權應有界限的本質。但是，界限並非源自任何「外部」權力之劃定或限制，而是以人權體系「內部」整體考量為基礎，依各種基準自我相互調整，又稱為「內在制約論」。同時，現代立憲主義憲法條文中，一方面有必要列入「公共福利」、「公平正義」等人權應有界限之概念；一方面也必須列入「追求幸福」、「尊重人性尊嚴」[4]等，顯示人權具有不可限制性本質之概念，使人權除了列舉部分之外，尚可依時代須要，經由實際運作及解釋，不斷的成長與發展。

二、人權界限之理論

人權的界限應由憲法的層次整體考量，由人權體系內部自我調整之觀點確立後，則界限的法理依據為何，界限的手段、方式、基準如何，即成為應加探討的問題。但是在未進入主題之前，過去有關人權界限的理論，曾有二種不正確的觀念，在此必須先加以釐清。

---

[4] 例如，日本憲法第十三條即規定「全體國民應以個人而受尊重。對於生命、自由及追求幸福之國民權利，國家須加以保障。」德國基本法第一條第一項亦規定「人之尊嚴不可侵犯，尊重及保護此項尊嚴為所有國家權力之義務」。這些都是屬於此種性質之條文。

首先，人權並非以「公共福利」等抽象的概念即可以加以界限，而必須更具體的證明界限的必要性。例如，過去日本在 50 年代法院的判決中，對於國家限制國民言論、表現自由等權利的情形，僅僅以「基於公共福利之必要」為由，即判定其合憲，使人權保障陷於危機。[5]因為若允許國家權力或憲法裁判，僅使用「公共福利」這塊招牌或名詞，即可限制人權，則事實上與過去法律保留並無兩樣。因此，「公共福利」只是確認「人權並非無界限」的另一種表達方式，絕非可以限制人權的法依據。「公共福利」雖然是令人無法反對的美好形容詞，但是並不能直接、明確的界定其內容為何，或如何做才是「公共福利」，什麼是違反「公共福利」。單以「公共福利」一詞，即對人權加以限制，未免過於簡化人權界限的理論，並且實際上反而造成人權可以任意限制的誤解。

其次，過去也常舉出，本來就屬人權保障範圍之外的違法行為，來證明人權必須加以限制。例如，言論自由的保障本來就不包括以虛偽言詞毀謗他人的部分；憤怒而動手打傷人，雖是一種「表現」行為，但是絕非「表現自由權」所保障的內容。因此，我們絕不可舉出一些違法的言論或行為應予禁止做為理由，來說明言論自由與表現自由應加以限制。一般稱此為「惡用的內在制約論」。換言之，「言論自由權」所保障的是人的種種「言論」之中，屬於應享有的權利部分，其他欺騙他人之言論、恐嚇他人之

5　川添利幸・山下威士編《憲法詳論》，尚學社，1982 年，頁 175。此種說法亦有學者將其定義為「一元化外部界限說」。參照，蘆部信喜《憲法學 II 人權總論》，有斐閣，1994 年，頁 188-190。

言論、侮辱他人之言論，這些都不屬於「言論自由權」保障範圍內之言論。一般可以用法律來處罰與限制這些言論，但是絕不能引申為，屬於言論自由權所保障的部分亦可以法律來限制之。因為「言論自由權」與「人所發出之言論、自由的言論、任意的言論」兩者在意義與範圍上都不相同。由此可知，以詐欺、恐嚇、毀謗必須以法律禁止為由，來推論出言論自由亦可以任意立法限制，乃誤導內在制約的意義，是一種錯誤的限制人權觀念，甚至成為任意限制人權之藉口。

因此，探討人權之界限，應先釐清「人權的範圍」與「人權的制約」這兩種不同的概念。首先，「人權的範圍」是指，任何一種人權都有其所要保障的範圍，其內容為何、項目、程度如何，都應有一定的界限。換言之，應先區別出何者為人權保障範圍內，何者並非人權保障對象，如此才能進一步探討此一人權在人權體系內的制約問題。其次，「人權的制約」是指，為了使每一個人能公平享有此一人權，或運作此一人權時，應該如何避免與其他種類人權對立，使人權體系能和諧，所應作的調整。因此，制約的相互對象是已經屬於「人權範圍」內的部分。以上兩種概念都與人權界限理論有關，若能區隔其意義，將有助於理解下列探討。

人權發展初期的公法領域認為，國家的權力才有必要加以限制，個人的自由權利及私生活領域「原則上」不應加以限制。[6]然

---

[6] 卡爾史密特（Carl Schmitt）曾指出：「理論上個人的自由領域應該是無限制的，相對的國家權則必須加以限制」。參照 Carl Schmitt 著，尾吹善人譯《憲法理論》創文社，1985 年，頁 197。

而這只是單純的由國家權力與人權的相對關係，論述人權保障的外在性質。若是由人權體系內部觀之，人權是適用於多數人共同生活的社會，因此必然會面臨人與人接觸而產生之對立關係，或不同種類人權之間的對抗關係。因此，人權體系本身如何劃定界線，是必須處理的問題。有關人權體系內部相互界限的學說很複雜，以下試由比較區分的方式分析之。

（一）由內、外界限觀之

人權體系是由外部（外力）來界限或由人權體系內部自行界限，是首先應加以釐清的部分，前者稱之為外部界限論，後者則稱之為內部界限論。

外部界限論是指人權並非可以毫無界限的擴大，必然要在人權的外圍劃定界線。例如，威脅、恐嚇他人，也屬一種表現，但是並非表現自由保障範圍內，而是在圈定的範圍之外。人權發展初期，政治力就常以「公共利益」為由，作為劃定界線的原理。然而，公共利益只是一個抽象的概念，並非明確的基準，很容易隨著不同的主觀條件而變動其意涵。過去專制國家甚至假公共利益之名，行限制人權之實，使國家權力可以正當的介入個人私生活領域限制人權。[7]

初期的違憲審查也常以公共利益的口號做為限制人權的判斷依據，使人權保障受到很大的傷害。目前雖然已否定僅以公共利益為名，即可限制人權的思考模式，但是公共利益仍被拿來當

---

[7] 濱田純一「基本權の限界」，杉原泰雄編《憲法學の基礎概念 II》，勁草書房，1983 年，頁 265。

作人權外在界限的代名詞。問題在於若架構人權存在著外在的界限，則何者有權界限人權與如何界限人權範圍的問題隨即出現。雖然，由近代人權思想來觀察可發現，人權是以保障「每一個人」的尊嚴與平等享有為基礎所形成。[8]換言之，人權是以不阻撓他人平等享有為其界限，同時人權的行使亦不可危害他人的健康、生命，或傷害到他人的人格尊嚴。因此，威脅、恐嚇他人或憤怒傷害他人，雖屬於一種表現形態，但並不屬於表現自由的範圍內，這就是一般內、外有別的界限說法。

然而，外部界限論卻有以下的問題點。首先，人權在性質上有不須界限的部分，思想自由就是不應劃定範圍限制的人權，這是以外部界限論無法說明的部分。其次，前已論及，既然威脅、恐嚇是很明確的不屬人權範圍內的行為。但是，勞工基本權中所保障的罷工抗爭等權利，其實際運作卻很難與威脅或恐嚇等概念加以切割，這又如何說明。又如，性、裸露表現是屬藝術表現自由，或屬人權以外應立法禁止的猥褻行為，亦常引起爭議。由此可知，要在人權內外劃定一條明確的界線，並不如想像中容易。何況，到底誰有權劃定及基準為何等等，都是目前尚無法釐清的部分。特別是，外部界限論常被引申為可以由各種外力來界限人權範圍，使人權極易受侵害。即使外部界限論後來主張，行政權以公共利益為由限制人權時，應以「最小侵害」為原則，司法權亦可以對公共利益限制人權加以審查是否違憲。但是各種由外部力量不當的介入人權界限之現象，卻仍無法有效遏阻。

8　野中俊彥、浦部法穗《憲法學の解釋 I 總論》三省堂，1992 年，頁 279。

因此，後來外部界限論演變為，憲法若認定該項人權有界限，應附加「基於公共利益得立法界限」之條款，作為立法限制人權之依據，或是依人權性質區分為是否應受公共利益之界限。然而，一方面前已論及，除思想自由之外，人權幾乎都有界限，何必一一附加條款；一方面自由權應不受界限或社會權應受界限的二分法；現實亦非如此。因此，這種附加條款或區分種類的界限方式，事實上也無法釐清一般性的人權界限問題。

　　一方面，內部界限論是指，基於人權體系內部順暢運作上的需要，所作的人權相互調整，此即為人權的界限。內部界限論比外部界限論容易避免人權受外部的政治力或政策之介入人權界限的空間。[9]內部界限論能充分說明思想自由不必調整，故毋須界限的本質，亦能嚴謹的說明面對不同人權，必須採用不同方式的調整型態。

　　內部界限論認為，現代立憲主義主張「個人」的人性尊嚴是高於全體利益與價值，因此單以「公共利益」為由限制人權並非妥當。唯有以其他「個人」人權之保障為由，才得以界限個人人權。換言之，因為要求達到實質、公平的保障每一個個人之人權，所以必須對人權體系內的矛盾與抗衡部分加以調整。這是使人權得以共存，並且實現的前提要件，故應就人權體系內部，各種不同人權性質上之必要及狀態分別界限之。[10]

　　內部界限論之所以成為目前主流學說，主要有以下原因。第

---

[9] 同前注，頁 280-282。

[10] 蘆部，前引書，頁 95-96。長谷部恭男〈國家權力の界限と人權〉，前引論文，頁 44-45。

一，符合人權以個人尊嚴為價值核心的現代立憲主義原理，並可以排除外部界限論易造成各種外力因素介入空間之缺陷。第二、理論上較能解釋各種不同界限模式。例如思想自由因不會與其他人權接觸，所以不須調整界限之，即可明確解釋。第三、內部界限論以「相互調整」之概念處理界限問題，較之外部界限論以「限制」人權範圍為基礎的論點為佳，可使人權發展空間更為廣闊。

　　最後，值得注意的是，內、外界限論亦有共通之處，若「公共利益」能嚴格定義為，以每一個個人能公平、實際享有人權保障，其目的在追求一個使每一個人，都不因行使人權而侵害他人人權的正義公平社會，[11]則外部界限論與內部界限論實難加以區別。

（二）由消極、積極界限觀之

　　界限人權之理論，一般也使用「消極」與「積極」這兩種相對概念來形容之。但是值得注意的是，雖然同樣使用消極說與積極說名稱，有時候是分別代表著不同的意義與內涵。

　　第一種是以人權的不同類別，而認為應採消極或積極的界限原則。例如，對精神自由的界限應審慎為之，若非必要原則上不應加以界限，故稱之為採消極界限原則。反之，對經濟自由的運作，則應主動多加防備，故稱之為採用積極界限原則。

　　第二種是以界限的時期而區分為採取消極或積極原則。消極

---

[11]　宮澤俊義《憲法 II》有斐閣，1985 年，頁 236-239。

說認為界限人權，原則上應在人權之間出現對立狀況之後，才能消極的對應界限之。反之，積極說則認為應事先積極的針對各種可能對立之人權，以事先界限之方式加以防範，以避免對立狀態之出現。

第三種是針對界限與國家權力運作的關係而區分為消極或積極。消極說認為國家權力與人權界限原則上應無關係，即使國家權力有必要運作參與，如違憲審查之司法運作，亦應採消極被動之對應原則，以避免國家權力介入人權體系。積極說則認為，國家權力有時必須積極介入人權，一般亦稱此為政策界限。然而，若進一步探討，國家政策之所以能界限人權，並非僅依政策上需要為由即可成立，主要原因仍是政策背後必須基於保障弱勢人權或其他人權。如此，則所謂政策性積極界限人權，才有其正當性基礎。[12]因此，實際上雖有國家權力或政策介入界限人權，理論上仍是基於保障人權而來的相互調整。

經由以上分析可以發現，探討人權界限的理論，雖有助於理解人權的本質，架構人權體系屬於「整體」的觀念。但是所提出之理論，都難免過於主觀與抽象。因此，如何具體處理「個別」人權之間的牴觸與對立，仍須由人權調整之基準，進一步探討。

三、人權調整之基準

一般提及人權調整之基準，很容易引申為違憲審查時的基準

---

[12] 和田英夫〈公共福祉〉，清宮四郎等編《新版憲法演習（1）《總論・人權 I》》，有斐閣，1980 年，頁 189。

或法院判決的基準。雖然，人權調整概念之形成和發展與法院裁判及違憲審查有密切關連，而且因此而形成的「比較衡量基準」、「雙重基準」，[13]也成為探討人權調整時的重要理論。另一方面，基準也是指實質處理人權調整時，自然形成的各種習慣，或必須有的共同規範。

人權調整有時是經由自然形成的一種習慣來處理，例如：一個社區如果很自然地都選擇在星期一、三、五晚上傾倒垃圾，則顯示大家對於追求共同整潔環境，都一致的認為作此選擇，是對自己權利的有效保障。另一方面，若社區中各人對垃圾的處理有不同的意見與方式，則必須透過訂立規定、強制遵守，才能維護社區環境衛生。此時，此一強制規範，即成為每個人享有社區環境權利所必須具備的要件，而不能視為限制個人處理垃圾的自由。因此，為了調整人權所訂立的各種必須共同遵守的法律，並不是限制人權，反而是為了保障人權，所必須具備的規範與準則。

（一）基準本質之區分

人權調整的基準，首先可以由「個人自律」、「自然形成」、「法律性」基準等不同的性質來探討。「個人自律」[14]可以說是人權

---

[13] 有關人權界限之法律的違憲審查基準，依不同的人權種類與性質，可以有「雙重基準」、「比較（利益）衡量基準」、「合理性基準」、「選擇更緩和限制手段（LRA）基準」、「明顯且急迫之危險基準」、「明確性基準」、「事前抑制基準」等。但是比較符合作為一般性人權調整基準者，以「雙重基準」與「比較衡量基準」為代表。參照，野中俊彦等著《憲法 I》，有斐閣，1992年，頁 237。

[14] 有關個人自律的概念，參照，長野部恭男，前引論文，頁 56-60。長野部恭

調整最原始的基準。每個人在行使其所享有之人權時，很自然地會慎重思考，且自我選擇其應有之界限。任何理解「共同生活」本質者都明白，如果自己擁有的人權，都依據自己的意願自由自在的實行，這樣無限制的結果，必然導致人權擁有者與人權擁有者之間互相衝突的局面。例如：一個人在演奏樂器時，自然會考慮到是否影響鄰居的安寧，自我選擇避免深夜演奏。一個人在參加會議時，自己的發言時間與次數也會自我約束，使其他人也能有發言機會，如此才能使會議順利進行。

所以一個人行使人權，如果是在個人自律基準範圍之內，則其他人應會同意，也有義務支持共享有此一權利。每一個人若能先以個人自律，作為人權享有之基準自我調整，則一方面能避免與多數其他人形成對立，造成立即的衝突關係。更重要的是，如此亦可避免在毫無自律的情況下行使自己權利，所必然引來更為廣泛的他律界限。因為在個人自律行使其權利的情形下，若未明顯危及他人或多數人的權利，至少其權利應獲得保障。但是，若因任意行使自己權利，而導致多數人人權受損時，必然會立即受到嚴格的限制甚至壓制。此即為人權調整最基本的自律基準。

「自然形成」基準是指，人權在多數人共同生活的社會中運作時，自然會形成某些使每個人之人權能得到保障的習慣，有此一基準人權才能在互相調和的前提下，順利的發揮其功能。例如，很多人在路上行走時，自然會形成靠一邊走的習慣，

男《テレビの憲法理論》，弘文堂，1992 年 12 月，頁 5、15。

才會避免互相碰撞，至於是要靠左或靠右，都是一種自然形成的調整。換言之，當一個社會大多數人都預期對方是會靠右走時，自己要行走時自然也會依此習慣，如此才對自己的安全最有保障。

人權亦是如此，當人權要行使時，每一個人自然的會了解，應依據何種方式來運作、行使，才不會與他人人權衝突。唯有自然形成此一運作規律，才能保障每個人的人權。所以沒有人會故意去違反自然形成的基準，造成損人又不利己的結果。此即自然形成基準的人權調整模式。

「法律性」基準是指，人權的相互調整須要由國家權力訂立法規範之後，才能依此規範和諧的運作。此時，法律的存在意義並非限制人權，而是使人權在法規範的界定之下，避免相互衝突，或釐清人權保障之明確內容。法律性基準在性質上可分為「必要性」、「多元性」、「階段性」之調整基準。

首先，必要性是因為同種類人權，若在毫無秩序的情況下行使，必然會造成衝突對立，甚至使每個人的人權無法享有。此時有必要訂立規範，眾人依此規範才能享有此人權。就如同車行至交叉路口，要避免互相碰撞，有必要規定一種共同遵守的規則；又如財產移轉契約，必須有一定格式，才能防止糾紛等。法規範本身並非限制行車或財產變動，反而是促使行車及財產變動能順利達成的必要制度。必要性調整基準之所以成立，主要有以下幾種情形。（1）並無既有的調整習慣存在，若有則不必刻意另定法律來改變調整方式。例如，交叉路口若長久以來已形成必須先停車再通行的習慣，則沒有必要另設紅綠燈來管制。（2）本質上所

能選擇的法規範形式並非固定或唯一，而是多種選擇下的其中一種。例如，要維護交叉路口之安全通行，可選擇使用紅綠燈或主要幹道優先通行等各種不同方式，並非只有一種固定方式。（3）法規範訂立之後，會使每一個人都認為，依此規範運作符合其利益，可確保其人權。（4）法規範若無效果，或另有其他調整方式，則顯示並非有必要訂此法律性基準。

其次，法律性基準有時是對應「多元性」的人權調整而存在。人權體系內的各種人權之間的調整是多元化的，特別是異種類的人權，在同一時空環境下對立時，如何互相調整使雙方都能獲得保障，此即多元性調整基準。例如，集會遊行權利除了有必要採申告制規定，以調整在同一時間、地點的二種以上集會遊行之衝突外，有時也要採預告制，以調整經濟上的營業自由與集會遊行自由的互動關係，使遊行對事業經營上的不便，得以降低到可容忍的程度。

最後，階段性基準主要是有關社會權的部分。因為社會權具階段性保障的本質，故必須經由法律來確立，現階段權利享有的程度及範疇。經由法律性基準，可以使社會權的保障更為具體且明確，以免被模糊成為抽象不實在的人權。

（二）基準正當性之探討

人權調整基準之設定應具備正當性基礎。至於如何明確判斷基準符合正當性，長期以來一直是學理上探討的課題，尚未形成定論。以下嘗試著提出一些看法，以供進一步思考。

首先，基準必須與人權應普遍享有的原則一致，才具備正當

住。基準若阻礙任何人或一部分人之人權，無法平等的考慮與尊重每一個人，則成為人權調整的基準並非妥當。例如，在單行道上大家都有依同一方向行走之權利，逆向而來之行人應受限制，而非要求一部分人讓開，使其可以逆向通行。普遍平等原則是高於人權享有的更重要基準，唯有符合此原則，才具備調整的正當性。

第二、防止危害他人的調整基準，才具備正當性。人權行使時，可先區分為「與他人無關」及「與他人有關」兩部分，與他人無涉的部分，本質即不須要調整。至於與他人有關連部分，則又可區分為「影響他人」與「危害他人」部分。人權行使若是只有造成影響他人的情況下，即加以界限並非妥當，應視影響程度及各種狀況對應之。但是，對於「危害他人」的部分，則應界限之。因此，以防止「對特定他人之權益，明顯造成危害」為前提，所形成之人權調整基準，應具備正當性。

第三、針對「感情性傷害」[15]加以調整之基準，應當具備正當性。所謂「感情性傷害」是指，人權的行使會造成一般人產生精神上不穩定狀態，或產生不愉快及痛苦之反應，則應加以調整之基準。例如，殘忍之圖片或過度之性表現畫面，對其販賣得嚴格加以規制。但是這種傷害必須是屬於他人無法迴避的情況，才符合要件。例如，同樣會產生「情感性傷害」之行為，在教學研究室出現或特定的室內舞台之演出，與在一般的公共場所之表現，前者並不符合調整之要件，故要求其適用此基準並不妥當。

---

[15] 參照，阪本昌成《憲法理論 II》成文堂，1994 年，頁 170-171。

第四，直接、必要的公益性調整基準，具備正當性。例如，對傳染性疾病患者加以隔離，限制其人身自由，是為了防止疾病傳染擴散；又如對私有地之徵收，以供道路建設之用，亦屬正當性基準，但應給予等價之補償，使公益還原到每一個人。

四、結語

有關人權界限之探討，目前仍屬憲法學研究的重要範疇，各種理論與概念繼續在形成之中，因此在用語及定義上亦有差異之處。例如，前述之「法律性調整基準」，亦有學者由區別傳統的「法律保留」論為出發點，提出所謂現代的「法律保留」論，主張：（1）憲法條文若有必要以法律詳加規範，則稱之為「規律性的法律保留」，例如，有關選舉制度憲法條文一般都會加上，另以法律規定之，即屬此型；（2）要界限人權必須以法律規定，則稱之為「界限性的法律保留」。事實上，其理論即為「法律性調整基準」的一部分，然而是否有必要強調其為現代的法律保留，造成與傳統的法律保留概念互相混淆而無法釐清，值得檢討。

其次，探討人權界限之基準，亦有學者論及違憲審查所形成的各種基準，例如，比較衡量、雙重基準等。憲法判例所形成的基準，不可否認的是人權調整的基準之一，但其理論及概念之探討屬違憲審查之範疇，亦非本稿篇幅所能涵蓋，故在此未加以論述。

CHAPTER 6

人權之效力

人權之效力，是指人權行使時之相互對象及其適用效果。傳統公法理論認為，憲法所保障的人權只適用在國民與國家間的關係，即相互對象必須是個人對國家，並不能適用在個人與個人或個人在社會日常生活所產生的各種關係。換言之，上班時間公司對言論自由的限制或對兩性差別的待遇，是以個人與公司為相互對象，只受工作契約之約束，並不能適用憲法上的人權保障。又如，計程車司機基於政治主張或黨派不同而拒載乘客時，亦無法引用人權保障條款的侵害思想自由，做為權利保障之依據。如此，則人權保障之效力僅適用在個人對國家之間的相互關係上（學理上稱為「一般效力」），對於私人之間或私人對法人之間並無效力（學理上稱為「第三者效力」）。

　　人權的效力除了一般國民所適用的一般效力之外，當國民與國家間形成特別關係時，其效力應如何調整，即所謂的特別效力論。前者是指，個人與國家機關之間所存在的（例如法律、行政命令等）必須遵守之統治關係。後者是指，某些個人因為特殊原因（例如成為公務員）與國家機關產生必須服從受拘束的特別關係。換言之，當個人與國家機關之間產生特別權力關係時，個人的人權將會受到種種限制（例如禁止參加政治結社自由），使憲法所保障的人權，並不能如同一般國民般地完全適用。因此傳統公法學提出「特別權力關係論」（besonderes Gewaltverhältnis）[1]，處理這些特殊關係。

　　然而，人與人之間的社會關係，侵害人權的現象日益嚴重。

---

[1]　蘆部信喜，《憲法叢說（2）人權と統治》，信山社，1995 年，頁 43。

因此，有關人權保障應擴及私人之間的效力必須處理，才能使人權保障更為完善。現代公法理論不論在學說或判例，都對私人之間的人權效力及其適用有所修正、強化。故目前以「第三者效力論」取代傳統的「人權不及於私人關係論」，這是人權效力所要探討的第一個問題。同時傳統公法學所提出「特別效力關係論」，在處理國民與國家之間形成的特別關係時，亦出現與現代立憲主義原理矛盾對立，故目前以「公法上特別關係論」取代之。兩者之間有何差異，實際對應上又有那些原則，這是人權效力所要探討的第二個問題。

一、第三者效力論

傳統的公法理論認為，憲法是要由國家權力運作的過程中，保障國民的人權不受國家權力之侵害，所以憲法應該是一種針對國家權力加以規範的法。因此，憲法中所列舉的人權條款，其效力也應該是限定於針對國家權力，並不適用於私人關係之間。私人之間的種種關係，應該由各種私法來處理（例如民法、商法），憲法不應介入，以免侵害到「私」社會的自治原則。[2]

然而，隨著社會的不斷演變，人與人之間的關係，因為地位的不同而產生對立（例如雇主與勞工），再加上企業、工會、政黨、傳播媒體等各種具備著強制力的法人團體出現，造成私人間的相互作用，侵害人權的現象日益嚴重，實在不能再忽視。例如，

---

[2] 川添利幸、山下威士編，《憲法詳論》，尚學社，1982 年，頁 179。

個人依自身意願受雇於某銀行，可能因契約的單身條款，而造成結婚、生育等人權的基本部分受侵害。又如，個人也可能在無意願的情況下，因為傳播媒體之報導而侵害其個人的隱私。[3]因此，有關人權保障的效力如何擴及於私人之間，自然地成為必須面對的問題。

（一）第三者效力形成之背景

第三者效力（Drittwirkung；third party effect）是在探討憲法所保障的基本人權規定，是否只限定在防止國家權力對個人人權的侵害，或是其效力應該及於私人相互間的種種人權侵害行為。因此，第三者效力一般也稱之為人權的「私人間效力」。

這個有關憲法人權保障的重要觀念，主要是 50 年代以後才逐漸成為議論的焦點。[4]其形成之主要原因並非基於學理上的探究，而是源自現實的人權侵害現象日益嚴重。依據先進民主國家統計，一般私人或法人侵害人權的現象，較之國家權力或公務員在質與量上都更為嚴重。這樣的社會發展，使人權保障如果仍限定在防範國家權力侵害，似乎與現實脫節。因此有關第三者效力的理論、適用方式、判斷基準等問題，遂成為憲法學界不得不加以分析研究的範疇。

人權保障的效力為何由限定在個人與國家間，演變到及於私

---

[3]　同前注，頁 134。

[4]　議論第三者效力的國家主要是美國、西德、瑞士、日本。相關資料參照，蘆部信喜〈私人間における基本的人權の保障〉東京大學社會科學研究所編《基本的人權（1）總論》東京大學出版會，1973 年，頁 262。

人間，有以下幾個形成的背景因素。

　　第一、近代人權思想發展初期認為，人權保障主要是針對國家公權力侵害個人自由的防範，基於個人主義、自由主義理念，逐漸形成國民對國家權力的防禦權（Abwehrrechte；defensive rights）概念。當時認為，個人的自由因為國家的出現而受壓制或侵害，因此必須限制國家權力不可介入私人的生活領域，或對私社會的經濟活動加以規制。[5]私人間及私人生活領域間關係屬私法範疇，應以契約自由、自律原則、私的自治等私法來維持，必須排除國家權力介入私法領域。

　　但是隨著民主政治的發展及落實，由來已久的「被統治者」對抗「統治者」模式已有變化，國家權力不再是由少數統治者所控制，在國民主權原理之下，國家權力逐漸由國民自身所掌控。因此，過去為了防範統治者以國家權力干涉私人的生活領域，或介入私社會侵害人權，而限制人權不可適用於私人之間的此種狀況已不存在。反之，如何運用民主制度下的國家權力有效保障人權，反而是應該思考的重點。因此人權思想即由傳統「防禦性人權」轉變為現代「價值理念人權」。換言之，人權不再是一種單純的對坑工具或是防禦手段，人權是一種價值理念體系，必須具備涵蓋公私各領域的效力。[6]第二次世界大戰以後，人權思想的

5　例如，德意志威瑪憲法時代即認為，基本人權是針對公權力侵害個人自由的一種保護構造，並非保護私人間的行為。美國在 1883 年 Civil Rights Cases. 109 U. S. 3.亦指出聯邦憲法的人權保障規定，只是針對政府行為（governmental action），並不適用於個人行為。蘆部信喜《現代人權論》，有斐閣，1989 年，頁 4，橋本公亘《日本國憲法》，有斐閣，1988 年，頁 156。

6　西德憲法法院 1958 年，1 月 15 日 BVerfGE Bd. 7, 198，路德判決 Luth-Urteil 指出，「西德基本法（憲法）並非中立性的價值理念，基本法的各章節條文

主流已確立此一價值理念人權觀，因此第三者效力自然形成。

　　第二、社會結構之變化使人與人之地位不再是對等狀態，侵害人權之現象在私人間日益嚴重，因而使人權效力有擴及私社會領域之必要。工業化及資本主義高度發展的結果，形成巨大企業組織與個人消費關係，或經營者對內部員工之支配體制，這麼一來人與人之關係必然處於不對等狀態，傳統的私人間「自律準則」基礎已被瓦解，不再能維持互相制衡的關係。

　　一方面，巨大企業或社會組織，所擁有之組織力、經濟力、社會力等類似國家之權力，若放任其自由發展，將使支配弱者的從屬關係日益強化，則人權侵害在人與人之間必然存在，人權保障不可能有效落實。因此，人權不能再限定僅適用於個人與國家間，人權除了規範國民與國家間的公共領域之外，更必須進一步規範私人間社會生活領域，使保障人權的基本價值理念，能成為公法、私法及所有法秩序之原則。

　　第三，社會權的形成，使人權效力必然擴及私人間。隨著社會快速的工業化與都市化，各種勞資對立及公害問題自然發生。自然人權如果沒有社會人權的配合，將成為空洞、不實在的人權。[7]因此有生存權、環境權、學習權、工作權、勞工基本權等社會基本權的形成。這些權利要有效獲得保障，除了必須國家權

中客觀的價值秩序都已具體化，此一價值體系是憲法的根本判斷，適用於所有的法領域，包括民法規定等都不允許與憲法的價值體系矛盾，必須依其精神作解釋」。蘆部信喜〈私人間における基本的人權の保障〉，前揭論文，頁 258。

[7]　許慶雄《社會總論》，眾文出版社，頁 3。右崎正博「私人相互間における人權」，杉原泰雄編《憲法學の基礎概念 II》，勁草書房，1983 年，頁 221。

力積極運作之外，更必須介入私人間關係。由此可知，新的人權之形成與人權效力擴及私人間，有著密不可分的互動關係。除了社會權之外，目前發展中的隱私權、人格權、自我資訊管理權等，都與處理私人間的人權侵害有直接關連。

此外，探討第三者效力的形成與發展，有以下兩點值得進一步思考。

首先，人權的第三者效力論雖然是基於上述因素，在晚近取代只限定於國家與私人間的「一般效力論」。但是如果由人權發展的歷史觀之，第三者效力並非突然的出現取而代之，反而是有其持續發展而來的一貫性。例如，1789 年法國人權宣言第四條規定，「自由是以不損害他人為前提之下，得以做任何事項之權利。同時個人自然權之行使，除為確保社會其他構成成員享有同樣權利外，不得界限之。此一界限必須以法律規定之」。此處指出人權亦必須有效的適用於各社會構成成員相互之間，規範私人間關係。只是在當時僅顯示出一種宣示性效果，與防禦國家權力相較之下，並未被廣泛重視。例如，美國獨立初期各州的人權宣言中，有關宗教信仰的權利亦特別指出，任何人必須尊重他人的信仰自由，不可侵害他人此一權利。[8]1865 年美國憲法修正第十三條第一項規定，「美國境內或所管轄區域內，不准有奴隸制度或強制勞役之存在」。當時奴隸制度並無國家公權力參與

8　例如，1776 年 6 月 12 日制定的維吉尼亞權利法案（Virginia Declaration of Rights）最後指出，任何人都有自由信仰宗教的平等權利，所有人都有責任維護他人的宗教信仰自由，不能以強力或暴行對待之。蘆部信喜編《憲法 II 人權（1）》，有斐閣，1985 年，頁 42。

的情況下，此一條文明顯的就是針對農場主人與農奴的私人間關係。[9]

當然進入 20 世紀，社會權出現以後，人權效力及於私人間的發展已無法迴避。各國憲法條文出現，「任何人」不得妨礙基本人權，或不得因行使基本人權而使他人受不利益之對待等等，都顯示人權保障效力及於私人間的現象已極為普遍。由此可知，第三者效力在人權發展過程中，有其一貫的脈絡可尋，並非突然冒出，其效力的存在一直未被否定或排斥，只是過去往往被忽略。

其次，有關國家權力是否得以介入私人間法關係領域，應該由不同角度來釐清。原則上，私人間關係應依「私的自治」原則（Privatautonomie），由個人自由意志來決定。例如，個人遺囑、買賣契約、私有財產處分等，國家權力不可介入規範之，否則個人自由權利將無法保障。[10]

然而，如果就此認為私的自治就是等同於自由放任，可以完全排除國家權力作用，或不須要國家權力介入，實際上亦不可能如此。即使屬高度個人自由意志得決定事項，若無國家權力的保護及制定基本規則來對應，單靠私人間關係亦無法妥善處理。因此，私的自治領域仍然必須基於「人的尊嚴」、「個人尊重」、「幸福追求」、「平等保障」等人權理念為基礎，由國家權力適度的參與，才能真正有效的處理私人間關係。

---

[9]　山內敏弘・谷川純著《憲法の現狀と展望》，北樹出版，1989 年，頁 88-89。
[10]　參照，阪本昌成《憲法理論 II》，成文堂，1994 年，頁 216-218。

（二）具體適用之形式

　　人權保障要依據何種形式，使其效力及於私人間，憲法人權條文是否可以解釋為在私法領域亦具備效力，有各種不同學說。其中主要的是：直接效力（適用）說，此說主張人權條文一成不變的直接適用於私人間，人權保障對公權力及社會力（soziale Machte）都應具備效力；間接效力（適用）說則主張，人權條文並非直接對私人間有效，而是私法領域規範在解釋運用時，必須符合人權保障之價值及內涵，使人權條文能間接地在私人間產生效力。

　　此外，另有原則上無效力說。前已論及在人權形成初期，第三者效力即存在，因此「絕對」的無效力說並不能成立。原則上無效力說主張，人權要具備第三者效力，必須是憲法人權條文中，特別明文規定具備第三者效力，否則不適用於私人間關係，對私法領域無效力。此說在理論上認為，人權規定有一部分其性質只能適用於個人與國家間，故對私人間當然完全無效力，例如，參政權、裁判請求權、國家賠償請求權等，本質上與私法領域無關，當然無法適用於私人間。一方面，人權也有一部分是在憲法條文中規定其效力及於私人間，則不可能否認其具備第三者效力。例如，有關家族婚姻關係、夫妻平權、勞資關係等，都必然會在憲法條文中明確規定，使其效力及於私人間關係，如此才有實質意義。

　　原則上無效力說的主要理論在於，除了這些明確部分之外，人權應限定適用於個人與國家間，其效力不可擴及私人間關係。

雖然無效力說已經由絕對的無效力轉變為原則上無效力，但是仍然成為極少數說，逐漸失去學界的支持。主要原因如下：第一、憲法除了人權條款之外，尚有其他條文，是國家法秩序的最高規範，公私法秩序都應受其拘束，若主張原則上不得介入私法領域，則與憲法本質牴觸。第二、現代化社會中，強大的社會力使一般的個人無法單獨對抗之，人權保障擴及私人間有其必要性。第三、僅要求國家的存在不可侵犯人權，在功能上未免過於消極，現代國家除了不能侵害人權之外，也應積極在公、私領域保障國民權利。

「直接效力說」正好與上述的原則上無效力說相反，該說主張人權除了性質上明顯不適用於私人間之外（參政權等），原則上應具有直接效力。因此直接效力說並非主張，所有的人權條款都可直接適用於私人間，原則上仍然是或多或少「限定」在特定的條件上之直接適用。例如，以自然法原理（內部精神自由）及自由主義民主政治原理（表現自由）所不可缺的人權為條件，所形成的直接效力理論，或是以強大社會力必然形成對個人人權威脅（大企業對員工、工會對會員、私校對學生等）為前提，制約強勢者侵害人權的直接效力理論。[11]由此可知，直接效力說在有關「限定」條件上，採嚴格基準或寬鬆基準，對得以直接適用的

---

[11] 直接效力說的基本理論以德國尼波雷（Hans C. Nipperdey, 1895-1968）萊斯納（Walter Leisner, 1931- ）克萊茵（Friedrich Klein, 1908-1974）等三位學者最具代表性，但其內涵也不盡相同，互相之間亦有出入。其內容參照，蘆部信喜，前引書，頁 62-66。蘆部信喜《憲法學 II 人權總論》有斐閣，1994年，頁 284-286。日本學界代表性的三種直接效力說是，「公法、社會法之直接效力說」、「自然法原則之直接效力說」、「客觀法規範之直接效力說」。參照蘆部信喜《憲法 II 人權（1）》，前引書，頁 70-73。

人權範圍將有出入，這是值得注意之處。

　　直接效力說的理論認為，現代立憲主義憲法並非只是規範國家制度、界限國家權力，而是一種與國民、國家、社會所有範疇的活動密切關聯的基本法秩序。因此，公私領域的各種關係及法秩序都應基於憲法而成立，並全面尊重及實現憲法。人權保障的效力，基於此一原理，應具備直接效力。人權應由主觀的公領域之權利，轉化為涵蓋公、私領域的客觀法規範；人權應由主觀防禦國家權力的本質，轉化為防禦公、私領域各種權力結構體的本質。

　　然而，直接效力說亦面臨以下問題點。[12]第一、人權具備直接效力，與現代立憲主義所保障「私的自治」原則之間是否能調和，是否導致私法之公法化狀態。直接效力說認為，私人間關係涉及侵害人權，可以直接以憲法規範來判斷其違憲與否，若屬違憲的法律行為（契約）則無效，若屬違憲的私人行為（侵害隱私權）則應承擔損害賠償責任。如此，則私法本來所有擁有的獨立性、自律性將動搖，任何私人間關係（包括契約、遺囑）是否有效，除了必須依私規範之外，還要再判斷其內容、效果是否符合憲法規範。這將使私法與公法之區隔不明確，導致私法體系無法獨自運作的困境。

　　第二、人權的形成及法性格，有很強烈的對抗國家權力本質，若認定人權對私人間關係可以直接適用，除了改變人權效力範圍之外，更使國家權力能藉由人權進入私法領域。如此，是否

---

[12]　蘆部信喜《現代人權論》，前引書，頁 11-22；58-67。

容易導致國家權力定位上的困擾。例如，國民知的權利與媒體報導自由之關係中，當國民主張以「接近權」、「反論權」對抗媒體壟斷時，直接效力說將使國家權力有介入媒體自由領域的合法性基礎。此時，國家權力到底是侵害媒體自由，或是為維護人權而介入，人權防禦國家權力的本質是否因而削弱。

　　第三、私人間關係的雙方，都是人權享有主體，此與國家並非人權享有主體完全不同，直接權力說若成立，是否就能解決人權在私人間的相對關係。例如，宗教信仰自由保障，如果其侵害現象是發生在國家任用公務員時，對其宗教信仰加以差別拒絕任用，則屬明確違憲無效，並無應傾向保障何者的問題存在。但是當宗教團體在任用其神職人員時，對非信徒之排斥，則造成個人信仰自由與宗教團體信仰自由制度保障之間的對抗。此時並非何者侵害人權應予排除的問題，而是屬於必須比較衡量加以調整的問題。第三者效力與一般效力本質上不同的情況下，其效力或適用並非只以「直接」一語即可解決。

　　「間接效力說」是介於原則上無效力說與直接效力說之間的學說，因為在實際運作上較能符合傳統法理論，亦可防止單純的權益之爭直接成為憲法裁判對象，故較受實務法界支持，成為主流學說。[13]此說認為，私人間關係若涉及人權侵害，必須以私法規定再依據人權條文解釋等來判斷，使人權效力間接及於私法領域。間接效力說與前兩說相同，並未否定憲法已明文規定可直接適用或不得適用於私人間的部分，實際上應稱之為「原則上」

---

[13] 蘆部信喜《憲法 II 人權（1）》，前引書，頁 69。

間接效力說。主張此說的德國憲法學者杜立希（Gunter Durig, 1920~1996）認為，傳統強調人權以防禦國家權力為主的觀念，有必要繼續維持，憲法賦予私法領域獨自性、自律性仍應保障，基於此直接效力說並不妥當。間接效力說，一方面使人權及私的自治等傳統公法、私法二元秩序能繼續維持。一方面對於人權效力必須擴及私人間，防止私法領域中的人權侵害現象，間接效力說實際上亦可有效對應，其實際效果與直接效力說並無差異。

換言之，間接效力說認為憲法的人權規定，必須經由一般私法規定間接的適用，其效力才能及於私人間關係。[14]依此說則人權對抗國家權力的本質可以維持，本來不允許國家權力介入的私人自由權利領域，除非私法另有規定或當事者表明有此意思，國家權力才可介入，否則國家不能單以私人間關係有侵害人權現象為由，即直接介入私法領域。同時，憲法原來所保障私的自治原則，只要私人間以自由意願自行設定相互間的法關係，其自主性應予以尊重。

然而，間接適用說的問題點是，所謂「間接」適用的私法規範，其定義及基準為何。一般民法都規定不得違背「公序良俗」（台灣民法第二條），人權保障若屬民法所指的社會必須遵守的公序，則人權都可間接適用於私人間。如此則由結果觀之，間接效力說與直接效力說並無兩樣。反之，若公序良俗只限定在人身買賣或奴隸制度等極端侵害人權範疇，並以此來否定人權效力及於私人間，則間接效力說與原則上無效力說又有何區別。[15]

---

[14] 法學協會編《注解日本國憲法》，有斐閣，1953年，頁299。
[15] 野中俊彥、浦部法穗《憲法學の解釋I總論》，三省堂，1992年，頁232。

此外，由另一角度觀之，間接效力說的理論基礎，有一部分是建構在對直接效力說之批判，其批判是否成立尚有爭議。[16]然而，即使該等批判成立，也不能就此立證，間接效力說的理論架構必定完備。

以上論述可知，有關人權效力及於私人間，已形成憲法學界共識，所爭議的直接效力或間接效力，部是在分析人權效力擴及私人間的情況下，其效力是以何種形式介入，這並非本質上的法理架構問題，而是屬於法體系技術層面的部分。如果，間接效力說成立，則必須立法配合，其權限屬國會判斷。反之，直接效力說成立，則裁量權限屬於司法機關。

其實第三者效力論主要的部分應是探討，什麼情況下及條件下人權效力必須在私人間產生作用，以維護人權的存在價值。一方面，第三者效力論並非只是防止人權侵害現象，當實際侵害發生後，如何救濟與補償才是重點。這一方面實際上都必須有相關私法規範配合，才能有效對應。因此，唯有在公、私法體系相互配合之下，第三者效力才有實質效力與效果。

（三）具體適用基準之探討

現代人權的理想與價值若要實現，單以國家權力為對象來防禦人權不受侵害已不充分，必須使人權在私人間關係及私的自治領域亦受保障才有意義。因此，如何架構人權在私法領域產生作用，具備種種效力，已成為現代立憲主義國家必須面對的憲法問

---

[16] 間接效力說之批判，參照奧平康弘《憲法 III》，有斐閣，1993 年，頁 76-87。

題。未來制訂憲法時，也必然成為人權條款的重要課題。這些包括那些種類的人權應及於私人間，那些私法上法律關係與人權有關，人權介入私人間應達到何種程度，其界限又如何等必須面對的問題。

首先是憲法已明文規定或依據人權的性質，可判明其適用或不適用於私人間及是否具備第三者效力，這兩種類人權分述如下。

第一、憲法已明文規定該人權條款適用於私人間，或性質上可適用於私人間，則該人權具備第三者效力。例如，憲法有關公民投票行為不負任何公、「私」責任，明文保障投票自由的條文，其效力必然及於私人間，以防止任何人以任何理由妨礙他人投票，或事後追究他人投票行為的相關責任。又如，憲法保障「家庭」內個人尊嚴及兩性平等的條文，本質上與國家權力無關，因此其效力只有在及於家庭中的夫妻、子女等私人間關係，才有實質意義。又如，勞工基本權與工作權，性質上必然及於私法人，因為資本主義自由經濟體制下，私企業必然存在，勞雇關係的保障，不可避免的必然及於私人間。以上所述都屬此類型人權，其效力及於私人間，以防止任何人違反憲法人權保障，侵害他人人權。

第二、人權在解釋上、機能上不能適用於私人間，則不具備第三者效力。不少人權是以國家權力作用為前提而存在，則其第三者效力根本無存在之條件。例如，裁判請求權、國家賠償請求權、學習權等人權，本質上都是以國家機關為前提才能運作，或是具備請求權本質，因此在私人間根本無法適用，此類型人權當

然不具第三者效力。[17]

以上提及的兩類型，都屬憲法有明文規定其效力是否及於私人間，故處理上一般較無爭議。但是，若憲法人權條文無法判定該人權是否適用於私人間，處理上則較為複雜。此一部分亦可區分為以下兩類型。

第三、該人權已制定與其相關之法律，則其效力可間接由此一私法規範，及於私人間。例如，信仰自由原則上保障個人與宗教團體，下受國家權力的介入干涉，對私人間侵害信仰自由的行為，憲法條文並無明文規定可以適用。但是，當某一信徒因為改變宗教信仰，而被教團迫害必須遷出教團內祖先墳墓時，因為已制定有「墓地管理法」，則可依此法「間接」使人權效力及於私人間，保障該教徒不因信仰改變而受迫害的權利。又如，「兩性工作待遇平等法」若存在，對兩性平等及工作權保障等憲法人權規範效力及於私人間，在實際運作就毫無阻礙。

第四、憲法未明文規定，亦無相關法令條文可以間接適用於私法領域時，人權保障效力是否及於私人間，如何產生效力，則必須個別的由憲法解釋、憲法裁判來判定。此一部分的理論也是憲法學界長久以來不斷在探討，企圖尋求解決方法的範疇。以下，首先由代表性的視同國家原則，來探討人權是否適用於私人間的判斷原則，其次再分析人權適用於私人間的比較衡量之原則。

---

[17] 橋本，前引書，頁 164-165。

1. 視同國家原則（state identification theory）

　　主要包括二項：（1）私的行為若明確判斷與國家財務援助、各種監督、規制有密切關連性；（2）私的行為若擁有行使準國家權力般的高度公共性、排他性的機能；則視同國家權力，適用憲法人權保障效力。

　　此一理論是經由美國憲法判例的長期發展，所形成實際對應私人間關係的法理。美國憲法條文都是明確的以聯邦政府、議會為規範的對象，人權保障的增修條文亦是如此。同時，美國並無全國一致由聯邦統一制定的私法規範，可以間接的使人權效力及於私人間。即使是憲法增修第十四條的平等原則，也只是禁止各州的私法秩序侵害人權，及規範州的公權力不得與私的行為結合侵害人權。換言之，視同國家原則是美國憲法經由拘束州的公權力作用，防止人權在私領域被侵害的一種架構。私人間關係若涉及國家（州）的特別援助、合作關係，或擁有準公權力性格時，都可以視同為「州的行為」（state action），[18]依憲法加以規範。此原則由美國的許多憲法判例中，又可以歸納出以下兩種類型：

---

[18] 州的行為（state action）其原意與美國聯邦制度有密切關係，過去州內部的司法秩序並非聯邦管轄範圍，因此除非州的行為涉及違憲問題，否則聯邦政府並無介入州的內部事務之空間，故其形成亦關係到州與聯邦權限的界定。但是視同國家原則發展至今，已成為處理人權問題時，憲法效力是否可以及於私人間關係的原則，故通稱為（governmental action）。更明確的說，目前的意義應指「視其為國家行為亦屬恰當的行為」，也是相對於 private action 的 action by a governmental authority。右崎，前引論文，頁 225-227；蘆部信喜《現代人權論》，前引書，頁 23-24。田中英夫《英美法のことば》有斐閣，1986 年，頁 20。

(1) 私人間發生人權侵害時，侵害者若與國家權力有密切關連性，則視同國家權力之侵害，適用憲法之人權保障效力。

① 國有財產理論

私人設施若與國家之國有財產有關，則該設施內所發生之人權侵害行為，依視同國家原則，適用憲法人權保障。其成立有四種可能：a.國家有投資參與經營，b.該設施國家實質上掌握經營權。c.國家參與時已認識到侵害人權之可能（例如，排除女性的男性專用球場）。d.設施屬於應對所有民眾開放使用之性質（例如，游泳池、停車場）。

此四項因素並不須同時具備，有時只要其中一項非常明確即可成立，特別是第四項的公共使用（use by the public）性甚為重要。例如，1961 年 Burton V. Wilmintion Parking Authority 案[19]的判決指出，租用州政府建築物內的飲食業經營者，拒絕黑人用餐之行為，是違反憲法人權保障平等原則，政府必須加以處理。

② 國家援助理論

私的團體若接受國家財政援助，或各種稅制優待之援助，則其行為視同國家行為，適用人權保障規範。其成立要件是：a.國家從事特別（extraordinary）

---

[19] 365 U. S. 715 (1961); Lewis, Burton v. Wilmington Parking Authority—A Case Without Precedent, 61 Colum. L. Rev. 1458 (1961)。

援助；b.國家具有掌握主導之地位；c.公共本質極為明確。換言之，必須由援助、主導、公共性等三個角度全面評估後，認定該私人團體與國家之間有重大關連性，則人權效力可及於該團體與私人間關係。

例如，雖屬私人所擁有之美術館，但其預算支出部分有國家補助，亦受各種稅制優待，則其侵害人權行為，應適用憲法保障排除之。[20]又如，建設公司在政府協助下，取得土地建公寓，政府亦在公共設施、稅金等方面配合協助，則該公司出售時，對顧客的人種差別行為，即為違反憲法人權保障。[21]

然而，關於國家援助應達到何種程度，原則上也應整體考量，以免擴大解釋。例如，私立學校在被動情況下，接受政府免費教材，即認定國家「援助行為事實存在」，將私立學校視同公立學校，強行要介入學校運作，影響教育自由、自主，亦屬不當。因此私立學校接受或要求國家財政支助，不能立即與視同國家原則劃上等號。[22]

---

[20] 149F. 2d 212 (4th Cir.), cert. denied, 326 U. S. 721 (1945); Kerr v. E. noch Pratt Free Library.

[21] 299 N. Y. 512, 87N. E. 2d 541 (1949), cert. denied, 339 U. S. 981 (1950); Dorsey v. Struyvesant Town Corporation.

[22] 457 U. S. 830 (1982); Rendell-Baker v. Kohn; 457 U. S. 991 (1982)；此一見解在 413 U. S. 455 (1973); Norwood v. Harrison。一案中已被提出，1982 年已無爭議。

③. 賦予特權理論

　　私的團體接受國家特別許可，或在國家廣泛規制及監督的配合之下，才得以從事營業或活動，則應認定為與國家權力有密切關連的特定團體，國家在賦予特許的情況下，亦有義務確保其行為不得侵害人權。

　　此一理論有關「特權」在定義上應採嚴格解釋，如此才能與一般的特種營業許可區別，否則會員制或特定對象之營業或事業經營，都將成為規制對象，將造成對私社會的困擾。[23]因此，特權一般是指國家特別許可的獨佔、高度公共性企業，例如，鐵、公路運輸，水、電、瓦斯、公共傳播媒體等。

④. 司法自制理論

　　司法自制理論一般又稱為「司法執行理論」其意義是指，私人間訴訟案件若涉及人權侵害問題，經法院認定若對私法（契約）進行審判並執行，將造成實質上侵害人權的結果，則司法機關應以執行等同於違憲（侵害人權）為由拒絕審理，使人權侵害現象不因司法執行而發生。

　　例如，相關判例[24]指出，某一社區住戶共同訂立契約協定，禁止出售房屋予有色人種，否則違約無效。但是其中一位住戶違反約定，出售其房屋予黑

---

[23] 蘆部信喜，前引書，頁 39。
[24] 334 U. S. 1 (1948) Shelley v. Kraemer。有關該判例要旨參照，蘆部信喜，前引書，頁 44-45。

人，該社區即訴諸法院，要求判決該住戶違反社區協定，故買賣應屬不成立。法院認為，進行審判並執行私法上的契約，反而是對不想侵害人權者，以公權力強迫其繼續人種差別行為，這是不當的司法執行，故應拒絕審理該案，以此方式迴避人權侵害出現。此一判例及司法自制理論，有以下概念必須釐清。

首先，一般學界慣用「司法執行理論」，如此定義容易造成等同於直接效力說的誤解，以為私人間關係只要提起訴訟進行審判，即因國家權力介入（司法執行）而成為適用憲法人權保障效力之依據。事實上學界亦有主張這種理論，認為州法院就是州的行為（state action），私人間的人權問題，即因為州司法機關介入執行，而成為適用憲法效力的國家行為。

然而，假設任何私人間關係，只因一方認為人權被侵害而提起訴訟，則不論司法判決如何，都可因為司法執行而成為人權效力及於私人間之依據，如此則與直接效力說有何差異。[25]故避免使用「司法執行」一語，才能明確顯示司法權以「不執行」達到保障人權效果的真意，故應使用「司法自制」。

其次，司法自制的前提要件是，私人間的私法關係（契約）內容涉及人權侵害時，當其中之一的當事者廢棄之，才會有司法自制檢討的空間，以不執行或

25　同前注，頁 42。

不為其背書，使該私法關係之效力消失，以確保人權不受侵害。但是私人間契約，若未出現當事者不履行之訴訟，則其內容規範是否侵害人權，其履行是否侵害人權，司法並無法積極主動的介入空間。

司法自制理論是消極的不支持侵害人權的私法關係，並非積極的干涉（active intervention）私法關係不得侵害人權。上述判例中，住戶因其售屋行為已破棄該社區協定，使侵害人權之協定無效（ineffective），若司法執行使協定恢復效力（effective），等於成為侵害人權的參與者，做為國家機關的法院，當然對此應自我制約。

(2) 私的團體若擁有行使準國家權力般的機能，則依視同國家原則，適用憲法人權保障效力。

一般學理上稱此為「統治機能理論」（governmental function theory），[26]換言之，私的團體或個人雖然與國家權力無關也未取得國家特別授權，但卻具備高度公共性（public）的權力，所行使的機能類似國家行為，則應適用憲法人權保障效力。此一理論的根本問題點在於，對準國家權力的機能或本質的國家作用，其基準及類型應如何界定。[27]以下分別就相關判例探討之：

---

[26] 蘆部信喜，〈私人間における基本的人權の保障〉，山下建次‧隅野隆德編《基本的人權》（文獻選集日本國憲法 4），三省堂，1978 年，頁 226。

[27] 蘆部信喜，《人權と議會政》，有斐閣，1996 年，頁 434。

① 1883 年公民權案（Civil Right Case），[28]首次出現新的見解，認為旅館、運輸交通、劇場等公共場所應承擔憲法上義務，不得在設施內容許人權侵害的違憲行為發生。當時雖然只是少數意見，但往後的判例卻逐漸形成以下的共識，認為私人在特定的事項上，行使有關統治機能性質的行為時，其行為視同國家行為，不得侵害人權。

② 政黨在舉辦地方性黨內初選活動時，有人種差別行為則屬違憲。因為依美國選舉制度，政黨初選已屬高度公共性的統治機能本質。然而，有關政黨的視同國家行為，應限定在高度公共性質的選舉、投票等政黨與公權力運作有關部分才能成立。對於黨與黨員之間的關係，或涉及黨內紀律等內部規範事項，一般並不能適用視同國家理論，否則政黨的統制能力將受威脅。因此，只有黨的對外活動涉及與民主政治直接有關，或與維持民主制度運作有密切關連性部分，才可認定屬「統治機能」。

③ 企業社區（company town）內經營者、管理者具「統治機能」，故不得對其成員有侵害人權之違憲行為。例如，大型企業之員工宿舍或日常之生活社區內，對表現自由之限制；大型購物中心（shopping center）內對顧客之差別行為；工廠內對員工思想之限制等，

---

[28] 109 U. S. 3 （1883）。

都可適用統治機能理論，以憲法人權保障效力排除之。原則上此一類型之基準是，相關行為事項必須與該社區原來的機能在性質上有關連之人權才可適用。[29]例如，在購物中心內宣傳反戰、慈善募款等活動，則屬於與其機能無關之活動，管理者得拒絕之，不受憲法保障。反之，購物中心某一商店，因勞資爭議引發之罷工抗爭活動，則屬與社區人權相關，適用統治機能理論。

2. 比較衡量原則

人權效力是否及於私人間的另一項理論是比較衡量原則，[30]當私人間因行使人權而互相對抗時，依比較衡量原則判斷，若國家權力介入調整，能使人權保障的價值理念落實，則人權效力及於私人間。此一理論有以下兩種類型：[31]

(1) 異種人權間之情況，依人權保障之優先序列及價值，可明顯判定優越地位，則應使人權保障效力及於私人間。例如，內部精神自由是人權的核心部分，非但國家權力

---

[29] 蘆部信喜《現代人權論》，前引書。頁 36。

[30] 前述人權調整理論中，提及的比較衡量論與私人間效力的比較衡量論，有以下不同點必須指出。私人間效力的比較衡量論是對甲、乙兩私人之間與人權有關的「私益」加以比較衡量。但是，人權調整的比較衡量論，雖然可能涉及私益的部分，但是更主要的是「私益」與「公益」的部分之比較衡量。換言之，人權調整的結果，保障甲的人權並非為了甲的私益，而是為保障公益而限制乙的私益。內野正幸〈國益は人權の制約を正當化する〉，長谷部恭男編著《現代の憲法》，日本評論社，1995 年，頁 52-55。

[31] 右崎，前引論文，234-235。

不得以任何理由限制之，屬絕對的保障，私人間亦應如此對應。例如，私立大學自治是學問自由的制度保障，雖可對抗國家權力及各種社會力之介入。但是當學生的思想自由受到校方侵害時，則國家權力應介入排除之，使學生的人權受保障。

　　然而，當同樣的私立大學自治，面臨政黨勢力企圖介入校園時，大學自治卻優越於政治自由，國家權力應協助私立大學排除政黨在校內從事政治組織活動。

(2) 同種類人權間之情況，則以當事者雙方在社會、經濟上的對等與否之地位，作為比較衡量之基準。[32]倘若雙方地位有明顯差距，則人權效力應及於私人間。例如，同樣屬言論自由，若是傳播媒體對抗個人，則其效力及於私人間，應保障個人對傳播媒體的反論權、接近權。又如，同屬營業自由，但在大型百貨店對抗小商店的情況下，國家權力應保障小商店能有存活的基礎。

以上適用比較衡量時，國家權力介入方式，通常都是司法於事後加以判斷，故對於導致國家權力過於積極介入私人間關係，應可適當防止。一方面，比較衡量原則一般只適合於個別具體事例，並不能成為普遍判斷基準。

---

[32] 私人間地位可區分為「對等的相互關係」及「強弱之不平衡關係」。後者的代表性類別有，企業與勞工（法人對個人）、工會與會員（團體對個人）、教師與學生（地位關係）、家長與子女（家族關係）等。山內敏弘，前引書，頁 97。

3. 結語

以上有關人權的第三者效力之探討，可以歸納出以下概念。首先，有關直接效力說與間接效力說之爭論，經過針對個別人權實際比對的結果，並非以明確的直接或間接效力可以區分，因此都屬「原則上」的直接或間接效力。一方面，有關這部分的探討，亦釐清第三者效力與人權體系之間的關連性，既非完全重疊，也非完全沒有交集，而是介於兩者間的狀態。

實際上，兩說之間也有以下共通點：（1）都認定人權效力及於私人間。（2）私人間依據「私的自治原則」所成立之法關係（契約）對人權的限制，並非等同於一般效力中個人與國家權力的對抗關係，其效力應屬相對性質，在某種程度範圍內應可存在。（3）私人間的人權效力，應由當事者間之關係、人權類型、制限理由等分別檢討判斷之。

因此，目前學界主流都認為直接效力或間接效力之區別並非必要。同時，既然對於憲法人權效力及於私人間已有共識，則運用何種法關係，對那一種人權採用何種形式加以界限，都屬於相對性的問題，應具體的思考解決方式，而非以二分法加以處理。[33]

其次，第三者效力論的意義在於，私人間關係中涉及人權侵害現象，確實可以經由具體及各種不同角度的處理，架構出有效保障體系，使人權保障的精神能進一步落實。不可否認的，私人

---

[33] 中村睦男《憲法 30 講》，青林書院，1984 年，頁 48-50。

間的人權保障效力，雖然可以由憲法解釋及學理探討，再經由司法判斷形成，但是這種方式亦有其界限。因為私人間的人權侵害如果是由當事者間的法律關係（契約）所造成，則以司法判決使其無效，即可排除侵害效果，使人權獲得保障。但是，若私人間的人權侵害，是由當事者間的事實行為所造成，則即使認定其違憲或違法，若無事後救濟或賠償的相關規定，保障效力及遏阻效果都有困難。因此，不可忽略在必要時，應該以國會立法或更高層次的憲法修改對應之，才能發揮人權保障的效果。

最後，必須注意的是，處理人權保障效力及於私人間時，仍須以國家權力介入運作為前提，國家權力在此情況下成為人權保障的維護者。但是這與人權發展的歷史過程中，一直是以對抗、防止國家權力侵害，做為人權的本質有很大的轉變。特別是對於實施民主立憲體制尚未穩定的國家，其國家權力是否真正掌握在國民手中，第三者效力論是否會造成人權壓抑的反效果，都有密切的互動關係。此時，人權應重視防止國家侵害的效力，之外再擴大及於私人間效力，如何對應值得深思。

二、公法上特別關係

憲法的人權保障是以每一位國民做為保障對象，但是當有些國民與國家之間形成特殊的法關係時，其人權保障效力或多或少會受到限制，這就是探討人權效力的「特別關係」。換言之，個人一般是以國民的地位接受國家權力的統治，同時也享有憲法的基本人權保障，這是「一般關係」。個人若因各種的法律因素，

與國家之間進入特別關係，導致其個人的人權保障受到制約，則稱之為「公法上特別關係」。[34]

（一）傳統特別權力關係理論及其問題點

傳統公法理論認為，個人與國家之間的關係是屬於「權力支配」關係，故把一般國民與國家關係稱為「一般權力關係」（allgemeines Gewaltverhaltnis）；把國民與國家間的特殊關係稱為「特別權力關係」（besonderes Gewaltverhaltnis）。如果由人權發展過程觀之，憲法實際上只處理一般權力關係，並未針對特別權力關係加以處理。然而，實際上個人與國家之間，確實存在著種種特殊關係必須處理。若由其形成原因可分為：1.法律強制，例如，受刑者，傳染病患者。2.個人自由意願，非強制因素，例如，公務員，國立大學學生。[35]

因此，德意志學界在 19 世紀即發展形成以下之特別權力關係理論。[36]

---

[34] 探討特別關係的理論，在過去被稱為「特殊的法律關係」、「特別統治關係」，這都是在對傳統的「特別權力關係」作理論修正或區隔時的階段性選擇，目前以公法上特別關係之用法與理論較吻合，故多採用此名稱。橋本，前引書，頁 143。

[35] 公法上特別關係亦可區分為：公法上職務關係（公務員），公法上建築物使用關係（學生、病患），公法上特別監督關係（對特殊事業之管理），公法上社團關係（公會、工會）。室井力〈特別權力關係と人權〉，小嶋和司編《憲法の爭點（新版）》有斐閣，1985 年，頁 78。

[36] 室井力《特別權力關係論》勁草書房，1968 年，頁 239-240。蘆部，《憲法 II 人權（1）》，前引書，頁 108-109。

1. 特別權力主體可以不受一般法秩序的規範，對進入特別權力關係者，以內部規範（內規）方式行使廣泛的支配權（命令權、懲戒權），所屬個人必須服從。

2. 特別權力關係體系內之權力作用所產生之效果，不受司法管轄。

3. 權力主體可以對憲法所保障的基本人權加以限制，不須法律依據。

依據特別權力關係理論，個人與國家一旦進入特別關係，權力主體之國家即可：排除「法治主義」，不必適用一般法律規範；排除「司法審查」，可以自行裁量判斷；排除「憲法效力」，可以限制人權。

傳統特別權力關係所凸顯出來的對權力服從從屬的特質，事實上與當時德意志立憲君主體制下，要求官僚對國家絕對效忠服從的歷史背景，及強調行政權優位的憲法體制有密切關連。因此，強調法律不適用官僚體系，可排除議會的制約；強調行政運作不受司法管轄，可排除司法介入；強調不適用人權保障，可確立官僚向國家（君主）的效忠義務，並可以重新賦與官僚特權（薪俸、榮典、恩賜）攏絡之。[37] 因此並非單純的只是限制官僚的人權保障，亦附加種種對官僚的優惠制度。

特別權力關係論與現代立憲主義原理，主要有以下之矛盾及牴觸。第一、國會立法權面臨挑戰。一方面國會所制定之法律，其效力無法及於特別關係範疇。一方面特別關係間之法秩序可自

---

[37] 蘆部信喜〈公務員と人權〉，清宮四郎等編《新版憲法演習（1）》，前引書，頁170。

行訂立，明顯侵犯國會專屬之立法權限。第二、憲法人權保障之效力被否定。現代立憲主義認為，以法律保留的型態限制人權亦屬不當，必須以人權的互相調整為原則來界限人權。特別權力關係論卻允許權力主體以內規、命令等方式限制人權，較之法律保留更易排除人權保障效果。第三、依法治原則，所有規範其成立手續及內容必須正當、合憲。然而，特別權力關係論完全排除法治主義的原則。

由此可知，傳統的特別權力關係論不但過於強調權力從屬關係，忽視人權的價值，同時更與現代立憲主義基本原理格格不入。過去學界雖然對其理論一再修正，仍無法解決與憲法秩序之間的矛盾，故目前已由公法上特別關係理論取而代之。

（二）公法上特別關係理論

現代公法上特別關係理論認為，國民與國家之間是有特別關係存在，賦予行政主體之裁量亦有其存在之必要。但特別關係之對應仍必須依各種主、客觀條件，作個別具體考察，當認定有必要對權利、自由加以規制或對個人要求特別義務時，亦應視為「人權調整」的特殊處理，不能一概否定特別關係中人權存在的空間。

首先，特別關係存在的大前提是，必須憲法中明示其存在（公務員之中立義務），或國家法秩序之下必然存在（犯罪者之服刑）。其次，特別關係中要界限人權，應符合以下原則。第一、必須有法律依據，例如，公務員法、監獄法、傳染病預防法等。這些法律都是依據憲法所定程序、內容而制定，如此才能使權力主體之強制運作具備合法性基礎。第二、權利主體仍須服從司法

管轄，特別關係內的裁量，並非最終判斷，司法審查及各種救濟仍可適用。第三、特別關係中界限人權應以必要最小限度為原則，以達到目的程度即應適可而止。第四、權力主體之裁量並非任意的支配權，而是專業技術上的拘束性裁量。例如，涉及對傳染病患人身自由的限制，應由醫師以專業判斷其必要性及限制程度。

公法上特別關係除以上原則之外，尚應注意以下幾點：

1. 個人與國家間有關係，並非因此即可認定其間必然存在著公法上特別關係。例如，國公立學校與私立學校，國公立醫院與私立醫阮，國公營企業與民營企業，其中的學生、醫生、員工都同樣是為了受教育、醫療、勞動而形成相同關係。本質上並不因為有公、民營之區別，而有不同的性質。反而是同屬公營之學生、醫生、員工彼此之間有完全不同的性質。一方面，其內部規律或工作指揮命令，雖然民營是基於「契約關係」，公營是基於「特別關係」而形成拘束力，但本質上並無兩樣。由此可知，傳統特別權力關係論，將這些性質上完全不同的個人，只因為同屬公營的關係者，就視為「相同性質」，要求同樣以特別權力關係論對應之，實在不妥。相反的，對於性質上同屬教育學習者的公、私立學校學生，卻區分為是異質，認定應與國家之間存在著不同關係，這也是很矛盾。[38]

---

[38] 浦部《憲法學教室（I）》，日本評論社，1998 年，頁 87。

2. 依據公法上特別關係對人權特別界限，也因人權種類而必須
採取不同對應。第一種是即使制憲權亦不可否定的內部精神
自由（思想、信仰），則公法上特別關係不得限制之。第二
種是在特別關係前提下，性質上屬應予界限之人權。例如，
經濟自由權、參政權等。第三種是其他部分人權，應視其必
要性，在特定條件下立法界限之。

3. 對於同樣是具備特別關係者，亦應依其職權性質的不同，分
別界限之，不可一視同仁。例如，同屬公務員的教師及軍人，
在人權的制限上就應有所區別。

4. 特別關係若屬個人自主意願而形成，其意願並非全面的放棄
其人權享有，而是認識到形成特別關係之後，因性質上須
要，在特定範圍內的人權願意受限制。[39]同時，個人若有意
願脫離特別關係，亦應確保其選擇權利。

（三）公務員之特別關係

依憲法規定，公務員與國家之間存在特別關係，使公務員不同
於一般國民，其基本人權必須受特別界限。前已論及，傳統特別權
力關係主要就是為了處理公務員與國家關係而形成。但是，對於公
務員的人權僅以特別關係為藉口即加以限制，由人權保障的角度觀
之並不妥當。雖然公務員依憲法規範，應受特別法來界限其人權，
但也必須符合必要性及最小限度原則。以下由四部分來分析之：

---

[39] 蘆部《憲法 II 人權（1）》前引書，頁 109。

1. 保密義務

公務員職務上所接觸的公共事務，等於國家利益與國民全體利益，也就是人權調整所提及的「公共福利」範疇。換言之，若公務員因自由權利之行使，而造成行政受阻或公益受害，則是國民全體利益的損失。因此，對公務員保密有關的自由權部分加以限制，應視為人權調整的特殊方式。

公務員的保密義務應如何界定。一般分為政府機關明確指定保密事項的「形式說」及是否屬保密範圍應由司法判斷加以處理的「實質說」。[40]但是，對公務員的保密要求，有時反而造成對國民監督政府的阻撓，使公務員對民意監督事事以保密為由來逃避。因此，各國對公務員保密義務都要求以下原則：第一、與國民監督及公共論議無關事項；第二、公開將會影響行政效率及目標達成；第三、事後公開並不影響國民監督等，才屬公務員的保密範圍。

2. 中立義務

行政中立是行政權的主要特質，公務員為取得國民信賴及在不同黨派執政下繼續擔任公職，都必須維持政治上中立。依憲法規定，公務員應為全民服務，並非黨派或特定政治勢力的工具。因此，公務員與政治中立有關之人權（參政權、集會結社權）應受界限。但是政治參與是國民的重要權利，即使是為了政治中

---

40 同前注，頁 116。

立，亦不可完全否定公務員這方面的權利。故界限的基準與原則應注意到以下兩點。一是，雖同屬公務員，但職務在性質上差異極大，應分別加以適當界限。一是，公務員在執行勤務與下班時間的中立要求，應加以區別。由此觀之，最嚴格要求中立的司法人員，除不可參加政黨及政治活動之外，更要求在下班或休假期間亦同樣受拘束。

3. 兼職及經營事業之限制

公務員職務上所處理的是公共利益，若參與追求私利的事業經營，不但會有利益衝突，也會因而喪失中立、公平立場，無法獲得國民信賴。因此，原則上必須限制公務員兼職及經營事業，以免發生假公濟私的現象。一般公務員必須事前申請核可，且不得在性質上與職權有關，才得以兼職或經營事業。

另一方面，對於離職或退休公務員，其轉業或經營事業，也應對其加以限制，在一定期間內（一般為二到五年）不得與原來職權有關，以迴避利用職務上人際關係或以職權從事利益輸送以謀取私利。

4. 勞工基本權之限制

公務員雖然在性質上與民營企業員工有類似之處，可以視為國家所雇用之勞工，原則上應可適用勞工基本權。然而基於：第一、國家並非以營利為目的的企業；第二、公務員工作條件及待遇受法律保障，並非一般依據私契約，其效力完全不同；第三、國家政務不可因勞雇糾紛而停頓；第四、國家已設置專門機構處

理公務員工作條件及待遇問題，故公務員的勞工基本權得加以界限。一般除軍、警等特殊性質者受限制外，公務員亦可享有組織工會權利，但交涉權及爭議權則受限制。[41]

（四）受刑人之特別關係

受刑人[42]是受國家公權力強制監禁，與一般國民的法地位完全不同，應受特殊法律（監獄法）之規範。受刑人也是經由憲法預先設定的特別關係，因此人權效力應受特殊界限。同時，因為監獄內是處於高度要求命令服從從屬關係之場所，故即使在先進各國，仍然保留很多受傳統特別權力關係影響的部分。例如：第一、受刑人的權利、義務並未法定；第二、刑罰祕密化，內部的實情不易公開；第三、受刑人的申訴管道不充分；第四、與社會交流受切割，資訊被封鎖；第五、懲罰基準與辯護權利欠缺；第六、殘虐性處罰仍然盛行。[43]

然而，依現代人權保障理念，即使是在特別關係下失去自由的受刑人，其人權仍應受適當保障，不能完全加以否定，其制約也應依法治主義原理架構而成。誠然，國家與受刑人之間有特別關係，其本質是強制監禁，共目的是執行刑罰，故對受刑人人權應依據目的及本質做必要限制，但仍須依據以下原則。

---

[41] 有關公務員之勞工基本權，參照許慶雄，前引書，頁 262-278。

[42] 受刑人除判決確定者之外，一般亦包括刑事被告及嫌疑犯被羈押者，當然其性質上會有所差異。參照，池田正章〈刑務所收容者と特別權力關係〉，田中二郎・雄川一郎編《行政法演習 I（基本原理、行政行為）》，有斐閣，1975 年。

[43] 蘆部，前引書，頁 108。

首先，受刑人依其被拘禁原因，必須防止其逃亡、串供、消滅證據及暴行，故得對其行動及生活起居加以制限。受刑人必須教化矯正，故可規定接受學習或工作。同時，為達到以上目的，監獄得要求嚴格的紀律及集體管理等，這些原因都使限制人權的必要性及範圍明確化。

　　其次，處理受刑人特別關係有以下三原則：第一、無法律依據絕對不允許侵害人權；第二、人權的制約應以必要最小限度的合理限制為基準；第三、內部管理及紀律方面，獄方雖有自由裁量權，但若涉及人權侵害仍應受司法審查。[44]

　　最後，受刑人人權依性質可區分如下。[45]第一類是，依監禁本質及目的應限制之人權，例如，經濟自由、集會、結社自由、參政權等。第二類是，不應加以界限之人權，例如，思想及信仰自由等內部精神自由。第三類是，應否限制及如何界限，須依情況加以判斷部分，例如，知的權利、通訊自由等。此部分管理者應可依其專業加以裁量，但仍應受司法審查。有關圖書、新聞之限制，因為知的權利是思想形成的重要基礎，原則上受刑人也應享有。因此，若要加以限制必須有充分理由，例如，涉及湮滅罪證、影響受刑人心境、有害內部秩序等，才能加以限制。有關通訊、接見之限制，因為受刑人只是人身自由受限制，與外界交流仍屬其權利。但是憲法所保障的祕密通訊自由，基於防止逃亡及

---

[44] 鹽野宏〈特別權力關係と基本人權〉，蘆部信喜編《憲法判例百選（第三版）》，有斐閣，1974 年，頁 14-15。昭和 33 年 8 月 20 日，大阪地裁判決，行裁例集 9 卷 8 號 1662 頁。
[45] 橋本，前引書，頁 153。

其他違反管理秩序之因素，得加以檢閱。接見親友權利雖應保障，但其次數及時間得加以限制。

有關受刑人之人權，即使是人權保障的先進國，仍保留很多屬於過去特別權力關係論之產物。然而因受刑關係性質特殊，故相關人權待遇之改善常有爭議。因而，國內法的受刑人人權與國際法的標準尚有一段距離。1966 年通過的聯合國自由權規約第十條指出，對於被剝奪自由的受刑人仍應考量其尊嚴，1955 年聯合國亦曾提出「被監禁者最低待遇基準」，這些都可以成為各國限制受刑人人權的重要參考。

三、結語

首先，私人間或私社會中人權的侵害，實際上是 20 世紀最為嚴重的社會問題，而人權效力及於私人間，自然成為解決此一社會問題的最佳選擇。同時，期待由傳統的社會自律或私的自治方式，來處理及解決私人間人權問題，也屬不切時際的想法。因此，由國家權力運作來解決，已成為順理成章的共識。然而，更確切的說，並非完全委由國家權力裁量，而是國家權力應依照憲法所規定的原則，處理私人間人權侵害的問題。這也就是以人權調整的方式來處理私人間關係。一方面，特別關係理論實際上也是一種特殊的人權調整型態。當個人身分及行為涉及公共福利或公共秩序，與國家形成特別關係時，則必須適用與一般關係不同的特殊方式來調整，基本上這也是一種人權的調整。由此可知，人權效力與人權調整之間存在著密切的相互關係，本書將兩者同

時加以探討也是基於此一關連性。

　　其次，有關私人間的人權侵害，一方面應以第三者效力論，使人權效力及於私人間，防止人權侵害現象發生。一方面更重要的是，當侵害已經具體發生之後，應如何救濟的問題。第三者效力論確定後，固然可以用訴訟方式達到具體法效果，但是訴訟費時且負擔沈重，實非一般人可輕易採行。因此在各地區廣設人權保護機構，使一般國民平常即有申訴管道，且能迅速化解人權侵害現象，應是保障人權的另一種方式。事實上，先進各國也都已建立此一保障人權的體制。

　　最後，21 世紀新的人權將陸續形成，例如，人格權、隱私權、自我資訊管理權等，這些人權主要並非針對國家權力，反而是用來對抗巨大的社會力。因此，未來有關人權效力的發展，也將繼續以私人間關係為重點，這是必然的趨勢。

CHAPTER 7

平等原則之意義與基準

前言

　　1776 年美國獨立宣言中指出,「所有的人都經由平等的創造
（all men are created equal）」,這是不可磨滅的真理。1789 年法
國人權宣言第一條指出,「人生而自由、權利平等,且應該如此
的生存下去,除非基於公共利益,否則不允許社會上的差別」。
該宣言第六條明確保障法律與政治地位的平等。這是近代人權思
想及人類文明發展史上,有關平等思想極為重要的兩項宣言,影
響所及各國憲法也都明文保障「平等」。[1]促使追求平等成為人類
社會一股巨大的潮流,希望能將被奴役的人從封建體制下的不平
等狀態中解放出來。

　　然而,「平等」這一名詞表面上雖然容易理解,實際上若進
一步思考平等到底是什麼,卻會產生各種疑問。此外,各種平等
相關的憲法條文或人權宣言,隨著背後社會、經濟、政治因素的
差異,也有完全不同的意涵。平等並不是「相等」,人與人或社
會與社會之間都不可能相等,一定有各種不相等的部分。因此,
哪些範圍、對象是可以要求平等,哪些是不可能要求平等就必須
區分。哪些情況下或哪一種基準下,可以容許不平等;但是哪些
又不容許任何差別,也必須界定清楚。例如,選舉投票的政治參
與平等,「一人一票」屬絕對不可變動的相等,要做到是可能的,

---

[1]　參照阿部照哉・畑博行編《世界の憲法集》,有信堂高文社,1991 年,〈各
　　國憲法平等原則有關條文〉。

但「票票等值」則屬必然有參差的部分，不可能做到絕對相等。

由此可知，平等的意涵充滿複雜性與多元性，並非簡單的定義可以說明清楚，必須由哲學、政治學、法學等各種不同角度加以分析研究。

一、不平等形成的歷史背景

人類自從形成共同生活的社會體之後，不平等狀態的形成，主要可以區分為以下三階段。第一、人與人之間的身材、體格有強者與弱者的形態上區別，這是無法避免的體型上的差異，也是最初階段所形成的先天性不平等狀態。第二、這種強弱不平等的狀態再介入權力支配因素之後，就形成支配者與被支配者的主從關係，支配者為了強化及維護自己的支配地位，必然更進一步的規定各種不平等的制度，使被支配者無法改變其不平等的地位，這是第二階段所形成的制度性不平等。第三、擁有絕對權力的支配者，為了使支配地位能由自己子孫繼承，更進一步規定禁止身分地位的變動，形成王位世襲制度及貴族、士、農、工商、奴隸等各種不平等的階級制度。如此，不平等的狀態必然固定化，人非但生而不平等，而且及於子子孫孫，這是第三階段所形成的身分固定化不平等。

因此，自然的因素使人出生就有體格上的差別，男女之分、高壯弱小、智慧愚昧等的不同，這些先天性的不平等，事實上可以因為後天的各種因素加以改變。但是，後天性的人為因素所規定的差別制度，卻使人的努力無法改變其不平等的地位。不但終

其一生受盡差別與壓迫，甚至影響及於其家族與子孫，使他們必須永久的承受不平等的地位。[2]

人類對平等的要求，就是在這種人為的差別制度與壓迫狀態之下，逐漸的發展形成，其主要的起源來自以下三方面。第一、基督教教義強調人在神之前是平等的，使各種不同階級的人在宗教的領域內，能夠處於不受差別的平等狀態。第二、17、18 世紀的自然法理論認為，人應該平等才符合自然狀態，自然應該是使人平等的狀態，人也必須在平等狀態之下才能自然的相處。[3]第三、民主思想興起，提出人應該平等的理念作為推翻世襲封建體制及反對被支配的理論基礎。美國獨立及法國大革命都將平等與自由相提並論，作為追求民主的正當性基礎。

現代平等思想所要追求的目標及其所要對抗的種種體制，若由前述歷史演變觀之，與不平等狀態及差別的形成過程有密切的互動關係。首先，平等必須打破差別及身分的固定化。人的出生雖然是分別在不同的身分環境中，但是不應該是固定化及不可改變的階級狀態。平等思想初期所提出的「人生而平等」口號，並不是指人出生在平等（相等）的環境條件，這是不可能實現的。「人生而平等」是指，人在出生以後有權利可以自行改善環境、對抗既存體制、追求平等的身分地位。因此，平等思想的第一步就是要打破差別的固定化，及廢除形成差別的階級制度。人生而

---

[2]　橋本公亘《基本的人權》（憲法・行政法研究 I），有斐閣，1975 年，頁 103。

[3]　洛克提出「自然狀態」與「自由、平等」的密切關連性，是自然法理論的原點，有關「人生而自由、平等」的主張也是由此延伸而成。參照菅野喜八郎《論爭憲法・法哲學》木鐸社，1994 年，頁 12-51。阿部照哉・野中俊彥《平等の權利》法律文化社，1984 年，頁 3-8。

獨立自由不受拘束、人有追求幸福理想生活的自由、人不因出生環境而受差別等理念，都是平等思想第一階段所追求的內容，有自由才能平等，因此自由是平等的前提要件。

其次，平等必須打破封建體制下上位者支配的正當性，強調人與人之間沒有天生的支配者與天生的被支配者。平等必須追求政治地位的平等，打破政治體系中人支配人的體制，才能保障平等追求幸福的權利。因此，民主與平等延伸出密切的關係，只有打破天生的支配者建立民主制度，平等才能實現。

最後，追求平等所遭遇到最終的問題，事實上也是不平等形成最初的根源，包括自然狀態下人本身所無法改變的肉體上強、弱或腦力上智、庸的不平等，及因此而形成的經濟、社會狀態下的不平等，這些必然存在的不平等，本質上無法完全排除。目前雖然以社會基本權及社會安全保障制度來對應，但是仍然無法克服這種不平等的持續存在。

由此可知，化解不平等、追求平等，如果是屬於人為的不平等狀態可以用人為的方式解決，但是屬於自然的不平等狀態，以人為的方式仍有其無法解決的範疇。因為這一部分不是用「排除」的方式可以化解不平等狀態，而是屬於用人力無法對抗的未知狀態。因此，只能設法調整，使其盡量接近平等，並不能完全的保障享有平等的權利。

二、國家權力與平等的互動關係

19 世紀末人類社會為澈底的追求平等，亦曾出現社會主義

國家，由國家掌控所有社會資源，再強制公平分配予國民，使人人享有完全的平等，故又被稱為平等國家。這是國家權力與平等最密切的結合關係。社會主義國家的理想崇高，因此廣受一般大眾支持，當時形成一股無法阻擋的潮流。然而，人類社會的資源有限，各種生產的質與量都無法滿足每一個人的慾望。在此情況下，國家權力要從事公平分配，使人人覺得平等享有，事實上不可能實現，結果終於崩潰瓦解。[4]

現代民主法治國家出現之後，同樣的也是期待以國家權力來保障平等。一般的平等觀念很容易認為，既然是民主國家就必須保障人人平等，他人擁有的權利、地位、生存條件，國家也應該同樣的保障我能享有，這樣才是平等的保障。

然而，事實上國家權力所能保障的只是平等的出發點或立足點，不可能保障相等（平等）的結果。[5]換言之，國家權力必須排除各種壓制、差別，使人人享有平等出發（競爭）的權利；國家的權力並不能使每一個人都能達到（享有）質量與數量上的結果平等。例如，過去婦女及黑奴不能擁有財產，因此國家權力可以保障任何人都能平等的享有財產權，使婦女及黑人亦可成為財產所有權者。但是國家權力並不能保障婦女及黑人可以平等的與男性、白人一樣獲得相同的財產。如果婦女或黑人自己不努力去

---

[4]　社會主義理論與現實運作的矛盾很多，在此僅由「平等分配」簡單說明，其他理論參照，許慶雄《憲法概論～日本政治與人權～》（台北：新學林出版股份有限公司），2013 年 6 月，頁 200-202。

[5]　Ernest Barker, "*Principles of Social and Political Theory*", Oxford University Press, LonDon, 1951；崛豐彥等譯，《政治學原理》，勁草書房，1981 年 9 月，頁 187。

勞動，形成自己的財產，雖然已經保障平等的享有財產權，實際上卻無法享有財產所有的結果。

國家保障國民「法地位的平等」，是賦予每一位國民法人格的平等，行使法能力的地位平等，不因為是有色人種、婦女、貧弱者，而處於較低的法地位，或限制其行使法的能力，無法平等的提起訴訟，獲得公平的審判。除此之外，實際上司法審判過程仍有很多無法達到平等的部分，例如因為每一個人經濟能力上的差異，使訴訟雙方所聘請辯護律師的質與量就無法平等，這是國家權力無法介入使其平等的部分。

有關國民「政治地位平等」，國家權力可以保障選舉時國民投票「一人一票」的平等，但是票票等值部分仍有無法平等保障的界限。又如，參選權利的平等只能保障國民平等享有參選的權利，但是實際上候選人因為經濟能力、可用資源、政黨支持與否，都會有不平等的競選狀況出現。當然，當選與否部分更不可能保障平等。國家權力若介入當選部分的平等，規定男女當選人名額相等（所謂婦女保障名額），反而是危及投票平等，造成國民投票效果上的不平等。

至於「經濟、社會地位平等」，國家權力所能保障的部分只是，國民取得經濟、社會地位所必須具備的教養、技術、能力等教育機會的平等。如果進一步探討，所謂「教育地位的平等」也不是保障國民能平等的接受教育。國家只能保障教育設施機能平等的提供國民接受教育，國民所能享有的只是接受教育「機會」的平等。因為國家只能在基礎公共教育階段，保障國民都能平等享有各種教育資源。但是在高等教育階段，有限的教育設施及資

源，實在無法平等分配，國家只能實施公平的入學考選制度，保障國民平等的學習機會。何況，一個社會的教育資源，必須培養農、工、商等各種人才，才能適應社會多元化的需要，如果只求平等的滿足學習者的要求，跟著流行培養出過剩的理工或商業人才，反而使教育的結果與現實社會的需求產生互相矛盾的狀態。由此可知，國家權力在「經濟、社會地位平等」的範疇，不但介入的空間有限，更必須非常的謹慎，避免因而對自然狀態下的社會發展造成各種困擾。

由以上分析可以發現，國家權力完全的介入保障平等，是社會主義國家的主要理念，同時也是其無法突破的矛盾。現代民主法治國家，如何處理平等與國家權力作用，其範圍、基準、界限為何，也就是本文所要探討的主要部分。國家權力不應自劃界限，完全縱容社會自由競爭、弱肉強食，必須發揮作用保障國民的平等地位及狀態。然而，國家權力保障國民的平等地位，也有必然存在的界限，否則反而會造成社會上出現各種矛盾及不平等的反效果。

三、平等觀念範圍界定的問題何在

何謂平等，事實上一直是困擾著人類的一個難解的觀念。古代希臘的哲學家亞里斯多德（Aristotle）就指出，如果提到「平等」或「不平等」，一定要先弄清楚是指「什麼」的平等，或是指「什麼」的不平等，否則無法進一步探討。若依此原則，平等只是一個衡量事物的基礎，就像尺是用來量長或短，秤是用來計

重或輕，平等也是用來判斷某種事物的「平等」與「不平等」的基準。問題是平等所要處理的事物並非自然科學的數量，可以客觀的計算出長度、重量，而是社會科學的價值理念與是非對錯。這些社會現象不但無法客觀衡量，反而是主觀的認定。例如，社會正義的原始精神，在於維持社會資源的公平分配。但是應該採用依每個人不同努力貢獻，而給予不同報酬的「等級分配」，要求分配時應該有區別才是公平；或採用平均享有社會資源的「平均分配」，要求相等的分配社會資源才是公平。因為有關如何分配每一個社會、國家都有各自不同的主觀認定，所以形成各式各樣的體制。然而哪一種方式才是平等分配卻很難認定，所謂社會正義，公平又是指什麼，也是爭議不休。

美國獨立宣言就強調平等，但是建國之後卻仍然有奴隸制度，以現代立憲主義的基準來衡量，實在很難認定為是平等的社會。但是當時沒有奴隸制度的歐洲國家，民眾在政治上受專制體制的壓抑、在經濟上受領主的剝削，更是明顯的處於不平等狀態，因而相對的凸顯出美國當時是一個平等的社會。這又顯示平等有時候只不過是一個相對比較之下的觀念，並沒有客觀的基準。

由此可知，探討平等的觀念可以發現，各種相異的說法與見解，除非如同以下一樣，分門別類且由不同層次來分析，否則很難得到解答。第一、平等被界定為追求法律、政治地位的平等觀念。這與民主化的思潮有密切關係，一個社會如果存在著統治與被統治的階級制度，容許特權階級存在，則一般民眾的地位實在如同奴隸。因此，民主國家在制度上，首先必須保障國民在法律、

政治地位上的平等。此時，所謂法律、政治地位的平等只是適用於國民，並未及於外國人。[6]所以美國早期的奴隸制度，並未被認為是違反平等，因為當時認定這些黑奴並非國民。這與目前先進各國賦予外國人或外籍勞工不平等的法律、政治地位，在本質上並無不同之處。

第二、平等被界定為追求社會地位的平等觀念。這與近代人權思潮的發展有關，現代的社會中應保障每一個人的人格平等，不應該存在著人奴役人的差別制度。因此，各種各樣的私人之間關係，也必須保障平等的地位，追求一個制度上平等的社會。

第三、平等被認為是一種人人追求各種發展機會的平等觀念。一個社會如果沒有使人有向上發展的機會，就會被認為是不平等的社會。一個國家由保守的農業社會，演變為工業化社會的過程，因為出現各種機會使人的社會地位變動發展，於是容易被認為是平等的社會，就是基於這種機會是否平等的觀念來加以判斷。

第四、平等被認為是出發點相同的平等觀念。所謂出發點（立足點）的平等觀念是指，每一個人在開始出發追求各種利益發展之前，應賦予相同的工具與條件，確立公平競爭的原則或基礎。

---

[6] 十九世紀歐洲各國憲法平等條文的特色之一是，平等享有的主體明文規定是國民，例如，「法國人在法律之前平等」（1814），「比利時人在法律之前平等」（1831），「德國人在法律之前平等」（1848），「所有普魯士人在法律之前平等」（1850），「所有瑞士人在法律之前平等」（1874）。參照，阿部、野中，前引書，頁 11-12。

第五、平等被認為是結果相同的平等觀念。換言之，平等不再只是虛幻的觀念，而是實質的權利。每一個人都有權利要求享有與其他人一樣的社會基本資源的分配。

依據以上的五種分類，可以說明不同國家或社會中平等觀念的具體現象，或平等適用的範圍如下。

第一類，平等如果只是指法律、政治地位的平等，則國家會架構出參政權平等及法律之前人人平等的相關制度，確保國民在政治制度與法律制度作用時，能享有平等的地位，並認為這就是平等的範圍與界限，其他部分則與平等無關。

第二類，平等若涵蓋社會地位的平等，則國家權力應排除各種差別制度，或社會上的不公平的差別現象，使每一位國民在社會活動時，能享有平等的地位。此時，所謂的平等，只是一種消極性的平等，只是消除不應該存在的不平等制度與狀態，並不能進一步確實的保障平等。

第三類，平等若是涵蓋機會平等的觀念，則由消極性進入積極性，國家應創造或規劃各種可以改變社會現狀的機會，提供種種向上發展的空間。例如，實施耕者有其田、勞工配股、提供創業低利貸款等制度，使國民享有追求與他人平等的機會。

第四類，平等若涵蓋出發點平等觀念，則國家應在國民的教育、生活條件、健康醫療等方面，更積極的保障，使每一個人至少在出發點上有平等的條件。一般所謂福利制度，就是確保國民出發點平等的措施。

第五類，平等若涵蓋實質享有平等的觀念，則平等不再只是一種判斷的原則或基準，而是進一步成為一種實際可以請求的權

利。人權體系中社會基本權的保障，就是賦予國民有請求平等享有最基本生存資源的權利。當然，若是依照社會主義理論，則包括要求社會資源全民共有、平等分配的絕對性，甚至擴大到「法定代表制」、「人民裁判制」等國家權力的平等掌握，這些都應該屬於享有平等的範疇。

因此，一個國家或社會所界定的平等觀念，其範圍及內涵達到上述的哪一個層次，都會使平等問題的探討有不同的內容，這是必須注意的部分。

四、現代意義的平等及其對應的課題何在

平等與正義、自由、和諧等觀念一樣，一直是人類共同追求的價值理念，甚至是最終的目標。任何社會的法與道德體系，也都將平等視為最高的基準。然而，平等的內容、意義為何，要實現平等的制度應如何架構，卻有複雜且多元化的說法，各種學理爭論不休無法確立。所謂「人生而平等」或「所有人都平等」，應該如何來解釋，至少有以下二個層次的分歧與對立必須解決。

第一層次，依據客觀的事實，人先天上在性別、能力、體型都有差異，人後天上在家庭、個性、生活條件方面也受到不同的影響，所以必然存在著各種不平等的狀態。因此，憲法提及的平等到底是屬於消極的期待「人都能平等」，只是一種追求平等的宣示；或者是屬於積極的介入要求「人人都應該平等」，是一種以國家的強制力來達到平等的規範，必須區分清楚。

第二層次，如果平等屬於後者，是必須積極要求達到平等的規範，則平等到底是應該涵蓋法律、政治、身分、地位、經濟條件等各項目全面性的要求平等；或者是應該有所保留，視條件狀況要求其中某些部分的平等，這也應界定清楚。

　　除此之外，到底誰有權主張平等，或者是應該向誰主張平等，誰有義務承擔實現平等的責任；或者是平等可以主張到何種程度，應以何種基準來衡量平等與否、平等的判斷基準是否容許有所不同。這些問題也都必須加以界定。

　　最後，以上有關平等應該是什麼若是能界定清楚之後，則如何除去各種不平等狀態，或維護平等狀態使其不受破壞，也必須加以探討。一般常用的方式是由代表民意的國會立法，以法律拘束各種權力，來確保平等狀態。但是這種政治力所達成的解決方式，常因多數決原理、政治壓力、妥協性格而無法達到「平等」的要求。所以違憲審查、司法的介入就更能站在弱勢少數、合法性、合理性的角度，積極的排除差別維護平等。因此，有關司法介入的界限、違憲審查基準、憲法解釋，都是探討平等問題時不可缺的部分。另一方面，現代國家對於參政權的不平等及法律上的差別，都已有效的排除，確保國民在公共領域的平等。但是私社會中所存在的各種差別與各種不平等狀態，國家權力應否介入，介入的界限何在，如何介入等等，仍然存在著各種問題必須處理。

　　20 世紀人權體系新加入社會基本權保障之後，使傳統的自由與平等在觀念上及與國家權力作用的關係上都產生變化，其中所延伸出來的問題，也是值得檢討的部分。

壹、基本概念的探討

　　平等若依字義直接來了解是形容相同的、一樣的、均等的概念，所謂人人平等是指，人與人的各種關係應該是一樣的，任何人不應該受到差別待遇。然而，平等是由誰向誰主張（誰有資格要求），誰有義務要實現或保障平等；是否人的各種關係都可以要求平等，如果不可能則哪些部分應該平等；此外平等的基準為何，何種差異是可以容許的。這些有關平等的概念都有各種不同的主張與學說，以下即針對其中的主要部分加以分析檢討。因為平等是涉及人權保障、憲法解釋及憲法審判的基本原理，同時也是對人類社會影響極為深遠的思想，必須先釐清其基本概念，才能進一步探討其他部分的人權保障。

一、平等思想的歷史演變及其所代表的時代意義

（一）古代平等思想之形成

　　人類開始思考平等，就出現各種不同的觀念。古希臘時期的哲學家，對於平等就形成二種完全對立的見解。一是認為自然是一種不平等狀態，使人與人之間有強者與弱者之分，因此必須以人為的法規範、制度來抑制強者，或者協助弱者克服困難，所謂平等就是指一個對抗自然的不平等狀態的過程。一是認為自然是平等的，各種不平等都是人為造成的結果，自然創造平等的自由人，是人創造奴隸制度使人不平等，所謂平等就是指打破人為的不平等制度的過程。

當時希臘的思想主流著重於如何處理實際的政治體制的問題，因此傾向於主張自然使人處於不平等的說法。如此，一方面引申出可以架構民主制來追求平等及制約強者；一方面又認為絕對的平等是「惡的平等」，無限的自由造成無秩序的「破壞自由」，因此民主制之下仍應容認自然所形成的不平等與隨之而來的限制，以這些理論來正當化奴隸制度、男女差別、主從支配等不平等、不自由現象存在的必然性。[7]當時的平等思想非常實在的面對現實的各種不平等狀態，並提出使其正當化的理論。例如亞里斯多德所提出的「分配的正義」與「平均的正義」，前者是在強調人類社會應該依據每一個人所擁有的不同的（不平等的）身分、名譽、權力，依幾何學的比例做分配才是公正（公平）；後者是在強調物質交換時應無視每一個人不同的身分，做等價的交換才公正。[8]換言之，當時的平等思想認為「每一個人應平等獲得他所屬位階的分配」，智者、德者、一般人、奴隸都能在各自所屬的不同領域內得到平等，「平等者之間應平等」，反之「不平等者之間當然不平等」，這是必須面對的自然狀態。

　　由此可知，古希臘時代的平等思想不但與現代由個人尊嚴所發展出來人權體系的平等理念完全不同，既使是當時民主制所依據的平等參與，也遷就於現實，在不平等的基礎之下追求局部的平等，與現代民主政治要求國家權力介入保障國民政治、法律地

---

[7]　橫坂健治《憲法の理念と現實》，北樹出版，1988 年，頁 135。
[8]　南原繁《政治理論史》，東京大學出版會，1985 年，頁 55。原田鋼《西洋政治思想史》，有斐閣，1985 年，頁 36。阪本昌成《憲法理論 II》，成文堂，1994 年，頁 80。

位的平等有本質上的差異。

（二）中世紀時期平等思想引發之社會變動

古代希臘另一派主張自然狀態是平等的、人在本質上是平等的理論，[9]在當時雖然未成為主流，然而延續到中世紀，卻成為基督教教義中，「神之前人人平等」思想的理論基礎。歐洲中世紀的基督教認為，每一個人在神之前是絕對平等的，在宗教的領域內不因其身分、地位、財富而受差別。因此，在宗教信仰世界中所強調的平等，為各種各樣的人打開大門，平民、貧者經由從事神職的工作而與貴族、富者享有同等地位，甚至因為宗教逐漸的掌控政治權力，使神職人員更具權威而凌駕於貴族階級之上。[10]這種平等思想的發展，一方面使長久以來的封建階級體制開始瓦解，農、工、貧弱者亦可以經由宗教領域的平等保障，改變其長久以來從屬的地位；一方面，宗教界「神之前人人平等」的思想，也滲透影響到世俗社會，演變成「君主之前人人平等」的思想。君主掌握人間的大權，任何人只要忠君愛國，都可平等的成為受其統治的臣民。人在自然狀態下，本質上是平等的思想，在宗教與世俗、神與君主之前都同樣的適用。

雖然，「君主之前人人平等」，實際上只是被動的期待掌握大權的君主，像神一樣平等的對待他的臣民，並無任何規範可以拘

9　主要是以希臘時代斯多亞（Stoa）學派及羅馬時代哲人西塞羅（Cicero）為主的思想，參照，南原，前引書，頁 75；原田，前引書，頁 67-73。

10　Alexis de Tocqueville 著，岩永健吉郎譯，〈アメリカにおけるデモクラシーについて〉，《世界の名著 33》，中央公論社，1975 年，頁 441-442。

束君主必須平等的對待臣民。但是平等的思想開始在人類社會成為一種被普遍接受的價值理念，卻有其時代的意義。

（三）近代平等思想之具體成型

近代平等思想與傳統平等思想之間的差異，主要在於近代平等思想是以個人尊嚴、合理主義的自然法、人權保障等為基礎，所架構而成的一種法概念，不再只是一種哲理。例如，霍布斯（Thomas Hobbes）認為，如果自然平等的創造人，則應認定其平等。然而，如果自然不平等的創造人，則對於那些自認為應該平等的人，若未能賦予平等的條件，人類社會必然無法維持平和的狀態，故平等是必須加以認定的原理。[11]洛克（John Locke）則描述自然狀態[12]應該是完全自由的狀態，也必然是平等的狀態。各種權力都應該是每一個人相互擁有，不能使任何人比他人擁有更多的權限。同時，人應該生而無差別，享受同樣的自然利益，行使同樣的權利，相互之間是平等的，不應該有從屬或服從的關係。[13]盧梭（Jean-Jacques Rousseau）則指出，人類社會不應該去破壞自然的平等，反而對於人與人之間所存在自然（例如肉體上、精神上）的不平等，必須設法以道德或法律使其平等。人與人之間一定會有體力上、智力上的不平等，這些應以拘束力或

---

[11] Thomas Hobbes 著，水田洋・田中浩譯，〈リヴァイアサン〈国家論〉〉第十三章《世界の大思想 13》，河出書房，1966 年，頁 83。

[12] 有關自然狀態，參照結成洋一朗〈ロックとルソーとモンテスキュー〉，杉原泰雄編，《憲法思想》，勁草書房，1989 年，頁 5-10。

[13] John Locke 著，鵜飼信成譯《市民政府論》，岩波書店，1968 年，頁 10。

賦予權利使之平等。[14]

　　一方面，這些 17、18 世紀所形成的合理主義自然法思想，強調人人應該享有自由、平等，必須排除封建權力為所欲為的支配。另一方面，當時基督教改革派[15]提出，人與人之間不應該存在特權與不平等的階級支配，不但教會組織內應予排除，世俗的國家政治組織也應該同樣廢除不平等的體制。這兩股力量的結合，使近代國家保障法律、政治地位的平等終於成型。（1）國家應該以法律排除各種身分上的差別。（2）每一位市民應該擁有平等參與政治，形成國家意思的權利。

　　美國獨立宣言與法國人權宣言就是依據此一理念，建立近代的民主法治國。當時的平等思想僅限定在所謂法律及政治地位的平等，因此具有很強烈的「絕對」平等或「無條件」平等的意涵，要求絕對禁止身分的差別。因此廢除封建制度下的君主及貴族階級，除了否定其特權，亦禁止這些制度繼續存在。同時，為確保每一個人在政治上的地位絕對平等，也建立近代民主政治體制，藉以保障參政權平等，使每一個人對國家事務的參與及決定權平等。然而，這種絕對平等觀，所得到的結果也只是一種形式上的平等或機會的平等。國民只是在國家權力所及的公共領域或國家制度之下獲得平等地位，在人與人之間的私社會領域，各種現實的社會生活中，一般人仍然是受到差別對待，到處充滿不平等的現

---

[14] 有關盧梭對「自然狀態」的理論，參照結成，前引論文，頁 33-37；及 Rousseau 著，桑原武夫・前川貞次郎譯《社會契約論》，岩波書店，1954 年，頁 41。
[15] 卡爾文（Jean Calvin）所主導及因而形成的宗教改革派，參照原田，前引書，頁 154～158；南原，前引書，頁 178-189。

象。這種不平等現象甚至隨著封建體制瓦解，社會的自由化而逐漸擴大。此外，所謂法律之前人人平等的保障，所能獲得的平等只是立法之後，法的執行與審判的平等，對於立法權及法的內容並無拘束力，經常因法律保留而產生不平等的作用。當然，立法不作為而產生法的空白部分，所謂的絕對平等更沒有任何保障的效果。

（四）現代平等思想的特質及其影響

19 世紀末平等思想出現兩個完全對立分歧的發展，一是仍然堅持絕對的平等保障，發展形成社會主義理論；一是確立以個人尊嚴、人權理念為基礎，發展形成現代的平等思想。事實上，兩者都是源自盧梭的「不平等起源論」。[16]盧梭認為不平等，一是來自人類社會形成之後，強者與弱者由對立狀態形成主從支配關係，發展到最後形成反自然狀態的奴隸制度，這種極端的不合理、不平等的狀態；一是容許私有財產制，形成富者與窮者可以輕易的區隔，發展出經濟上的剝奪與社會地位的差別。因此，馬布里（Gabriel Bonnot de Mably）、巴布夫（Francois Emile Babeuf）、布魯東（Pierre Joseph Proudhon）等遂主張廢除私有財產制，進行大改造來建立共產社會，以實現絕對的平等。[17]此一共產社會的絕對平等思想，經由馬克思（Marx），恩格斯（Engels）等的繼承與發展，日後形成科學的社會主義理論。

---

[16] Rousseau, *Le Discours sur l'origine et les fondements de l'Inégalité parmi les hommes,* 1754；本田喜代治・平岡昇譯《人間不平等起源論》岩波書店，1973 年；小林善彥・井上幸治訳《人間不平等起源論、社會契約論》，中央公論新社、2005 年。

[17] 參照，原田，前引書，頁 326、384、447-455。

然而，實際上盧梭從未主張廢除私有財產制或要求絕對的平等，反而是認為應以立法及政治力來約束富者的財力及解消貧者的不滿，追求符合自然狀態的平衡。[18]現代立憲主義的平等思想，基本上就是延續這種理念，經由先進各國憲法學者、憲法解釋、憲法判例而發展出以下的特質。

　　第一、現代的平等應該是實質的平等而非抽象的、形式的平等。近代平等思想只是注重形式平等，忽略了現實社會生活中各種具體存在的不平等狀態，於是容許社會完全自由競爭的結果，使擁有財產、資本、能力、機會等資源的強者，形成對一般民眾生存的威脅。因此，必須實質保障生存受威脅者，使其可以維持基本尊嚴的生活條件。如此才能化解社會上的對立衝突，緩和因為自由競爭及經濟力不均衡所引發的危機。

　　第二、平等與自由面臨必須互相調整的狀態。傳統的自由與平等一直處於和諧互補的關係，並未發生對立的狀態。但是現代國家為了協助弱者確保基本的生存條件，有時必須介入自由的領域予以界限，特別是經濟自由的範疇更為顯著。當然，對自由的干預如果沒有適當的基準，反而會形成另一種不平等狀態。因此現代人權體系中，自由與平等之間如何調整，一直是經常必須面對的課題。

　　第三、現代的平等，使國家權力不能再處於消極避免介入私社會的狀態。國家為了落實平等，必須積極、主動的處理私社會中的不平等現象。然而，國家權力介入公共領域的平等及私社會的平等，所發揮的作用與效力本質上應有所區別。前者應力求絕

---

[18] 阿部、野中《平等の権利》，前引書，頁 8。

對的平等，後者則應在合理基準下作適度的調整。

第四、現代平等思想發展的結果，使新的人權產生，憲法必須保障生存權、環境權、學習權、工作權、勞工基本權等社會基本權，才能保障國民有權利要求「實質」的平等。一方面，國家為了積極推動各種福利制度以保障國民實質的平等，也必須對財產權、經濟自由權有所限制。因此，人權保障及人權相互調整原則，都在實質平等思想的影響之下，發展形成另一個新的人權保障體系。

二、平等權與平等原則

平等應該是一種權利（Right），或者只是保障各種人權的原則（Principle），一直是平等理論探討過程中，首先遭遇到的爭論點。主張平等是一種原則的學說認為，平等應該是對應各種人權時的基準，也是客觀處理各種與人權相關問題時的原則，如此平等才能廣泛適用於各層面，成為一種崇高的價值理念。此說認為，平等如果只是一種權利，則會被侷限於法律、政治、性別等條文明示的範圍，只能要求這些相關事項的平等權利，反而削弱平等在人權保障體系的重要法效果。

反之，主張平等是權利的學說認為，平等應該與其他人權一樣，具有獨自的權利本質，是可以主觀認定的權利。如果只是一種原則，就無法主張實體的權利保障，削弱平等保障的效果。一方面，此說亦認為，平等作為一種權利，同樣可以廣泛的成為各種人權要求平等的基準，不會因此而受到影響。

事實上早期的學說在提及平等一詞時，並沒有刻意區別「權

利」或「原則」，甚至很少使用「平等權」或「平等原則」的表達方式，當時並未意識到兩者在意義上或法規範力方面有所不同。之後有關平等是一種原則，或是一種權利的爭論開始出現。其中一派認為，平等是原則也是權利，使用平等權或平等原則，都不至於影響到平等的意義或規範效果。[19]另一派則認為，雖然平等也涵蓋權利本質，但是性質上並不同於一般權利，因此使用平等原則較能把握其本質。另一派則認為，使用平等權才能顯示人權保障效果。此派依其強弱又區分為：1.強調平等權才能具備司法救濟效果，平等原則就有疑問。2.認為平等權有其列舉範圍，在此範圍內有司法救濟的明確效果。3.主張使用平等權才能強調權利保障效果。以上這些不同的學說主張對平等會產生何種效應，如何進一步了解權利與原則的性質及意義，分別由以下幾個不同角度分析之。

（一）由國家機能、型態觀之

近代國家出現以後，平等一直被定位為以國家權力廢除各種差別的過程。但是人在獲得解放成為自由人之後，認為個人的幸福或生活方式，只有由個人自己自由的選擇來決定才是最妥當。因此國家的功能被定位為消極性質，認為國家應該避免干涉國民的私生活領域，要求國家權力若非必要不應介入私社會，平時應該對私社會採取自由放任姿態，此一型態被稱為自由國家。此時

---

[19] 野中俊彥〈平等原則と平等權〉，佐藤幸治等合著《ファンダメンタル憲法》，1994 年，頁 67-69。野中俊彥〈法の下の平等についての一考察〉，《金沢法學》第 27 卷第 1、2 號，1985 年，頁 100。

的平等被認為只是一種消極的原則，只要國家權力排除差別就是平等，國民並沒有要求平等的權利。平等在自由國家中被界定為一種排除差別的原則，使國民所能得到的只是在政治、法律地位的形式平等，在私社會中只有「放任的平等」。[20]一方面，社會主義國家為了根本解決自由國家在自由放任之下所造成的弱肉強食現象，認為國家權力應該強制的介入政治、社會、經濟等各層面，追求所謂的「絕對平等」。因此，國家的機能被定位為積極性質，必須平等的分配資源，追求「資源的平等」，故稱之為平等國家。此一型態的國家中，平等必然成為權利，而且是不可否定的絕對權利。

另一方面，福利國家雖然繼續維持經濟自由競爭體系，但也體認到國家權力應適度介入社會經濟體系中，保障弱者的實質平等。因此，提出社會基本權以確保國民的基本生活條件，追求「福利面的平等」。此一福利國家型態中，平等是一種應該具體落實的原則，同時經由對社會權的保障，使國民在這一範疇也能擁有追求實質平等的權利。

由以上分析可知，國家因其成立目的、型態之差異，對於平等應該是原則或權利也會產生截然不同的立場。首先，自由國家認為自由、平等等人權保障是源自一種自然狀態，國家權力基本上不應介入。若有必要介入，也只限定在差別制度應予廢除、政治參與平等、法適用平等這三方面。因此，平等只是一種形式、狀態，是國家權力作用時的原則，並未認為是屬於國民的權利。

---

[20] 橋本公亘〈現代における平等〉，橋本公亘、和田英夫編《現代法と國家》，岩波書店，1972年，頁117-118。

其次，社會主義國家的出現則是為了使平等不僅適用於政治、法律，也應該適用於經濟、社會等人民日常生活的各層面。因此，平等被定位為每一個人都能普遍享有的權利，形成社會資源共有、共享，甚至主權也應由人民平等享有，澈底的追求絕對平等。最後，現代福利國家則認為，平等應在與自由互相調和的狀態下，實質的予以保障，屬於「權利」的部分應轉化為社會權才能具體有效的保障，屬於「原則」的部分仍然在國家的各種權力作用過程中，發揮平等的效果。

（二）由平等的現代意義觀之

平等是權利或是原則，如果由平等的現代意義來分析，是否能進一步釐清，是一個值得思考的方向。現代意義的平等與傳統意義的平等最主要的不同之處是，傳統的平等著重在排除差別，目的在使人人享有立足點的平等；現代的平等則強調具體的保障，目的在使人人實質的享有平等。國家在過去只是排除各種差別體制，把人從被壓抑的狀態中解放出來，之後卻任由社會自由競爭、自求多福，結果只是使人得到形式上的平等，實際的社會發展卻出現更多的貧弱者，所謂的平等只是成為假象，沒有實質的保障效果。

因此，為了確保實質的平等，20 世紀的現代國家除了排除政治、法律上的差別之外，更有義務積極的介入社會、經濟層面，設法使國民在實際的生活條件得到平等的保障。例如，英國於1946 年制訂國民保險法（National Insurance Act）、國民健康保護法（ National Health Service Act ），1948 年制訂國家援助法

（National Assistance Act）。[21]美國則在 30 年代相繼通過「緊急救濟法」、「勞動關係法」、「社會保障法」等福利法案。這些都是現代國家逐漸介入國民的經濟、社會生活領域，以立法來促使國民之間的生活條件能較為接近平等狀態。

由此可知，現代國家為了保障國民能享有實質的平等，傳統上只限定在保障國民參政權平等、法律地位平等的平等權，也必須擴大其範圍，成為適用於國民私社會及經濟生活各層面的平等原則。換言之，為了配合從傳統平等意義到現代平等意義的轉變，傳統的平等權也應該轉化為現代的平等原則，如此才足以區隔兩者之間的本質。

一方面，在追求實質平等的現代意義要求之下，平等必然要成為一項衡量基準的原則，平等、基準、原則三者在概念上必須一致才能展現出實質平等的意義。因為實質的平等，是要確保尚未達到平等者，能獲得平等的實質結果。此時，必須有一個要達到的平等「基準」存在，此一基準一定在最大與最小之間，在最高與最低之間。實質平等就是要使在基準之「下」者能提升，使其達到基準的一個原則。現代平等並未追求絕對平等，所以並沒有要求平等基準之「上」者要下降到基準線的強制規定，也沒有保障要求超越基準與基準之上的平等權利。

由此可知，要使平等具體實質化，必須使平等逐漸成為探討基準何在的原則，不可以成為只是要求與特定人平等的權利，或是要求特定人與一般人平等的權利。換言之，平等要實質化就必

---

[21] 山田幸男〈イギリス憲法〉，田上穣治《憲法事典》，青林書院，1984 年，頁 54-58。

須是針對全體所產生的一種一般性基準，來形成有效作用的原則，而不只是成為個人可以要求與他人平等的權利。

（三）由法性質觀之

有關平等是一種權利或原則的爭論，若由法性質來加以分析，主要可以區分為以下的類型。首先，1.主張平等是針對國家的權力作用加以拘束的原則。2.主張平等是個人可以對國家要求的權利。3.主張平等既是一種原則，也是一種權利。其次，2、3兩種主張則又可區分為，（1）平等權是個人感受到被侵犯或未得到平等保障時，即可主張的權利。（2）平等權應該是在某些條件及基準之下，才可主張的權利。

綜合以上各種爭論，首先，主張平等權的依據，主要是認為權利才能具備保障效果，使個人在遭受不平等的侵害時，可以主張平等的保障。然而，既使單純主張平等是原則的學說，也未否定其具體保障的法效果。因為人權用語的使用，依情況有時用權利、有時用原則，這些用法對其保障的法效果並未造成影響，也沒有強弱之分。[22]例如，人身自由保障中，有關法定手續「原則」，就有很強的保障效果。反之，追求幸福「權」或經濟自由「權」雖然是權利，卻受到很多界限，並未具備比較強的保障效果。因此，權利或原則都是一種概念，與保障效果的強弱並無必然的關連性，不能因為使用原則就認定其保障效果脆弱，而使用權利就認定其保障效果強化，重要的是應就平等實際對人權保障的效果觀察之。

---

[22] 野中〈平等原則と平等權〉，前引論文，頁 69-71；戶松秀典《平等原則と司法審查》，有斐閣，1990 年，頁 305。

其次，主張平等權者認為，原則是拘束國家權力作用的概念，權利才是國民可以主張享有的概念，平等如果只是原則，只能禁止國家不得違反平等的作為，無法顯示國民有主張平等的權利。然而，任何權利的保障都具有兩面性，一方面拘束國家不得侵害，一方面國民擁有要求國家保障的權利。所以不能因為是「權利」，就認定不可拘束國家而只是保障國民，或者因為是「原則」，就認定只是拘束國家而未保障國民，兩者實無區別的必要。因此，財產權涵蓋國家不得立法侵犯財產的部分，也同時包括國民有要求國家保障個人財產不受侵犯的權利。平等原則既然是人權保障的規定，當然與其他人權一樣，既拘束國家權力也保障國民權利。

由此可知，使用平等原則用語並不是否定其權利本質，也未削弱其保障效果。平等的保障在法性質上可分為，排除差別的客觀法原則與要求保障基準待遇的主觀法權利。前者使國民在受到差別時有權利要求排除差別，後者使國民有權利要求保障達到基準的平等待遇。因此，主流學說都主張平等是原則也是權利，具有複合性本質。

最後，主張平等的權利，應該具備條件與基準。平等保障在依客觀法原則排除差別的部分，國家必然在憲法條文、法律規定及各種權力作用中，明確規定不得有信仰、性別、種族…等等差別，國民在此範圍內才有權利要求平等。平等在主觀法權利的部分，因為必須有「基準」，國民才能主張提升到基準的權利。因此，是否有此一基準存在，或基準是否產生變動，都是權利是否可以主張的前提條件。所以如果主張個人可以無條件的情況下主

張平等的權利，其實也只是一種空虛的權利。因此學說都認為，平等是在一定的基準之下，才能具有權利性。

以上分別由「國家的機能、型態」、「平等的現代意義」、「平等的法性質」加以分析，平等應該是同時具備權利與原則的概念，使用平等權或平等原則，都有其理論依據或理由。然而，目前學說都傾向於使用「平等原則」其主要的原因如下。

第一、平等由其歷史演變過程觀之，雖然曾經與自由相提並論，被認為是人權發展史上，最初被主張的權利。但是當時稱為平等權，只是人權相關理論的發展尚未成熟的情況下，所產生的一種誤用或誤解。事實上當時的平等，被認為只有反射各種權利的效果，並不是可以獨立作用的「權利」，實際上不能與其他的自由權利相提並論。當時德國的公法學者耶凌涅克（George Jellinek）就指出，平等不可能成為個人請求權的對象，平等只是一種反射個人權利範圍的效果，與自由權利有不同的本質及構造。[23]

第二、各國憲法有關平等的條文，一般都是以「法律之前人人平等」、「平等保障國民的各種權利」、「國家的立法、行政、司法作用不得有差別」等方式來表示，並無「保障平等權」的用法。雖然憲法條文也未直接提及「平等原則」，但是一般的憲法解釋，顯然是傾向於使用平等原則。例如，美國就是使用「平等保障原則」（Equal Protection Principle），日本亦使用「平等原則」。

---

[23] 川添利幸《憲法保障の理論》，尚學社，1986 年，頁 276。

第三、平等有其他權利所沒有的「比較性」特質，此一特殊本質唯有使用「平等原則」才能正確的顯示出來。一般稱呼為「權利」，只要國家權力客觀的違法侵害，或受到其他社會力侵害，就等於是對個人權利的侵害。然而，有關平等的保障，性質上卻完全不同。國家若制定不平等的法律，只是違反平等「原則」，卻不一定侵犯個人的平等「權」。所謂對平等權的侵犯，一定要有明確的基準，使受到不平等待遇者有主張提升到基準的目標，要求個人權利。[24]但是違反平等原則的法律，常會使因而受到不平等待遇者，不一定能擁有要求平等的「權」。因為不平等的法律必然使某些人享有基準之上的優遇權利，或是享有符合基準的一般標準權利，這些受優遇者或是享有者就不能亦不會主張因為法的不平等，或與在基準之下的人不平等，使自己的平等「權」被侵害。[25]因此，在很多情況下，只能用平等原則，而不適合用平等權。此外，平等的性質也具有依附性，在沒有其他權利做為對象的情況下，根本無法獨立的主張平等權。例如，探討人權時常提及的參政權平等、工作權平等、學習權平等，都使平等在性質上是一種原則。

第四、探討人權體系或人權的分類時，平等一向被認為是屬於總則性（基準性）人權，是與人格尊嚴、幸福追求同樣適用於人權各範疇的一般性原則。使用平等權在人權分類或探討與其他種類人權的關係時，將會遭遇到困難。特別是涵蓋高度實質平等本質的社會權分類出現以後，平等的權利性本質所應有的部分也

---

[24] 同前注，頁 282。

[25] 內野正幸《憲法解釈の論理と体系》，日本評論社，1991 年，頁 361-363。

較淡化。這些都是促成平等成為一種總則性原則的原因,如此比較能與人權的分類調和。

有關「平等原則」與「平等權」的爭論,目前仍然是學界尚未完全解決的問題。然而,不論在一般用語、理論說明、法性質探討,「平等原則」都是較為普遍且容易被接納的用法。

三、各種平等概念之關係及意義

(一)形式平等與實質平等

形式平等(uniform equality)與實質平等(real equality)是屬於平等的典型概念、相對概念及演變過程的概念,主要有以下三種不同層次的意義。首先人類社會在爭取到個人自由以後,同時也強調平等的競爭,因而形成自由放任的體制。同時再加上產業革命、生產機械化、資本主義的發展,造成少數人擁有財富、權力、地位,多數人則生活在失業、貧困、病痛的環境。因此,所謂的平等逐漸成為虛幻的、抽象的人權,故稱之為形式平等。現代人權則認為為了使平等實質化,一方面必須對傳統自由放任的體制加以制約,不再容許私社會中的契約關係、私有財產擁有絕對自由;一方面針對處於不平等狀態者,應該具體的以生存權、勞工權等加以保障,使平等由抽象轉化為實質,故稱之為實質平等。

由此可知,傳統的人權理念主張形式的平等,認為平等是每一個人在出發點上都是一樣的、相等的,處於立足點上的平等。但是這樣的形式平等在自由競爭的狀態下,實際的結果卻無法平等,因而造成一種形式的、抽象的平等。現代的人權理念認為,

自由與平等應該同時考慮，使兩者調和且實質化，平等應該有具體的結果出現，一般稱之為實質平等。所以由形式平等演變到實質平等，是平等理念發展的重要過程。

其次，形式平等也被定義為一種劃一的、一致的概念，也就是事實上相等則形式上也應該相等的明確概念。於是提及政治、法律地位平等，或強調權利性的「平等權」時，就傾向稱之為形式平等。反之，談及平等應該考慮到對於原來處於不平等狀態者的特殊保障時；或是認為平等並非固定的、確定的本質，而是一種因人而異的待遇（To Give a Person His Due），必須隨著狀態而加以調整的「原則」時；就稱之為實質平等（實際的追求平等）。[26]

最後，若限定在探討法律地位平等的範圍內，形式平等是指法的適用平等，執法機關對於法的執行、解釋、運用應該一致、相同，不可任意變動或調整。一方面，實質平等是指法的內容平等，立法機關在立法時，其內容應該排除不當差別或調整事實關係，追求實質的正義公平。

由此可知，有關形式平等與實質平等，仍然有以上各種多元的意義及不同的用法。然而，現代人權體系是以追求如何使人權更具體化、實質化為目標，因此對於「實質」的平等也應該有以下的認識。第一、國家權力應廢除各種差別的法律制度，以確保國民實質的平等。第二、私人之間及社會上所存在的偏見、歧視現象，國家應以立法、政策、教育等方式，設法排除之。第三、

---

[26] 橫坂，前引書，頁 20-21；阪本，前引書，頁 82-83；松井茂記《日本國憲法》，有斐閣，1999 年，頁 371-373。

過去由於不平等的制度、狀態所形成的落差，在廢除或排除之後若持續存在，則國家應採取積極的逆向調整對策使其恢復常態。

（二）絕對平等與相對平等

絕對平等與相對平等是平等概念最早出現的爭議。絕對平等觀認為，同樣都身為「人」，應該一視同仁的使其平等，既使每一個人的屬性或相關的事物有所不同，只憑著都是「人」這一點，就必須絕對平等的對待之。不管任何理由、不論任何差異，都要絕對的維持平等，亦即只有「絕對無任何差異存在的狀態」才是平等。早期有關平等的宣言，強調人生而平等，所以人人必須平等而不被差別對待，也就是涵蓋著絕對平等的概念。然而，這種完全無視於現實上的差異，也不考慮限定範圍、條件的絕對平等觀念，終究是不切實際的。既使在法律或政治層面，不容許任何差異的絕對平等，事實上等於是否定實定法秩序。[27]例如，刑法若規定，不論男女老少，不管動機原因為何，只要殺人就必須判處死刑、重刑以償人命，這樣的絕對平等反而是不平等，違反法的正義本質。因此，實際上是「限定的」絕對平等說才有存在的意義。絕對平等所要求的並非「絕對無差異」，人與人之間必然存在差異，這是無法否定的。絕對平等應該是「絕對禁止人為的差別」，並以國家權力經由立法與執行來廢除差別的制度，排除差別的現象。例如，在法律、政治地位方面，禁止因人種、信仰、性別而有差別規定，在參政權方面，要求每一位國民有平等參與

---

[27] 阿部照哉〈法の下の平等〉，芦部信喜編《憲法 II 人權（1）》，有斐閣，1985年，頁 214。

的權利。因此,唯有限定在特定的範圍與條件上,絕對平等才有意義與正當性。

相對平等觀則認為,人與人之間的某些屬性若相等,則應該平等對待之,使其互相平等。然而,現實上人與人之間的屬性或相關事物的性質上,都有各種差異存在。此時必須考慮其不相等的特質,設法對應之,促使其平等化。換言之,相對平等觀認為,採取不同的規範或不同的待遇,若能實現平等,就不是違背平等原則;有時不同的待遇或規範,反而是實現平等的手段之一。然而,相對平等所容許的差別對應,不允許恣意的選擇(mere arbitrary selection),否則必然形成更多的不平等狀態。[28]因此,容許「相對」的差別,其合理性、公平性基準,或所追求的正義何在,就必須提出客觀、正當性的具體論述才符合平等原則,一般稱之為「合理區別法理」(doctrine of reasonable classification)。[29]

(二)機械平等、比例平等、機會平等、結果平等

機械平等是指,自然科學的數學、數量、度量衡的相等,與人的屬性、能力、社會事務的差異完全無關的平等概念。因為強調均等、相等,所以與前述絕對平等的意義類似,唯有在限定的條件、範圍下,才能處理平等的問題。[30]

比例平等則與機械平等完全相反,認為應依據各人的屬性、

---

[28] 同前注,頁216。

[29] 一般又稱之為「合理性基準」(rationality test),此點在以下基準的部分再詳細探討之。

[30] 同前注,頁220。

能力及各種相關因素，以相對的比例來分配，才符合平等原則。比例平等雖然類似相對平等，但是並沒有如相對平等般的強調合理性、正義、禁止恣意差別的基準。因此，比例平等可以說是相對平等中的基準之一，並無獨立作用的條件。

機會平等（equality of opportunity）是指，國家應使每一個人在出發點上平等，在追求各種有利的機會時，享有立足點的相等機會。保障機會平等只是排除差別，使每一個人在出發點上平等擁有參加的機會。必須注意的是隨之而來的自由競爭狀態，必然造成優勝劣敗、弱肉強食的不平等狀態。

反之，結果平等（equality of results）是指，國民的某一種權利或地位，應得到平等享有的結果。因此為了使結果的事實關係能平等，國家應該在過程中積極的介入使現實社會中的不平等狀態改善，或優先保障長期被差別者及弱勢者，以達到平等的目的。結果平等可以說是實質平等所追求的目的之一，也是福利國家的重要理念。

（四）自由與平等的關係

自由與平等雖然是現代人權發展過程中最主要的兩個概念，但是兩者之間到底是一種互相調和的關係，或是處於對立矛盾的關係，一直存在著各種不同的見解。傳統的見解比較傾向於兩者是密切結合的關係，認為平等原理在自由體系內是不可或缺的，自由原理也必然融入平等體系中，所以才會提出人生而自由、平等的主張。一方面，現代的國家社會中，兩者卻常處於緊張的關係，愈自由則造成愈不平等，反之愈平等則愈不自由，要

維持平等狀態就必須限制自由，要任其自由競爭就必然會造成不平等的結果。因此，自由與平等的關係並非穩定或一成不變，值得進一步探討。

1. 自由與平等的和諧關係

如果單純的從自由與平等的起源及發展過程觀之，兩者一直是同源同根，處於和諧互動的關係，其目的就是在追求人性尊嚴及人格完整。人類在追求自由解放的歷史過程中，首先就必須打破奴隸制度、身分階級制度等各種不平等的狀態，所以是先有平等才能獲得自由。反之，人類在追求平等的過程中，也必須先解放自己，以自由人的身分起來對抗壓迫者，如此才能進一步要求平等的地位。現代的社會要求兩性平等，也是一個女性要求自由解放的過程，沒有自由、自主獨立的女性，就不可能達到兩性平等。由此可知，自由與平等之間存在著互補和諧的關係。

2. 自由與平等的對立關係

原來處於和諧狀態的自由與平等，在資本主義自由經濟體制形成以後，逐漸出現矛盾對立的緊張關係。經濟上自由競爭的私社會中，每一個人會因為是否擁有資本型財產而有極大的差別，兩者之間的不平等會因而逐漸擴大。因此，現代國家為了化解此一現象，一方面提出以追求平等為目的的社會權保障，一方面則對經濟上強者的財產自由、契約自由等加以制約。結果，自由與平等出現相互對立的關係。

3. 以自由為中心論平等

第一、所謂自由就是一種沒有從屬、支配的關係。一個人之所以有自由，一定是生活在沒有差別、階級的社會。所以否定不平等狀態是自由的前提要件。第二、自由應保障一個自由競爭發展的機會或狀態，必須制訂公平競爭的規則與方式。所以，自由應該是保障每一個人有平等參加競賽的自由。第三、自由應該使每一個人可以依其資質、能力自由的發揮。所以必須保障平等的機會，因為在任何獨佔的狀態下，就不可能有自由存在。

4. 以平等為中心論自由

所謂平等如果只是限定在制度上、政治上排除不平等，使每一個人自由解放，處於與他人平等的地位，則當每一個人可以自由的發展其能力、發揮其影響力之後，在自由競爭的法則之下，社會上新的強者與特權階級必然形成。結果經濟社會上的不平等仍然存在，打破不平等狀態使人人獲得自由，結果卻又形成不平等。因此，一方面自由是排除不平等之後的結果，一方面自由也是形成不平等的原因。自由是否有助於平等的達成，結論是未必如此。

由以上論述可知，自由與平等的關係，必須依客觀的政治、社會、經濟背景或條件來思考。[31]第一、自由與平等若由打破不平等狀態、體制，使人得到自由解放的角度觀之，兩者是處於相輔相成的關係。所以傳統的自由思想、平等思想，都是以打破差

---

[31] 橋本，前引書，頁 107-109。

別體制、解放個人自由為共同的訴求。然而，若以現代的角度觀之，排除「不平等」與「平等」並非同義語，排除「不平等」未必能保障「平等」。排除不平等的差別體制只能達到形式平等，卻不能保障實質平等。因此，如果說「打破不平等（追求形式平等）」與「自由」是相輔相成的和諧關係，應該比較能符合實際的狀況。第二、自由與平等若限定在政治上或自由權的範疇，互相之間也存在著密切的互動關係。國民要追求政治上的自由，必須保障參政權平等及法律地位平等，國民的思想、表現等自由權保障，也應享有平等的權利。因此，自由與平等在此範圍內並無對立或任何矛盾的關係。第三、自由與平等若涉及經濟上、社會上個人的地位與權利，則必須處理貧富、勞資等矛盾衝突，兩者之間亦陷入緊張的對立關係。資本主義自由國家完全站在自由的立場，對抗平等的要求，社會主義平等國家則站在平等的立場，企圖否定經濟自由。然而，福利國家面對這些矛盾衝突的狀況，則同時兼顧自由與平等。一方面以妥協、調和的方式追求實質平等，一方面繼續保障經濟自由。由此可知，現代福利國家必須化解自由與平等的對立關係，促使兩者成為互相調和的關係，才能達成目標。

（五）民主與平等之關係

有關民主與平等的關係，可以由民主的兩種不同的本質來探討。民主的第一個本質是一種「方式」，這就是一般所謂的，民主是一種由全體國民共同決定的過程與制度。因此，有關選舉、投票、表決等民主制度的運作，都要求形式平等。參政權要求「一

人一票、票票等值」，就是強調每一個人都應該在參與政治運作的過程中，享有絕對平等。然而，民主如果只是在形式上要求平等，強調在決定的過程中尊重多數的支配，結果可能使少數成為犧牲者、弱者被淘汰，成為一種抽象、變型的民主。

所以，民主同時應具備第二個本質，民主是一種「理念」，民主是以維護人性尊嚴、保障個人人格完整為目的之體系。[32]民主的理念必須同時保障，社會上每一個人能平等的享有社會資源，過著有尊嚴、像一個人的生活。現代的民主必須同時兼顧「民主的過程」與「民主的理念」。因此，民主與平等的關係中，必然包括「形式平等」與「實質平等」的雙重概念。一般發展中的國家，只注重民主的形式上過程，強調國民參與政治時的形式平等權利，卻完全忽略追求民主實質的理念，如此必然使少數者、弱者在多數決的民主運作下成為犧牲者。因此，現代福利國家除了重視民主的過程之外，也同時追求民主的理念，確保弱者、少數者的基本權利。

貳、平等原則適用之範圍與對象

平等在現代基本人權的體系中，除了與一般人權一樣是「憲法保障的權利」之外，同時也是這些憲法上權利「普遍適用的原則」。平等與正義、公平、幸福一樣，是人類社會長期所追求的

---

[32] 同前注，頁 106。

價值理念與目標。但是其意義與性質卻同樣是抽象的、多元的、變動的，實在不容易掌握。所以平等原則是否能完全適用於處理所有人權的問題，或是適用時應有哪些條件與對象；平等的效力是否毫無界限，或是其效力應有所保留。這些有關平等適用範圍與對象何在，以及平等的效力與功能如何，其所涉及的問題事實上也非常複雜。以下先由平等適用範圍與對象著手，至於平等的效力與功能，則由之後「基準」、「判例」的探討再進一步釐清。

　　一般提及平等，立刻會與「人生而平等」、「所有的人一律平等」等人權發展史上的口號連結起來。但是平等與其他基本人權一樣，就是因為人生而不平等、所有的人都經常不平等，因此才必須用憲法、國家權力加以保障與規範。如果每一個人已經在事實上享有自由、平等，則人權就不必提出來探討，也不必保障。所以為何主張平等，就是因為我們認為應該平等，但是客觀的事實並非如此。結果如何來對應、處理使之平等，便成為論議平等時必須重視的問題。

　　首先，平等應該有其適用的範圍與對象。平等如果毫無界限，則任何人都可以在各層面要求與他人平等，他人有的我也應該同樣的擁有。如此，不但會造成國家法秩序、社會制度的混亂，實際上人類社會也不可能提供這種完全平等的條件與狀態。因此，權利關係只有在適合「比較」的狀態時，才能形成「比較性權利」（comparative right），此時才能進一步探討如何平等保障的問題；權利關係在不適於比較的狀態下，就是一種

「非比較性權利」（non-comparative right），[33]此時雖然還是權利，卻無法引用平等原則來主張權利保障的問題。例如，兒童都有進入學校學習的權利，若黑人兒童因為黑人區的學校設備較差，與白人兒童「比較」的結果，發現對黑人兒童的學習權保障違反「平等原則」，此時的學習權就是屬於可以比較的狀態，也是一種適用平等原則的「比較性權利」，得主張其權利保障受侵害。反之，被判刑的受刑人在監獄中的學習權多少會受到限制，與一般人的學習權之間是屬於不可進入比較的狀態，此時的學習權屬於「非比較性權利」，無法引用平等原則主張其權利保障受侵害。

由此可知，引用平等原則主張權利時，必須先判斷是否屬於適合進入比較狀態的權利關係，如果本質上並不適合進行比較，應以其他方式探討。否則各種任意引用平等原則的主張紛紛出現，不但會造成概念上的混淆，也會對平等原則的實際效能產生疑問。

其次，什麼才是屬於可以比較的狀態，區別適合比較的與否的基準為何，比較的狀態應具備哪些條件。事實上，很多權利關係是可以比較的，但是並非可以比較的權利關係，就可以主張平等原則。例如，過去高中男學生被強制理光頭，與高中女學生比較起來好像不平等。此時，是否適合引用平等原則，要求女學生

---

[33] 安西文雄〈平等〉，樋口陽一編著《講座・憲法學 3，權利の保障》，日本評論社，1994 年，頁 81。有關比較性權利之進一步探討，參照 K.Simons, "*Equality as a Comparative Right*", 65 Boston U.L. Rev.387 (1985). See Wright, "*Judicial Review and the Equal Protection Clause*", 15 Harv.C.R.-C.L.L.Rev. 1, 17-18 (1980).

也應理光頭。事實上，平等原則有關的比較狀態，應該是比較之後出現一方是「得」與另一方是「失」、一方是「有」與另一方是「無」之狀態，此時才有必要設法使其「平等」。上述的男生理光頭，女生並未「得」到好處，女生如果也理光頭，男生被強制「失」去頭髮還是一個沒有解決的問題。此時引用平等原則來處理顯然並非妥當，因為主張平等的一方雖然「失」，但是拿來作為比較的的一方並非「得」，比較的雙方並非處於「得」與「失」互動的狀態。如此要求平等的結果，反而形成雙方皆「失」去平等。[34]由此可知，基本上應該是面對著固定的資源、數量、價值，如何在「得」與「失」之間做比較與調整，才能使人權的保障更接近理想的狀態，此時才適合引用平等原則。例如，涉及選區劃分不當，造成參政權不平等的狀態，就是屬於適合引用平等原則的狀態。

最後，既使是比較性權利、具備比較狀態等要件，引用平等原則來對應這些權利保障的爭議，是否就一定可以達到解決問題的效果，仍然是一個未知數。前述平等概念中已提及，平等隨著各種狀況、作用事項的本質、保障的目的等複雜因素，而有不同的意義，其概念有時是互相對立的，如何實際達到保障人權的實質效果，最後仍然是要經由各種學理、判例所發展形成的「基準」來解決。因此，平等原則適用的範圍與對象，也是處於變動不確定的狀態，實在很難歸納出來哪些權利、對象、制度是適用於平等原則，哪些又是不適用。

---

[34] 奧平康弘《憲法 III 憲法が保障する權利》，有斐閣，1993 年，頁 124。

因此，以下由「人權」、「國家權力作用與制度」、「私社會關係」等角度來探討平等原則適用的範圍。這並不是認定平等原則僅適用於這些部分，而是基於平等原則經常適用於這些範圍，或是這些對象經常會涉及平等原則適用與否的問題，或是平等原則適用在這些範圍比較可以發揮人權保障的效果，故在此特別提出來探討。

一、有關人權的部分

（一）先天性人權與平等原則之適用

1. 人種（race）與平等原則

　　人種是指，人因為遺傳的自然因素而形成膚色、毛髮等外形上的不同，再加上地域、文化等歷史發展的影響，而成為可以區別的人類學上分類。一個國家內部國民的構成中，多少有各種不同的人種，其原因也可以區分為先住民與歸化移民兩種。例如，美國印地安人屬前者，黑人屬後者。雖然現代人權一再強調不分人種一律平等的原則，但是人種因素所造成的違反平等原則，一直是人權保障的最嚴重問題。各國有關人種差別的狀態，由過去公然實施人種隔離政策的南非到人權保障的先進國都同樣的存在著，只是程度上有所不同。以下有關人種差別的探討，之所以舉美國為例，除了因為美國立國之後，為了人種差別問題曾引發內戰、社會動亂，成為人種差別後果的最佳教訓之外，更因為美國為了人種問題的解決，在憲法解釋、判例中發展出有關平等原

則的各種基準，比較適合作為憲法學研究分析的對象。

　　1963 年美國總統約翰・肯尼迪（John F. Kennedy）曾嚴厲的指控，一百年來美國雖然廢除奴隸制度，解放了黑人，但是舉國上下仍然無視於黑人的存在，使黑人繼續在教育、工作、醫療、居住環境、甚至參政權上，受到不平等的差別待遇。[35]1863 年 1 月 1 日林肯總統頒佈「解放奴隸宣言」（Emancipation Proclamation）之後，美國憲法修正第十三條（1865 年）禁止奴隸制度，修正第十四條（1868 年）確立平等保障原則，修正第十五條（1870 年）平等保障投票權，這些憲法條文只是踏出了人種平等原則的第一步，並未根本解決人種差別的問題。這些事實我們可以由以下階段性的發展過程來說明。

　　第一階段，1896 年美國最高法院以所謂的「隔離下的平等」（separate but equal）原則，處理人種差別的相關問題。此原則認為，人種的隔離政策或法律並未違反平等原則，只要在隔離的狀態下，使各人種在質與量同等享有，就符合平等保障原則。[36]此一原則使美國禁止黑白通婚、限制黑人居住區域或禁止利用白人設施的法律與制度，繼續合法的存在，等於使人種差別合理化。

　　第二階段，1954 年美國最高法院終於判決，單以人種為理由作種種的隔離區別，本質上不符合平等原則，所謂人種在隔離之下仍可保障平等是說不通的道理。自此之後，美國才開始立法排除黑人在教育、工作、生活上種種受到差別的狀態。

---

[35] 橋本，《基本的人權》，前引書，頁 117。
[36] Plessy V. Feruson, 163 U.S. 537（1896）審判，美國最高法院判決所形成的理論。

第三階段，1971 年美國最高法院認為，只是排除少數人種所受到的差別，並不能積極的改善長期以來所形成的不平等地位。因此為了有效達到平等保障的目標，可以在某種程度上採取「優先保障措施」（Affirmative Action）原則，對特定人種給予特殊保障，以求早日達到平等狀態。此一原理若能有效的形成發展，對人種平等應有所助益。

有關人種與平等原則適用的問題，目前的爭論點多集中在：私人之間對人種的偏見與差別如何對應；外國人因人種因素受差別，是否應該與本國人同樣得到保障，這些相關的問題。

2. 性別與平等原則

男女在性別上的區別是一種先天性的差異，也是一種無法改變的事實上不相同。基於性別而形成的差別狀態，也是從人類的社會出現以後就持續存在的狀態。世界各國幾乎沒有例外，都是由男性在支配女性，這種男尊女卑的差別只是程度的問題。[37]一方面，女性積極的要求從差別狀態解放，追求兩性平等的歷史並非很久，可以說是遲至進入 20 世紀才開始。例如，被認為兩性平等先驅的北歐各國，女性的參政權也都是在 20 世紀初才獲得，法國則是在 1946 年的第四共和憲法才明文保障。一方面，兩性差別的問題，卻在極短的期間內迅速的引起重視，進而要求性別多元化、性別平等所涉及的範圍既深且廣，幾乎涵蓋各層面。因此很多平等原則的法理都與性別差別有關，逐漸取代人種

---

[37] 有關男女、兩性平等的用語，目前應使用性別平等以尊重性別多元化之發展，然而歷史論述亦有必須使用男女、兩性之必要。

差別，成為研究發展的核心部分。[38]

　　兩性平等的問題，首先是以排除政治與法律上的差別為中心。美國憲法修正第十九條（1920 年）明文保障兩性在投票權的平等，其內容除了「性別」換成「人種」以外，與修正第十五條完全相同，但是在時間上卻慢了五十年，可見廢除女性參政權差別的過程是多麼的遲緩。表面上女性雖然取得參政權的平等地位，但是在實際的政治權力作用上，仍然是屬於弱勢。因此台灣為了平衡此種強、弱分明的狀態，遂有民意代表女性保障名額的制度設計。但是這種特殊的優遇制度，是否能有效化解女性在政治權力作用中的弱勢，或者因而形成反效果，實在值得深思。[39]

　　此外，兩性差別在法律上雖然已有改善，但是長久以來完全以男性為中心所架構的法制度，仍然存在著各種對女性不平等的規定。1971 年美國最高法院還在爭議有關財產委託管理應以男性為優先的法律規定是否違憲。1973 年美國最高法院也在爭議，女性軍人的丈夫是否能成為被扶養家屬。同樣的先進各國的法律，在 80 年代也仍然存在著各種對女性不公平的規定。例如，婚後必須冠夫姓、外國籍夫婿不能申請歸化、賣淫行為只以女性為處罰對象、父系優先之國籍法規定、稅法規定以男性為中心等，都是典型的以男性為中心的法規範。因此，聯合國於 1979

---

[38] 戶松，前引書，頁 252 以下。
[39] 先進各國並未採取女性保障名額制度，這種僅對女性政治人物的保障與一般女性政治地位的提升是否必然有關？保障名額同時亦涉及對一般國民（包括女性在內）參政權平等的侵害，其中相關的問題很多，以下再進一步分析。

年通過，1981 年生效的《消除對婦女一切形式歧視公約》，[40]對締約各國加速修改國內法中的對女性差別的法律條文產生很大影響。日本在 80 年代相繼修改或制定保障兩性平等的法律，就是為了符合該公約之規定。

其次，女性在工作條件與雇用上也受到各種差別待遇。女性不論是在招聘、任用、分配工作、升遷、進修、解雇等，或是休假、生育、福利、薪資等待遇方面，都與男性有差別。這一部分屬私社會之間的私人關係，國家只能立法規定企業應排除差別待遇，實際上的效力與如何救濟，仍屬目前尚待解決的問題。

最後，兩性平等原則的問題也出現在家庭關係。日本憲法特別以單獨條文保障兩性在家庭中的地位平等，且列舉財產、繼承、住所選擇、離婚、家族關係等，必須立法保障夫妻地位平等。所以過去日本以男系為中心，所架構而成傳統的家族法制度，在新憲法的規範下，都必須重新修改、制定。當然，家庭中的夫妻關係與社會上的兩性關係本質上不同，法制度對家族關係的效力也有其界限，但是現代日本社會中，女性在家庭中的地位與過去比較已經有相當的改善。

有關性別與平等原則適用的問題，學理上另一種型態的探討是把焦點放在男女「有別」上，到底兩性在先天上有所區別，是不是可以再詳細分為不同的概念。因為實際上以平等原則處理兩性問題

---

[40] 公約制定過程、公約對日本之影響，參照，吳雅萍《消除對婦女一切形式歧視公約教育歧視廢除之研究～以日、台教育相關法制為中心～》，淡江大學／國際研究學院／亞洲研究所碩士在職專班／2013 年／碩士論文，頁9-39、97-125。

時，顯然會遭遇本質上不同的意義，必須採取不同的方式對應。一般所謂男女有別，可以分為以下三種不同層次的性別觀念。[41]

(1) 生物學上的性（sex）別概念。男性必然有男性肉體上、生理上的特徵，女性也有女性肉體上、生理上的特徵，這是一種先天的、原始的差異，無法任意改變的區別。因此平等原則適用於這部分時，必須合理區別採取相對的待遇。例如，女性的生育假、生理假的特殊保障就屬之。[42]

(2) 體態上、心理上的性（gender）別概念。一般常用「男性化的體格」或「女性化的動作」來形容這一部分的區別概念。男性因為其肉體上的構造強健，必然有隨之而形成的粗獷動作，女性因為肉體構造上纖細，在姿態方面必然顯示出柔弱的一面。換言之，以前述肉體構造為基礎，影響所及必然使男、女形成可以區別的不同動作上、體態上的類型。然而，這一部分雖然延續著生理構造而形成性別上的差異，但是亦有可能互換。例如，一般常品頭論足的形容「他的性格太女性化」、「她的動作太男性化」就是一種性別上互換的結果。目前也有人生為男性，但在姿態、心理上卻已變成女性化，或是同性戀者之間的性區別模糊化，都屬這一層次的性別概念。男女在這一層次的性差異，涉及平等原則適用

---

[41] 阪本，前引書，頁274-276；辻村みよ子，前引論文，頁208。

[42] 有關女性民意代表的保障名額，與這種先天性差異並無必然關連，這也是引用平等原則在理論上無法具備適用要件的原因之一。

時，是否有必要合理區別，就必須以各種基準慎重檢討之。

(3) 社會、文化所造成的性別概念（image）。男女兩性歷經長久的進化演變以後，已經形成各自不相同的印象與角色定位。一般觀念上的「男主外、女主內」，「護士是女性、軍人是男性」，「男性應照顧女性」等。這些傳統的、主觀的區別男女應該如何的想像力或印象，就是這一層次的性別概念。這一部分大多是屬於與前兩者無直接、必然的關連性，屬於可以不必區分性別的狀況。特別是依現代意義的平等原則來判斷，這種傳統的性別定位，或對兩性的特定印象，幾乎都被認定為是不當差別的根源。因此這一層次的性別概念上所引起的差別，也成為追求兩性平等主要排除的對象。

有關兩性平等的追求，雖然已經有不少的差別被排除，但是距離所謂的平等還是相當遙遠。新聞報導經常會出現「第一位女性總統」、「女性首次擔任△△職務」，在在顯示出男女之間仍有差異。如果我們追問，何時才能達到兩性在各層面的平等，回答也許是消極的。這與其他類型的狀況相似，平等原則或人權保障都有其界限，實際上無法完全達到目標。然而，平等原則與人權保障最重要的意義與價值，不在於達成目標與否，而在於維持人的尊嚴及令人感受到幸福。只要女人覺得做為女人並未失去人的尊嚴，也感受到幸福；男人做為男人也沒有失去人的尊嚴，覺得也很幸福」，這時候男、女之間互相存在著某些不平等的狀態，也就不屬於非解決不可的問題。

3. 社會身分與平等原則

社會身分（social status）是指，一個人在社會中所顯現出來的關係、象徵、所屬的位置。每一個人在出生時就已經決定了他一生的某些身分是什麼，並非自己所能決定或可以選擇，而且終其一生無法改變。例如，父子、母女關係，移民、犯罪者、勞工之子，某一地域出生等。但是廣義的社會身分（一般又稱之為社會地位），則包括人在社會中所處的地位或所得到的評價。這一部分雖然與先天性的出生因素有關，多少會受到影響，但是一方面也受到後天性因素的影響，是屬於可以改變或選擇的本質。因此，完全把社會身分定位為先天性因素影響並非妥當。例如，勞資地位、師生地位、中產、資產階級等，[43]都是可以變動的身分。

過去在傳統的封建體制下，人一出生就將其身分固定化，出身貴族家庭則成為貴族，出身農奴家庭則終其一生要在農場勞動，賤民之子則永遠生活在社會底層不能翻身，這也是平等理念一開始所要對抗的狀態。現代社會中，雖然傳統封建體制下所形成的身分階級制已被廢除，但是私社會人與人相互之間，是否仍然受到傳統的影響而有差別因素存在，則是論及保障平等時應慎重處理的部分。一方面，現代社會中每個人都有不同的身分地位，人權保障如何處理與社會身分有關的問題，平等原則應適用

---

[43] 社會身分涉及先天性與後天性雙方因素，一般學理上則分為三種類別。1.出生即決定的身分，2.個人在社會上所獲得的客觀評價，3.個人在社會上主動取得具有的地位。熊田道彥〈平等原則〉，杉原泰雄編《憲法學の基礎概念 II》，勁草書房，1983 年，頁 129。

在哪些範圍、對象，哪些狀態又是不適於引用平等原則，也是經常遭遇困擾的部分。以下針對代表性的適用問題分析之。

(1) 對於重要身分與地位者，採取與一般人不同的方式，特別加以保障，是否違反平等原則的問題。一般最常出現的狀況是，對國家元首、政府高官所規定的特殊保護。例如，不尊敬國家元首要加以處罰，對元首或政府要員的侵權行為或人身侵害，特別加重處分等。這些都是由傳統君臣百姓階級關係所遺留下來的價值觀，與現代人權平等原則的理念不符，先進各國都已廢除類似的特殊保護體制。原則上，對政府要員有各種免責或豁免等制度保障，這是基於職權行使上的保障。然而，涉及個人與個人之間的相互利害關係時，應以平等原則排除基於社會身分、地位的任何不平等待遇與差別。

(2) 尊親屬身分，是否應特殊處理，也是與平等原則有關的爭議性問題。因血緣出生所形成的直系血親關係，是否基於先天性形成的尊卑親屬身分，而不適用或應該選擇性適用平等原則，一直有不同的主張存在。尊親屬身分關係所涉及的問題可以區分如下：①有關尊親屬的扶養、不孝順等，是否應特別規範。②對尊親屬的告訴是否應限制。③涉及對尊親屬的犯罪行為，是否應加重處分。④尊親屬對卑親屬的侵權、侵害行為，是否得減輕處分。以上有關保障尊親屬身分問題的爭議，贊成一方的主要立論集中在，家族制度人倫的維護、道德、倫理上的人性等。反之，另一方則基於封建的主從關係不應

持續存在、個人人格獨立且平等的存在等人權的觀點予以反論。現代人權理念與平等原則，是普遍適用於各國及人類社會的理論，然而涉及尊親屬此一東方社會特有的價值理念，顯然遭遇很大的困擾。亞洲人權保障先進國的日本，也曾面臨有關尊親屬刑法加重處罰是否合理的問題，歷經長期的爭議仍無定論，[44]顯示有關此一問題東、西方社會仍有相當的差異。以下試由平等原則理論分析之：

第一、有關尊親屬的照顧、扶養，是否應特別規範，或對尊親屬的告訴，是否應限定其範疇等問題。如果由現代人權是具體實質保障的權利，人權保障的法規範是最低的道德基準觀之，對尊親屬的扶養特別規範，妥當與否值得檢討。基於親情、人倫等自然狀態，孝順或扶養尊親屬應該是高於法規範的層次，不應該以最低的基準加以規範。若以法規範之，反而使原來處於高位階的倫理、道德要求，降至最低的法保障基準。同時，現代國家以社會權保障任何人的基本生存條件，國民健康、保險、退休金、年金、老人福利等制度，已同時涵蓋針對尊親屬的最低生活保障，家族親情、人倫應該是屬於基準以上的部分，以法規範對應則基準如何界定，將因人而異涉及複雜因素。

第二、親屬之間的關係若涉及犯罪等異常狀態，是

---

[44] 阿部‧野中，前引書，頁 149-166；阪本，前引書，頁 281-283。

否適合納入道德、倫理、親情等這些正常狀態才存在的要素互相比較。例如，同樣是殺人犯，殺害一般人與殺害尊親屬之間，是否可以認為前者比較有道德、倫理、親情，後者比較沒有道德、倫理、親情，故應加重後者的刑罰。此種屬於犯罪的異常狀態，在性質上若不屬於可以比較的狀態，則引用平等原則或引用「合理區別基準」加重對殺害尊親屬者的刑罰，是否得當實有檢討的必要。

　　第三、尊親屬身分如果應特別保障，則相對的尊親屬傷害子女的情況發生，是否可以因而減輕刑責。傳統的家族觀視子女為附屬物或從屬關係，因此對子女所造成的權利侵害，多能免責或減輕處分。現代的法秩序，已排除這種狀況。但是，如果前述尊親屬基於身分而形成的特殊保障理論成立，則也應適用於此種狀況。如此是否與每一個人的人格獨立存在，此一人權基本理念互相矛盾。

(3)　社會身分所形成的差別狀態，主要仍然是存在於私人之關係。私社會的婚姻、工作等日常生活關係中，常因為社會身分因素而受到不平等待遇。目前在國家制度與公權力所及範圍，已大部分排除或禁止因社會身分而來的差別狀態及不平等待遇。但是仍有一部分，持續成為身分差別的原因。例如，戶籍資料所詳細記錄的出身背景、身分，或政府機關保有的受刑人資料及其他影響身分、地位的資料，常成為婚姻、聘雇時的判斷因素，造

成對個人權益的侵害。[45]國家如何在資訊公開的過程，防止其成為助長身分差別的原因，也是目前保障社會身分平等的重要課題。

（二）後天性人權與平等原則之適用

1. 思想、信仰、表現自由與平等原則

思想自由的保障，並非只是保障每一個人可以有多元化、不受制約的思想，更重要的是保障任何人不因為有特定思想或拒絕特定思想而受到差別待遇。因此，容許各種思想存在、發展的社會，如果對擁有特定思想者在日常生活、工作待遇上有差別待遇，仍然等同於壓制思想、侵害思想自由。由此可知，思想自由與平等原則之間，有非常密切的關係。無法保障每一個人不因思想因素而在日常生活上受差別待遇，就是違反平等原則且侵害思想自由。當然，宗教信仰、學問自由、各種表現自由、集會、結社等相關的自由權保障，也同樣適用平等原則所延伸出來的不受差別待遇之保障。很多國家雖然容許各種不同思想、言論自由自在的表現，但是一方面又針對反體制、反主流的異議人士，在公、私兩方面採取不平等的差別待遇，這種現象如果仍然普遍存在，則不能視為保障自由人權的民主法治國家。[46]

除此之外，言論表現自由也必須平等保障，公平使用、接近

---

[45] 日本在部落差別與歸化朝鮮人差別方面，即源自其戰前完整的戶籍制度，使這些人在婚姻、工作、居住上，一直受到各種的差別待遇。

[46] 橋本，前引書，頁 136-138。

媒體的權利。媒體或公共頻道、網路等都是屬於公共財,若容許特定集團壟斷利用,或排除特定人士與黨派接近使用,都是明顯的形成差別而違反平等原則。這種現象繼續存在,則自由人權的保障將成為只是一種口號與形式,無法真正的落實。

2. 經濟自由與平等原則

經濟自由權在職業選擇自由保障方面,對於資格、證照取得是否有不平等的現象,是經常引起爭議的部分。第一層次是,規定某些專業性工作(醫師、律師、會計師),必須取得資格認定後才可執業,這些是否具備充分理由。例如,一些工作實際上並不需要專業技能,若規定必須證照才可就業,則形成就業上的差別。第二層次是,資格認定方式如果採用單一的試驗制度,則較無爭議。如果有兩種以上的方式,則兩種方式之間是否有差異,在合格率或難易程度上若有差別,則涉及平等的問題。

其次,有關營業規制的問題,一般針對營業目的、性質、公共安全等做審查,合格則發給營業許可證,因為採取客觀基準認定,這一部分較無爭議。但是採取特許制度限定經營者數量時(例如電台、電信、銀行),則等於是對其他第三者的經營自由權予以限制。此時特別許可的基準必須符合平等原則,同時對於特許經營者也必須有適當的相對規制。例如,限定利潤上限或賦予特許業者承擔某些公共義務等。

3. 社會權與平等原則

傳統以自由權為中心的人權體系,所謂「平等」只是排除差

別，要求立足點的平等（形式平等）。20 世紀以後的人權保障，則認為平等必須注重實質保障，以具體的結果來衡量平等保障是否達成目的與效果。因此認為人權應該保障「像人一樣生活」的權利，一般稱為社會權。[47]國家應積極保障因為經濟上、社會上的種種因素所形成的失業、貧困、病痛等弱勢者，使其享有維持基本生存的權利。因此，生存權、環境權、學習權、工作權、勞工基本權等社會權，本質上就是為了實現平等而形成的 20 世紀人權，與平等原則的關連性極為密切，其適用可以由以下不同的層次來分析：

第一，社會權就是平等「權利」本質的主要部分，與傳統的政治、法律地位平等，構成「平等權」的權利內涵。

第二，社會權各種權利的具體保障內涵，都涉及國家資源的分配問題。有關弱勢福利與全體國民福利、教育資源的分配等，都與平等原則的適用有關。

第三，各種社會福利實際作用時，針對同樣條件、狀況的個人，是否因為雙重保障、過度保障而形成相互之間的不平等狀態，也都與平等原則的適用有關。

第四，社會權的個別權利作用時，亦與平等原則的適用有密切關連。例如，教育機會平等涉及考試平等、針對弱勢者特別優先保障等問題；勞工基本權作用時的界限，則以勞資雙方互相平等交涉為前提等，這些都必須適用平等原則。

---

[47] 有關社會權的相關理論，參照，許慶雄《社會權論》，眾文圖書，1992 年。

二、有關國家權力作用與制度的部分

　　傳統的（古典的）自由主義認為國家權力的束縛與干涉，是造成個人不幸的主要因素。因此強調限制國家權力，成立「自由國家」與「小而美的政府」，[48]認為儘量使個人的私生活領域自由自在，才能保障國民享受更多的幸福。然而，擁有巨大財富者與明天三餐何在都沒有著落者，他們是否會同樣的感受到幸福；失業的勞工是否能與資本家同樣的過著自由自在的生活；如果這些都是否定的，則所謂人權只是形式化的口號，所謂幸福的生活只是不能實現的夢。

　　因此，現代福利國家為了使人權實質化，必須一改過去消極的態度，積極的介入國民的社會、經濟生活，以確保每一個人實際能享有幸福的生活。在這種具體保障人權、積極追求正義、公平的福利國家中，平等不再只是單純的禁止差別的概念，平等原則對國家權力作用與主要制度，也會產生何時適用及如何適用的各種關係。以下由各種不同角度，分別加以探討之。

---

[48]　一般論及「小而美的政府」，都是以強調政府之廉能與效率來形容，而忽略了國家、政府應承擔的任務與使命。事實上，清廉有效率的政府是與腐敗貪污的政府相對比，是屬於另一層次的問題。國家要成為積極的福利國家，與自由國家的政府比較，則政府事務必然隨之增加，組織編制必須擴大乃理所當然。這種全方位為民服務的政府，實不能與腐敗無能的浪費「大」政府相提並論。

（一）平等原則與國家權力作用

1. 立法作用

　　平等原則適用的問題首先涉及的是，對於國家的立法作用是否產生拘束力。此一爭議源自對「法律之前人人平等」（equal before the law）的概念，有兩種不同的認知。一說主張，法律之前平等是指法的適用應平等，法律事先已經存在，因此國家權力作用時，不可因人而異，應一視同仁的依法執行（行政作用）、依法審判（司法作用）。因此與法的內容、立法作用無關，只是要求法律在運用過程上應平等。[49]

　　1868 年美國憲法修正第十四條有關「法的平等保障」（equal protection of the laws），當初立法的意旨也是傾向於法的「適用」，並未及於立法內容或拘束立法權。[50]1919 年德國威瑪憲法時代，也採取法適用平等的立場，認為「法律之前平等」（Gleichheit vordem Gesetz）與「法的平等」（Gleichheit des Gesetzes）在意義上完全不一樣，前者指行政、司法運用法律時應平等適用，後者才涵蓋法訂立時內容應平等。當時威瑪憲法條文在解釋上採用前者，故只要求法律適用的平等。[51]其他採同樣立場的還有，比利時（1831 年）憲法、法蘭克福（1849 年）憲

---

[49] 佐佐木惣一〈法的平等の權利と生活規制無差別の權利〉，《憲法學論文選（一）》，有斐閣，1956 年，頁 115-117。佐佐木惣一《日本國憲法論》，有斐閣，1976 年，頁 425-426。

[50] 美國聯邦最高法院判例亦採同樣立場，Powell V.Pennsylvania, 127 U.S.678, 687 (1888)。

[51] 熊田，前引論文，頁 46-47。

法、普魯士（1850年）憲法等。19世紀歐洲正值國會萬能的時代，認為代表國民的國會所制定的法律，不能再接受是否違反平等原則的審查，國會的立法權也不應受拘束。

然而，平等理念是人權發展過程中一再被確認的基本原理，應該是國家權力之上的價值理念，即使實定法上有「法律適用平等」的規範，應解釋為僅對行政、司法有拘束力，但也不能因此而排除平等原則得拘束立法作用，或認為平等原則與法的內容無關。事實上，平等原則不只是拘束一般法律，效力高於法律的憲法、條約、國際法也同樣適用平等原則。故國家立法作用也必須受拘束，其所制定的法律內容應符合平等原則，是一種必然存在的「原理」。何況，如果種種差別狀態或不平等制度，都可以經由立法而正當化，認定惡法亦法、法律萬能，則要求適用這種法律時必須平等又有何意義。

另一說則主張，法律之前平等應及於國家所有的權力作用，因此必然要求法內容的平等，立法作用應受平等原則的拘束。法內容不平等或有差別待遇，則適用過程再如何要求平等，結果仍是不平等，使平等喪失存在的意義。例如，人種隔離制度下法律內容如果不平等的對待黑人，則在怎麼平等適用法律，也不可能使黑人取得平等地位。因此，美國最高法院隨後認定，立法作用應受平等原則拘束，要求「平等的法保護」（protection of equal laws）原則。其他各國，例如，瑞士憲法第四條也一再地強調法內容之平等。西德基本法第一條第三項更明確規定，立法、行政、

司法作用都應受平等原則拘束。[52]

　　由此可知，現代國家保障法律之前平等，則國家所有的權力作用應積極的保障國民享有實質的平等，特別是立法作用更應依據平等原則立法，扮演著主導實現平等理念的角色。然而，法律「內容」的「平等」其意義為何，有必要進一步釐清，不可誤以為是要求法律內容的絕對平等，應認清是要求達到「平等」的目的及符合「平等」的原則。法律內容絕對平等，結果經常會形成實際作用時產生不平等的現象。例如，刑罰不分年齡的處罰犯罪者，將使未成年者在心智未成熟的情況下，成為不平等的受刑人。因此，雖然確立平等原則可以拘束立法作用，但是立法的內容應如何，才符合平等原則的問題，並非一句「法律內容應平等」就可以解決。[53]五光十色的法律中，其內容是否符合「平等」原則，並非任何人可以主觀的、直覺的認定，而是必須經由學理探討、判例研究與解釋等，形成客觀、合理的「基準」，才能判斷是合未違反平等原則。這就延伸出有必要對平等原則的基準，做進一步的探討與研究。

2. 行政作用

　　行政機關執行法律或國家公務員執行公務時，都應受平等原

---

[52] Konrad Hesse 著‧阿部照哉等譯《西ドイツ憲法綱要》日本評論社，1985年，頁 214-215。

[53] 一般常誤以為，實際上有很多法律的內容不平等，但是該法律仍然有效的實施且適用，因此立法作用似乎不受平等原則拘束。這是因為不瞭解法的內容「平等」與否，涉及很多複雜因素，各種觀點立場也不相同，因此必須以各種基準來考量、審查、和判定，不可誤認為平等原則對立法作用或法律內容沒有效果。參照，阿部，前引論文，《憲法 II 人權（1）》，頁 209。

則拘束，不能因人、因事而採取不同對應或差別待遇。基本上對行政機關法適用平等的要求，與法治國家要求依法行政原則有密切的關係，但是兩者並非完全相同。平等原則對行政作用的拘束是全面性的，包括依法行政、行政中立、行政裁量，甚至公務員的所作所為都可適用。行政作用的平等，在適用上有以下幾點應予注意。

　　首先，有關法適用平等方面。（1）法律已有規定事項，且事實要件符合，則行政機關應依法執行。此時，若對 A 執行，對 B 不予執行；或是對 A 執行，對 B 則不依規定的方式執行，都涉及平等原則的違反。一般稱之為特權或是利益關說的結果。（2）法律已有規定事項，且有事實要件發生，但行政機關原則上並未有效執行。此時，若行政機關特別針對 A 執行，則違反平等原則。然而，要求行政作用符合平等原則，在判斷方面卻涉及各種複雜的因素。事實上，各種法的執行都不可能百分之百，此時若一一的認定違反平等原則無效，必然會因而產生困擾。例如，取締違規停車，因為警力有限，根本不可能百分之百檢舉取締，又如違建的拆除也是不可能全部執行，在此情況下若引申為違反平等原則並非妥當。既使能證明行政機關執行時，明顯賦予特定者特權或免除義務，也只能控訴行政機關違法濫權，並不能據此引用平等原則，排除違反者本身的責任承擔。

　　其次，有關行政裁量雖然賦予行政機關有自由裁量的空間，但是一旦行政機關針對事實要件做出裁量，必須維持對同樣事實要件狀態者一樣的裁量內容。換言之，裁量雖屬行政機關得自由決定的對應或處分，但是當相同狀況的裁量結果，互相比較之下

有差別時，則屬違反憲法保障之平等原則，此時已涉及裁量權濫用的問題。

最後，平等原則適用於憲法、法律，與其條文中是否明文規定無關。國家公務員法若明文規定，公務員應遵守平等原則，執行公務不得有差別待遇，當然拘束公務員的職務行為。但是若法律未明確規範，公務員仍應依據平等原則處理公務、行使職權。由此可知，行政作用與公務行為都應該積極的適用平等原則，平等的要求與各項基準也拘束行政的相關事項，並不需要再特別立法明文規範。

3. 司法作用

司法機關的作用與司法審判同樣受平等原則的拘束，有關訴訟制度、判決、審判手續等，都應適用平等原則。特別是，司法機關所審理的案件或違憲與否的審查，也都經常與平等原則有關，平等相關的基準、理論也大多是在各種審判中發展形成。因此，司法作用是各種國家權力作用之中，與平等原則適用的關係最為密切者。這一部分將以專章探討，在此不再重複。

（二）平等原則與國家制度

1. 租稅制度

國家的活動必須依賴向國民課稅來維持，但是長久以來課稅是否公平，如何公平一直是國民高度關注的焦點，也一直是極具爭議性的問題，如果處理不當常會引起重大的政治抗爭。一方

面，現代國家應積極介入、調整國民經濟地位的平等，租稅制度對國民日常經濟生活條件影響極大，所以也是國家調整國民之間經濟不平等的主要手段。一方面，「租稅平等」雖然是各國租稅制度共通的基本原理，但是如何規定才能使國民公平負擔稅賦，所謂稅制的平等應考慮那些原則與基準，論及這些具體實際的規範時，就會出現不同的主張。例如，針對所得課稅時，平等負擔原則就有以下三種型態。（1）以人為對象均等的課稅，一般又稱為人頭稅，不管收入多少或情況如何，每一個人都繳納同樣的稅金。這種數字上的平等，實際上較有利於經濟上的強者，但對於經濟上的弱者而言卻是一種沈重的負擔。[54]（2）依收入所得多寡，平均的課徵一樣百分比的稅金。這種方式雖然已較接近實質平等原則，但是一方面對收入不足以維持最低生活的貧困階層課稅，卻違反生存權保障的原理；一方面也會因為財政需要向仍有納稅餘力的高所得階層增稅時，將連帶使中、低收入階層承擔更重的負擔。（3）依所得高低採不同的累進稅率。此方式由形式上觀之雖欠公平，但實質上卻是調整經濟地位平等的合理制度，故先進各國多採用之。

由此可知，有關租稅制度的平等，應考慮到國家財政需要、社會結構、經濟發展階段、所得分配比率、國民生活水準等各種因素，才能達到實質的平等。[55]一方面，租稅平等也涉及所得

---

[54] 以人為對象均等課稅的人頭稅，事實上亦存在於每一個人日常生活中。例如台北市的垃圾袋稅，一個富人與一個窮人日常所製造的垃圾幾近於相當，卻繳交相同的垃圾袋稅，再加上弱者必需親自等待垃圾車的時間及日常生活作息受拘束，非常不符合平等原則。

[55] 阿部・野中，前引書，頁 250-252。

稅、消費稅、營業稅等各種不同的稅目，與個人、法人、投資者等不同的課稅對象之間，在整體稅收上應佔的比例是否符合平等原則。所以對任何稅目或對象的過度偏重，都會造成某一部分國民在納稅負擔上的不平等，租稅制度在制定時也就必須慎重對應。

租稅制度的平等，第一次的判斷權限歸屬於立法機關，這是因為依據租稅法定主義，任何向國民徵稅的行為，都必須有法律依據。國會在制定租稅法的過程，就應注意到上述的各種狀況，慎重檢討稅目、稅率等是否符合平等原則。這一部分屬立法的內容應符合平等原則的問題。其次，租稅制度的平等亦涉及行政機關徵稅的過程。應有效防止逃稅、漏稅等行為，如此才能符合租稅平等原則。然而，行政作用的效果很難達到百分之百，逃漏稅的情形難免會發生，此時納稅者引用平等原則來抗議租稅制度的不平等，並不妥當。因為稅的徵收執行不力或導致有逃漏稅現象，並不能引申出依法納稅者受到不平等待遇的結論。這是屬於如何加強取締、加重刑罰，以防止這種違法逃漏稅行為所造成的不平等現象。但是如果是涉及稅的徵收採用不同方式，導致某一種方式比另一種方式容易逃漏稅，這就與平等原則有關。例如，薪水階級的所得收入公開、明確，其所得稅的徵收率幾乎達到百分之百。但是自營業者的所得並不是那麼的透明化，其徵收率就降低許多，兩者之間明顯不平等。

2. 社會福利制度

社會福利制度是國家為落實社會權保障，使國民在基本的經

濟、社會生活條件上享有平等的分配，所架構的各種制度。福利制度的本質就是為了追求實質的平等，因而在各種國家制度中與平等原則的關係最為密切。國家所能掌握的資源有限，因此社會福利如何公平分配的問題，一直存在著各種不同的主張。例如，有關全體國民的福利，包括年金、醫療、教育等，應如何分配才符合平等原則，國會在立法過程及預算審查過程，都應考量各種因素再做決定；又如，對於特定弱者的福利，則與實質平等理念有關，如何在合理的範圍內特別保障，又屬另一層次有關平等原則適用的問題。

因此，社會福利制度與平等原則適用的問題，可以區分為以下幾種不同的思考原則：第一、福利制度如果是涵蓋全體國民，包括國民醫療保險、國民退休年金等制度，在保障上應力求平等享有，比較接近形式平等，在負擔方面則應依據經濟能力，採取實質平等的原則對應之。第二、對特定弱者特別加以保障的福利制度，包括身心障礙福利、貧困生活補助等制度，則是關係到福利享有是否符合正當性、合理性，屬於「合理區別」的相對平等問題。第三、福利制度的設計是否對特定屬性的國民有差別待遇，或使其享有過度保障的福利，因而造成實質上的不平等。第四、國家整體的社會福利體系，是否已達到現代福利國家的基本要求，福利制度是否能使全體國民享有基本的生活條件，實現實質的平等。

以上這些關連到社會福利制度的平等原則適用，都廣泛的涉及社會結構、經濟發展程度、現實的國家財政等複雜因素。主要仍然委由立法機關裁量、判斷，是否符合平等原則。司法的判斷

如果只依據平等原則實在很難介入，當事者必須提出實際的相關要件，依據明確的審查基準，採取較嚴格的審查方式，才能客觀、正確的判斷法定的福利制度是否違反平等原則。[56]

3. 選舉制度

民主國家的選舉制度，除了希望能設計出反映民意、使國民主權得以落實的制度之外，也必須符合國民參政權平等保障的原則。選舉制度與平等原則之適用，首先是關係到如何「排除差別」的部分。傳統的選舉制度都對國民參與選舉的資格存在著各種的限制，一般又稱之為限制選舉。[57]例如，限制女性參與選舉、要求納稅額或資產的額度、教育程度、社會地位、信仰等。使國民無法普遍的享有參政權，形成政治地位的差別待遇。現代的選舉制度，依據保障政治地位平等及排除對國民的差別原則，已採用國民不分性別、身分、地位，都能普遍的享有參政權的普通選舉原則。然而，有關選舉差別的問題或狀況，目前在以下幾個部分仍有爭議。

第一、年齡因素。隨著科技發達及教育水準的提升，過去規定的年齡基準，已有逐漸下降的趨勢。雖然如此，在考量限制年輕人參與選舉的年齡因素時，實有必要針對合理性、必要性等基準，提出更具體的資料及依據，否則很容易被認為有不平等的待遇。

---

[56] 有關社會福利制度與平等原則的適用，參照，大須賀，前引書，頁31-52；阿部、野中，前引書，頁256-271。

[57] 限制選舉是相對於普通選舉的概念，一般常誤解為限制選舉是相對於平等選舉的概念，實際上兩者是屬於不同範疇的概念。參照，阿部、野中，前引書，頁223。

第二、身心障礙因素。現代選舉的祕密投票原則,要求選民必須獨自完成投票手續,因而造成身心障礙者的投票權被剝奪。如何在制度上特別考量,儘量避免對身心障礙者形成差別,也是必須注意的問題。

第三、缺席者投票制度。有關投票日當天因為種種因素而無法出席投票者,是否應設計提前投票制度,以保障其參政權平等。有關此點在學理上有正、反兩種不同意見,反對者認為,缺席者無法投票與平等原則無關,設計特別制度保障某些人享有特殊的投票方法,反而違反平等原則。贊成者認為,參政權平等應保障全體國民有平等的投票機會,婦女因產期因素,或是公務人員因為勤務關係而被剝奪投票權,明顯違反「實質」平等的保障,在合理的範圍內,應設計特別的投票制度,排除剝奪其投票機會的不平等因素。[58]

理論上,投票日必須參與選務及維持治安、國防的公務人員,其投票權若因此而被剝奪,除非有充分合理的依據,否則即屬明顯的違反平等原則。目前在選舉管理技術上,要設計出一套防止各種舞弊的事前投票制度,使缺席者亦能享有投票權,應該是沒有任何困難。至於此一缺席者投票制度,若擴大適用於一般因為私人因素而無法在投票日投票的國民,雖然不屬保障平等原則的範圍,但是基於積極鼓勵國民參與國政與民主運作,實在沒有刻意反對的理由。

其次,選舉制度與平等原則相關的另外一部分是平等選舉的

---

[58] 阿部・野中,前引書,頁 226-232。

問題。所謂平等選舉主要包括：（1）「一人一票、票票等值」（one citizen one vote one value）的原則；（2）選舉制度的平等；（3）選舉過程的平等，三部分。

(1) 「一人一票、票票等值」原則。「一人一票」部分屬形式平等的本質，要求每一位選民都只能投一票，這在目前已無爭議。過去曾採用所謂「等級投票」制度，使特定階級、身分者享有兩票以上的權利。現代投票方式雖然也有兩票制（選區制一票及比例制一票），這是所有選民都平等享有的兩票，並未抵觸平等原則。至於「票票等值」是涉及實質平等的本質，要求投票的結果有相同的價值。投票的價值產生差別，主要在於國會議員選舉時，名額分配不均所引起。例如某一選區選民數二十萬選出一名國會議員，另一選區則只有十萬即可選出一名，兩者在比較之下就出現不平等的狀態。因此，必須由獨立之選舉管理委員會在劃分選區時，嚴格規劃選民數的平均分配，才能保障「票票等值」。

(2) 選舉制度的平等。選舉制度如何設計才能符合平等原則，一直是高難度的問題。例如，複數當選制第一高票當選者與最低票當選者的票數，有時達到數倍之差，但是議席數卻同樣是一席；單一選區制雖然可以化解這種不平等，但是由政黨公平競爭的角度來看，卻明顯地對小黨或新政黨不平等。目前，先進各國大多採用「單一選區」與「比例代表制」的配套選舉制度，主要也是在衡量各種因素的平等之後，所設計出來的選舉制度，這

是因為相較於其他的選舉制度，此種方式更能符合平等
原則，故採用之。

(3) 選舉過程的平等。以上之名額分配、選舉制度既使符合
平等原則，如果選舉過程無法保障平等，則選舉所產
生的結果仍然是不平等。因此，包括選舉運動方式、經
費、媒體使用等都必須適用平等原則的規範，選舉違法
的取締、投票、開票過程也必須維持行政中立，才能平
等保障各黨派的候選人，使選舉的結果真正符合平等
原則。

三、私社會關係的部分

傳統的憲法理論認為，人權的效力應該限定於國家權力作用
的部分，並不適用於私社會關係。然而，現代的憲法理論已確立，
人權保障的效力及於私社會關係，一般稱之為「第三者效力」。
平等原則是人權體系的一部分，其效力如何適用於私社會，判
斷基準及界限何在與其他的人權完全相同，前章已詳細分析，故
在此不再加以論述。[59]以下分別由：（1）國家權力得介入部分；
（2）國家權力介入受限制部分，分別探討之。

(1) 原則上國家權力介入處理私社會關係時，應適用平等原
則的部分又可區分為以下三種型態：
第一、憲法明文規定國家權力應主動介入私社會之

---

[59] 有關「第三者效力論」，參照許慶雄〈人權的調整與效力之研究〉，《現代國
家與憲法》，月旦出版社，1997 年，頁 442-466；本書陸、人權效力之研究。

間的相互關係，以維護平等保障的部分。例如，社會權的所有條項、家族關係、婚姻關係等一般各國憲法都明文規定適用平等原則，則國家權力依法可介入私社會關係，依據平等原則處理之。這一部分的適用平等原則，應採積極主動方式及較嚴格的基準。

第二、私社會關係若屬於國家權力不宜介入部分，原則上國家權力無法主動介入。但是相關當事者要求國家權力介入處理其相互關係時，則不可拒絕適用平等原則。此時，國家雖處於被動狀態，仍應適用平等原則，處理私社會關係。反之，國家被要求介入私社會關係時，若因為國家權力介入處理，而導致違反平等原則的差別效果發生，則國家權力應拒絕介入，以免違憲。[60]

第三、國家應以優先保障措施調整方式，化解私社會之間的不平等待遇或差別狀態。例如，社會上對某特定少數族群，在購屋、租屋時採取差別，則國家得在國宅政策上採「優先保障措施」（特殊）優待，促使受差別者的居住條件能獲得改善。但是採用此方式，應採嚴格審查基準認定其合理性、正當性，也要注意如何避免其固定化、隔離化。

(2) 國家權力介入受限制或無法介入的部分，主要都是涉及個人自由人權保障的問題，屬於人權之間的調整與對抗的關係。例如，個人因為思想、情感上的偏見，在日常

---

[60] 鵜飼信成《司法審查と人権の法理》，有斐閣，1984 年，頁 193。

生活中的交友、婚姻、商業往來關係，對特定人種有不平等或差別態度。此時，國家權力實無法一一介入，否則將侵害個人思想、信仰自由及人格的獨立自主。

因此，國家唯有從教育或相關政策著手，加強一般國民有關平等理念與人權保障思想的學習，形成國民健全的人格，如此才能化解私社會之間所存在的差別狀態與不平等待遇。

參、平等原則之基準

一、基準的意義與必要性

平等是一種比較的概念，依據什麼來比較就必須有一個比較衡量的基準，這就是有關平等原則基準最直接、單純的解釋。原始的平等觀最常被引用的基本理念是，「相等、相同的就應該平等對應之」、「差異、不同的就應分別對應使之平等」。於是一般就認為平等依此原理對應即可，應該沒有什麼問題。然而，所謂相同、一樣是如何判定，人類社會有很多事物看起來相同，但是進一步分析就出現差異。同時，每一個人觀點不同，對相同與否的認定也不一樣，所以應該由誰或依據什麼來判斷是否相同，是一個複雜的問題。何況，若屬差異應如何對應使之平等，對應的手段、方式是什麼，也是不易處理的問題。以上這些都會歸結出，平等原則的處理必須有「基準」才可行。

一方面，基準的必要性也可以由相反的角度來思考，也就是平等是否可以不必有「基準」。第一、如果人類全體都具備「站

在對方的立場為對方著想」的本性，則平等的狀態自然形成，「基準」也就沒有存在的必要性。但是除了在宗教、道德的環境下，才多少使一部分人為他人著想能發揮效果之外，現實的社會中是不可能存在這種理想的情況。第二、如果社會組織、政治體系能形成客觀的、全體接納的平等觀，可以明確判定平等是什麼、如何才能平等，則「基準」也就沒有存在的必要性。過去社會主義國家就是以「黨是大公無私」或「人民的力量」為後盾，從事公平分配社會資源，追求平等社會的理想。然而，事實上最後所依賴的仍然是，以專制獨裁的體制決定何謂「平等」分配。因此，在民主制度下的多元化社會，對於何謂「平等」是不可能形成全體一致接受的內涵。第三、人權體系中的思想自由，性質上屬不受任何差別必須絕對平等的保障，故沒有所謂「基準」的存在必要。但是其他的人權，或多或少都涉及必須對保障對象或事項，採取相對平等的對應，此時「基準」就有其存在的必要性。

　　由以上論述可知，平等原則作用時，不論是針對「相等的必須平等對應之」或「相異的必須區別對應使之平等」，都涉及其「基準」何在的根本問題，故基準實有其存在的必要性。同時，因為平等原則適用的範圍與對象極為廣泛，基準不論由其內涵或功能觀之，都顯示出其複雜的多元性質，要充分說明基準的意義與性質也不容易。以下試由幾個部分區分基準的類型，並進一步說明基準存在的必要性。

（一）由平等理論觀之

　1. 相等的就必須使其一律平等，一般又稱之為「絕對平等」，

所謂絕對平等、一律平等，因為都一視同仁，所以並無例外或裁量的空間，也就是不需要基準。但是，平等原則適用的範圍與對象中，並非「全部」都屬絕對平等，哪些是屬於絕對平等的，應以絕對平等對應之；哪些是屬於不相等的，不可以適用絕對平等方式，仍必須有「基準」來判斷與區分。這就是適用於區分事、物相等與否的「基準」類型。

2. 區分出本質上相等的與本質上相異的事、物之後，依平等理論，對於本質上相異的事、物，應合理的區別並採不同的方式對應之，以追求平等。一般又稱合理性區別的「相對平等」。此類型的「基準」則成為判斷「合理」與否，或「相對」的程度如何的「基準」，以避免區別對應之後形成不合理的「差別」，違反平等原理。

（二）由平等效能觀之

平等原則的適用，若面臨應採用何種方式調整使之平等時，也會產生種種手段上的爭議。例如，應採「機會平等」方式，確保相異事、物在立足點（出發點）的平等；或採「結果平等」方式，確保事、物在結果達到平等，此時即面臨必須依「基準」來判斷的問題。一方面，為了發揮平等的功能，在屬於應「絕對平等」保障的範疇，也有手段選擇上應予考量的「基準」。例如，對於超速等輕微交通違規的處分，一般都採罰金刑（財產刑），一律繳交同樣的罰金看似平等，但是對於貧困者可能是苛酷的負擔，相對於富裕階層卻完全體會不到被處罰的感受。因此對違規者需要再配合講習、駕照扣點處罰等處分方式，才符合平等原

則。此時就面臨應依據哪些「基準」對應，才能使平等發揮其效能的問題，這也是「基準」的類型之一。

（三）由國家權力作用觀之

國家權力機關在立法、政策執行、司法判斷等作用過程，都廣泛的涉及平等原則的適用。此時，平等原則是否有允許其裁量的空間，立法、行政、司法機關所擁有的判斷範圍何在，都關係到「基準」的問題。如果涉及個別的權力機關，對應平等原則時所必須釐清的界限，其基準就更為複雜。當然，其中司法機關的憲法審判作用，有關平等原則的審查基準，更是各種相關基準中的「核心基準」，影響所及不只限定在司法作用，更擴及國家權力作用、私社會及憲法體系全體的價值。因此，司法機關涉及權力分立及一般審判作用時，所依據的是憲法規範下，所賦予的一般性裁量範圍的基準。至於司法機關違憲審查時的「基準」，則必須考量憲法及人權保障體系整體的價值理念，尋求和諧調整以符合平等原理的基準，這兩種類型又是屬於不同層次的基準。

由以上的分析可知，要正確掌握平等原則「基準」的概念並不容易。何況，平等的意義與本質，又經常隨著時代環境的變化而不斷的變動，所以使得平等「基準」的確立更加困難。一方面，平等原則廣泛的適用於各種不同的事、物及各種類的人權，基準的類型也就更加複雜，內容也無法明確化，經常因「個案」而變動。換言之，既使歸納出任何平等原則的基準，實際作用時仍須再進一步的依據個別的條件、狀況，來界定更詳細的基準。這是

學界在探討平等原則基準或違憲審查基準時，必須面臨的跳戰和現實。然而，並不能因為基準的確立有以上的界限，而否定其必要性。如果沒有各層次的「基準」存在，所謂「平等」將成為恣意的、武斷的（arbitrary, willkurlich）定義對象，任由各種判斷、概念橫行。因此，在可能的狀況下，不斷的尋求客觀判斷的基準，仍然是理論研究上必須努力的目標。

二、合理區別原則之探討

合理區別是平等原則各種基準的原點，也可以說是對應平等原理的主要「原則」。合理區別的主要概念是基於，若是平等就繼續使其維持平等，若是不平等就應加以區別及設法對應，促使其平等。前已論及，何謂平等或是各種事物應如何對應才能平等，隨著請求的主體及要求的內涵不同，達成的條件可能無限的擴張，人類社會有限的資源不可能完全的滿足每一個人，所以絕對的、數字的、機械的平等在理論上是無法達成的目標。所謂平等若是要求，不論事物或對象如何，都應該一律相等、相同，結果反而是造成不平等的現象。如果不去理會每一個人在先天的性質上已存在的差異，把人都視為相同，一律平等的對應之，反而是一種差別。因此，平等原則必然要面對，如何將對象及事物加以分類（classification）、加以區別（distinction）之後，依狀況及實情分別處理的問題。這就使「區別」在平等原則對應體系中，有其存在的必要性及正當性。

（一）區別與絕對平等、相對平等的關係

　　一般很容易把絕對平等與區別定位為互不相容的對立概念，因而使絕對平等觀不得不再加上「限定的」絕對平等，才能避免誤解。事實上，追求絕對平等是人類的終極目標，既使是因為種種因素使絕對平等的理想無法實現，也不能否定絕對平等的觀念，或是以為絕對平等是一種落伍與錯誤的概念。過去為了強調平等的多元化概念或相對平等觀，常舉例說明絕對平等的不適用狀態，令人誤以為絕對平等是必須完全排除的平等觀。事實上，很多狀態下絕對平等仍然是不可缺的概念，也是必須優先考量的要件。例如，不同人種在法律與政治上的地位、投票權、參政權等都與絕對平等有關。學理上，絕對平等的概念是指，禁止因特定的事項、因素，而採取特殊的對應或差別。因此，在符合以上「特定」或「特殊」的狀態下，絕對平等也是平等的基準之一。[61]換言之，平等有時是必須區別才能對應，但是也涵蓋禁止「區分」或「差別」，要求絕對平等的部分，沒有理由就不得差別或差異對應，應保障其絕對平等。

　　一方面，相對平等與區別也不是必然相容的概念。相對平等的理論認為，當不同等及相異的狀態存在時，若以一致的平等對應之，反而形成不平等。此時必須區別、分類之，採取相對的手段對應之，才能達到平等的目的。所以「區別」成為相對平等對應過程的前提要件，也被認為區別若能使之平等，必然符合平等

---

[61] 學說上提及絕對平等，都是以「平等權或平等原則不是要求，不論何種狀況都應該絕對平等」來說明，基本上都保留在「特定」狀況之下適用絕對平等的空間，阿部照哉，《基本人權の法理》，有斐閣，1976 年，頁 22-30。

理念。然而，事實上並非完全是如此，典型的例子是美國處理黑白種族問題所採用的「隔離下的平等」（separate but equal）之模式，經由長期的爭議，終於被認為是違反平等原則。因此，相對平等與區別之間，有時也存在著微妙的對立或矛盾關係。

（二）區別與差別

　　合理區別的相關概念，由於過去日本憲法學界或判例曾使用合理的「差別」來形容，因此很容易造成誤解。實際上，區別與差別之間的關係何在，兩者之間應如何界定其意義，有必要進一步分析釐清。區別應屬中性語，反之差別則是涵蓋價值判斷的用語。英文 distinction 一般譯為區別或分別；英文 classification 一般譯為分類或區分，與合理區別中「區別」的意義應屬類似或同義。[62]英文 discrimination 一般雖可譯為辨別、區別，但也同時譯為「差別」或「歧視」，差別一詞在漢字語義涵蓋著不當、不合理的價值判斷在其中。同樣的，英文的 discrimination（差別）也是否定 rationality（合理的）區別（分類），英文不可能有 rational discrimination（合理的差別或合理的歧視）這樣的語句或用法。因此，「合理的差別」不論由漢文或英文的意義觀之，都屬格格不入的用法，故目前學界多採用「合理區別」（rational distinction, rational classification）一詞。至於，論及「合理性依據的分類」

---

[62] 「合理區別」之理論源自美國憲法判例，故可由英文原意為依據加以分析。參照，山內敏弘・古川純，《憲法の現況と展望》，北樹出版，1989 年，頁 115-117；有關區別與差別的論議，一九六二年聯合國在草擬人權公約的平等條項時，也引發各國代表的討論，參照，高野雄一《國際社會と法》，東信堂，1999 年，頁 116-130。

（rational classification），其意義雖與「合理區別」類似，但是學理上兩者是否有相同的意涵則尚待釐清。

　　一般而言，事物必須能區別或分類，才會發生差別的狀況，如果屬於同類不能區別，則不會有差別的現象。因此，不論任何事物如果存在著差別的狀態，必然可以尋找出區別的基準或分類的依據何在。反之，可以區別或分類，如果與平等無關，或以絕對平等對應之可以達到平等，則未必會形成差別。差別與區別的不同之處是，差別除了有區別的性質之外，尚有其他的特質。

　　由平等原理觀之，差別是對可以區別的事物，經由「相同對應」或「不同對應」的過程，而成為不平等的結果。差別由結果來判斷是侵害平等理想、違反平等原則的一種不平等現象。但是差別由對應過程來判斷，到底是因為「相同對應」或是「不同對應」才造成差別的結果，則很難歸納出因果關係。因為可以區別的事物，若相同對應可能形成差別的結果（兩性工作權不平等），但是若不同對應也可能出現差別現象（兩性參政權不平等）。反之，可以區別的事物，有時必須不同對應才能達到平等結果（身心障礙者的學習權）；有時必須相同對應才能保障平等（身心障礙者的候選權）。由此可知，差別形成與否，其原因在於對應的過程，同時有關採取相同對應或不同對應的方式才會形成差別，也因各種情況而異。

　　差別形成的因素，一是來自區別的部分；一是來自區別之後對應方式的部分；以下即由這兩部分探討差別的各種類型。[63]

---

[63] 棟居快行，《人權論の新構成》，信山社，1992 年，頁 153-161。

1. 區別而形成之差別類型

人都可依其特徵（人種、性別）、屬性（職業、信仰）等各種層次的基準及變動多元化的方式，分類成各種特定的歸屬集團，使其與集團之外的人可以區別。此種因區別而形成之差別，又可再分為以下類型。

（1）敵對情感型

區別結果導致不愉快感或甚至敵對狀態，即屬此型。例如，人種、族群等理應促進融合，嚴格防止因區別而形成差別，造成對立的敵對情感。此種差別若形成將使社會不斷的摩擦、衝突，個人無法成為個人而存在，必然捲入互相敵對的集團抗爭漩渦之中。

（2）利益獨佔型

區別的結果導致某一集團獨享利益，即屬此型。一般男性在就業市場較有利，就職後在升遷、待遇上亦佔優勢。因此只要區分性別，必然使男性獨享就業上的利益，使女性受差別。

（3）經費節省型

區別的結果可以在經濟上節省經費，即屬此型。一般公司在聘用員工時，常以學歷、出身學校作為錄用與否的基準，這是所謂的學歷差別。其原因主要是企業雇主不願意再花費時間或費用，針對應徵者的工作能力與意願去進一步瞭解，只是依賴其學歷、出身等加以區別，作為判斷雇用與否的基準。如此所形成的

偏見或差別，只是為了節省資訊調查的經費，或是避免增加麻煩的程序。

2. 對應方式而形成之差別類型

人類社會存在的各種可以區別集團，若因為人為的對應方式不當或效果不良而形成差別，即屬此型。依其性質又可分為以下幾種類型：

（1）無關因素型

對於各種不同集團，若採取不同的對應方式，必須有正當性及所代表的意義，如果完全無關，則屬差別。例如，老人年金的支付應以經濟因素為判斷基準，若採用出身地或性別為基準，則屬無關因素而形成的差別類型。

（2）不作為型

各種對應方式常因狀態、條件變動而產生變化，此時若消極不作為，則形成差別狀態。例如，選舉區的劃分應符合票票等值原則，若選舉監督機關未定期調整，造成選區之間投票價值不等，則屬不作為而形成的差別類型。

（3）比例不當型

對應方式若未能依事情差異的質與量比例調整，所形成的差別即屬此型。所得稅的徵收，應依據收入累進徵收，否則因而形成的差別，則屬比例不當類型。

由以上論述可知，過於強調區別本質而忽略對應方式及過程，很容易形成差別狀態。人類社會長久以來就是在各種區別分類中，逐漸形成差別意識與狀態。因此，所謂一般的社會觀念、社會上的共通意識或主流的社會觀點，都有或多或少的差別意識存在。區別雖然是不可避免的現象，卻也是差別形成的要素，如何盡量化解人與人之間的區別，應是防止差別的方法之一。因此追求平等的理想，必要時可以採取「合理」區別及不同對應的手段，但是「不合理」的差別則應禁止之，其焦點在「合理」與「不合理」。因此判定合理與不合理的基準何在，也就一直成為平等原則的研究重點。除了由法秩序排除實際上不合理的差別現象之外，另一方面是如何經由教育、公民社會、輿論等，使差別的行為者排除偏見，消除不必要的區別，這也是解決不平等問題的課題。

（三）合理性的意義

　　平等學說都認為：第一、絕對平等及無區別的對應是不可能，也會形成另一種的不平等。人與人之間所存在的性別、年齡、能力等差異既然是不可否認的事實，則必須區別之後採取不同的對應方式，才是符合平等的理念。第二、未具備正當性的任意區別，或不合理的對應方式，更是形成差別與不平等的原因，必須禁止或排除。基於以上的認識，平等必須有「如何」區別的原則，美國的學說、判例形成「合理性」（rationableness）、「合理依據」（rational basis）的基準，德國學說則以「正義」的概念來作為

區別時的原則。[64]換言之，平等原則必然存在分類與區分對應的問題，一般以「區別」稱之。區別時不可任意、武斷的區別，以免形成差別及不平等，所以必須是「合理」的區別才是平等，這就是「合理」的意義。[65]因此「合理區別」即成為探討平等時的重要原則。

然而，追求平等時其區別必須具備合理性，此一合理區別原則，若未能更具體的指出其內容何在，結果仍然只是抽象、不明確的原則。換言之，對有關平等問題的事、物加以區別及採取區別對應方式時，應注意其是否具備合理性，此時的「合理性」除了指出不容許恣意、武斷區別之外，若未能在質與量方面進一步的解釋與定義，仍然只是虛幻、模糊的原則。因此，學說上就出現「社會的共識」、「合理的人性」等合理性的說明，認為社會上一般人共通的觀點及符合人性的準則（reasonable man rule）就是合理性。當然，這樣的說法仍然引發各種批判，認為所謂社會上共通觀點，不少是與歧視、偏見結合在一起，本質上就是違反人性的差別。雖然如此，進一步界定合理性的意義，對於平等原則的發展及合理區別的存在價值、正當性，都有相當的效果。合理性的意涵一般可以由以下三部分來分析。

1. 人性的合理性

區別應以人性本質所形成的個人主義與自由主義為基礎，才

---

[64] 阿部，前引書，頁 24-25。

[65] 「合理」一詞在此是屬於廣義的、一般普通適用的意義，除此之外「合理」亦用於違憲審查時，司法機關介入立法權時的「合理」基準等部分，這又是另一層次的意義。參照，橫田耕一〈合理性基準〉，芦部信喜編《講座憲法訴訟（第 2 卷）》有斐閣，1987 年，頁 161。

具備合理性。任何多數人認同或基於社會的公共利益所形成的區別，若侵害個人自由人權或人格尊嚴，都不應該成為合理區別的對象。例如，以思想、信仰、人生觀、價值觀等作為區別的基礎，都是不合理的區別。

2. 憲法理念的合理性

憲法原理及人權保障都是合理性判斷的基準。特別是現代國家除了是自由國家之外，同時也是福利國家，所以有關「實質」平等所追求的理念，也應該是合理區別的合理性判斷基準。[66]例如，生存權、學習權、勞工基本權等社會基本權，都應該成為合理性的基礎。

3. 民主主義理念的合理性

民主思想與制度也是合理性的重要基礎，任何抵觸民主原理的區別，實際上就是一種差別。專制體制下的貴族、世襲制度等，都是違反平等的不合理差別制度。反之，民主選舉制度、議會制度等，都是合理性的判斷因素。

（四）「區別與對應」及其類型

合理區別之後，為追求平等得針對各集團採取不同的對應方式，但是對各集團內部則應採平等對應方式。平等原理是，對於本質上相異者，不要求假設其相同而採取平等對應；但是對於本

---

[66] 宮沢俊義《憲法 II》有斐閣，1974 年，頁 269-289。

質上相同者，則要求必須平等對應。因此，探討區別是否合理，主要的判斷是，經由對不同的區別集團採取不同的對應手段之後，同時對同一區別集團內之成員採取相同的對應手段之後，是否達到平等的實質效果與目的。若其效果良好且平等目的達成率高，則顯示區別合理；反之，則顯示區別不合理。此外，區別後的對應方式，有各種背景環境、選擇手段、比例的原則等因素必須考慮，這些也都會影響平等的效果。由此可知，「區別正確」加上「對應適當」，才能使合理區別達到追求實質平等的具體效果。以下所要探討的「審查分類」是針對，區別之「分類」與立法目的之對應，兩者之間到底有多少重疊性。換言之，就是由「區別」與「對應」兩者的互動關係，進一步分析區別的合理與否及其合理性程度或效果。

若以區別之分類（T）與立法之對應（M）及圓的重疊性代表效果，則合理區別的類型可分為以下六種。[67]

1. 完全合理型　MT

區別的集團內部，都能經由對應的方式，使每一成員享有均衡的對應，兩圓完全重疊，可以完全達到平等（與其他集團比較）的效果。同時，對應的效果也及於集團內部的每一位成員，因此是最理想的區別與對應方式。

---

[67] 分類的基礎與理論雖有不同之處，基本上可參照，Tussman and tenBroek, "*The Equal Protection of Laws*", 37CALIF.L.REV.341（1949）；戶松《平等原則と司法審查》，前引書，頁 35-41；阪本，前引書，頁 266-268。

2. 完全不合理型 Ⓜ Ⓣ

M 與 T 之間完全沒有交集，因此如果不是區別階段時分類的方法有問題，就是區別之後對該集團所採取的對應方式不妥當，使平等的效果（圓的重疊性）完全不存在。因此，是完全「不合理」的區別與對應類型。

3. 過小涵蓋型 ⓂⓉ

區別之後的集團（T）過小，導致對應的方式雖然有效的使所有 T 集團成員達到平等效果，但仍有很多應屬 T 集團者，未在區別後進入 T 集團，無法享有 M 的對應效果，無法達到享有實質平等的目的。因此，明顯的是一種不合理區別類型，而且是在區別（分類）的階段有問題，形成過小涵蓋（under-inclusive），至於對應方式的部分應屬適當。

4. 過大負擔型 ⓉⓂ

區別之後形成的集團（T）過大，這是因為所選擇的分類方式不適當，故無法有效促使所有 T 集團的成員，達到享有平等的目標。因此，是屬於不合理區別的類型，但是其原因在於分類方式不妥當，使原來不應進入 T 集團者亦被納入，形成過剩包含（over-inclusive）的重大負擔，導致對應手段 M 無法承擔，結果使區別後的所有集團成員無法享有平等的效果。

5. 傾向合理型

　　T（區別）與 M（對應）有大部分重疊，是一種傾向合理區別的狀態。顯然區別的部分有一些成員未能進入對應手段內，有必須檢討之處。反之，對應的手段也無法完全及於 T 集團的所有成員，無法完全使各成員達到平等的目標。但是此型是最常發生的型態，一般而言也是現實的平等原則處理過程中，相當具備效果的型態。

6. 傾向不合理型

　　區別後的 T 集團，經過 M 方式的對應之後，只有少部分成員達到享有平等的實質效果。因此明顯屬於不合理區別類型，其原因是區別階段有問題，或是對應方式不妥當，或是兩者都有問題。同時有效果的部分是否只是偶然的巧合，則有待各種具體因素實際探討。此型也是平等原則處理時，經常出現的型態。

三、三階段司法審查基準之探討

　　平等原則的「合理區別（檢驗）原則」（rational classification test），[68]經由具體案例及學理探討的長期發展，已成為探討平等問題的基本原則，同時也逐漸形成體系性的檢驗基準。其中與基

---

[68]　上居靖美《アメリカ憲法と司法審查基準の研究》，嵯峨野書院，1985 年，頁 32。

準判斷有關連的事項，主要有以下二部分。[69]

區別的對象是屬於「人種」、「信仰」、「性別」、「出身」、「國籍」的哪一類型，其檢驗的基準將有所不同。一方面，平等原則作為準則性人權本質，其所涉及的人權種類是哪一類，例如是自由權、社會權、參政權，都會影響其應採用的基準，人權分類的不同性質與所採基準的類型有密切關連性。

區別與對應時的立法內容與平等原則保障之關連性，會影響審查時基準的選擇。換言之，審查時在判斷所採用的對應方式或手段是否能有效達到平等保障目的時，與基準之類型選擇有很大的關係，不同的基準會產生不同的判斷。

此外，合理區別原則也引申出，國會立法作用涉及平等與否的爭議時，司法審查介入的界限（基準）何在的問題。換言之，國會對立法「目的」與「達成目的手段之選擇」雖有高度裁量與判斷的主導權。但是國會裁量之後所制定的法律，實際的效果是否符合目的，手段的選擇是否妥當，理論上應由國會以外的權力（司法）機關來審查。有關平等原則基準之研究，主要的也就是司法審查基準的部分。

傳統的「平等原則司法審查基準」概念認為，國會對於立法目的、立法事實與達成目的所採手段，應有裁量權限，國會的立法目的及所採對應手段，除非造成不合理的、明顯的不平等，否則司法審查應尊重國會的區別與對應，不應介入審查。因此，國會立法若引發平等與否的爭議，或國民有要求平等保障的提訴，

---

[69] 芦部信喜《憲法學 III 人權各論（1）》，有斐閣，1998 年，頁 27。

司法審查只要認定法律的區別或對應有合理性的因素，則幾乎都會判斷符合平等原則。[70]

　　然而，隨著福利國家的出現及社會權保障納入人權體系，對於國民要求平等保障的訴求必須格外的重視，政府的立法或政策是否違反平等理念，遂成為廣泛接受嚴格審查的對象。因此，現代的「平等原則司法審查基準」，已不再像傳統般的高度尊重國會的立法裁量，而傾向以「平等保障」為優先考量的介入審查基準。首先，有關區別與對應的「對象事項」或「人權類別」部分，屬「憲法理念」保障層次的部分，司法審查應積極介入，以維護平等保障原則。例如，法律以性別因素，限制女性參政權利的的差別規定，司法應全面介入審查。其次，有關「立法目的」或「手段與達成效果」的部分，原則上屬國會基於「權力分立」層次而來的權限，法律內容是否違反平等原則的判斷，司法審查的介入應較慎重，宜採消極姿態。例如，法律對外國人權利（參政權）的各種限制，並未涉及上述憲法理念的保障原則。司法審查只有在「目的」、「手段」明顯不合理的狀態下，才有介入的空間，否則原則上應尊重國會的裁量與判斷。

　　由此可知，有關人權的各種區別、對應是否違反平等原則；有關立法的目的、手段、效果是否符合平等原則，是處理平等與否的爭議焦點。因此，其司法判斷基準何在，一直是學界研究分析的核心。目前憲法學界以美國 30 年代逐漸形成的理論為基礎，發展出「三階段審查基準」論，[71]此論已成為平等原則司法

---

[70] 戶松，前引書，頁 40；橫田，前引論文，頁 161。

[71] 以下所論述之審查基準，原則上都屬違憲司法審查共通的基準，本稿則以平

審查基準的主要學說。一般稱之為：（一）「合理性基準」（rationality test），（二）嚴格的合理性基準（strict rationality test），（三）嚴格審查基準（strict scrutiny test），以下分別探討其意義及適用要件。

（一）合理性基準

合理性基準或合理性依據基準（rational basis standard of review）之要件如下：1.立法目的具備正當（legitimate）性；2.對應手段雖採不相等方式，卻與達成上述目的在形式上有合理的關連（rationally related）；3.立法機關對於所採手段與目的達成之間的適合性（fit）有充分的裁量主導權；4.主張違憲者應負「舉證責任」。[72]合理性基準是 1910 年美國最高法院判決所形成的理論，[73]該理論認為法律在必要時會區分（分類、classification）適用者與非適用者，這種分類若與法律所要達成的目的，有「合理」的關連性，則可以對分類後的同類者同等的對應，對不同分類者則不一定同等的對應。換言之，依此理論，「分類」是其核心部分，分類若「合理」則不同的對應或因而產生不相等的結果，都不至於違反平等原則。至於分類是否合理，有以下四項準則，學理上又稱「林茲理法則」（Lindsley rule）。1.分類是基於合理的因素，並無恣意、武斷的情形，則平等原則應容忍這種分類所形成

等原則相關部分為探討重點。高野敏樹〈合理性の基準〉，中谷實編著《憲法訴訟の基本問題》法曹同人出版，1989 年，頁 176；芦部，前引書，頁 27。

[72] 有關合理性基準「舉證責任」之分析，參照內野正幸〈法律の違憲審查における舉證責任〉，芦部信喜還曆紀念論文集《憲法訴訟と人権の理論》，有斐閣，1985 年，頁 328-337。

[73] Lindsley V. Natural Carbonic Gas Co., 220 U.S.61（1911），參照，戶松，前引書，頁 33，79。

的不同規制標準與目的。2.分類的實際效果，並不一定要具備數字、計量上的正確或相同，也不必完全避免不平等的狀態。3.當分類的結果產生問題，任何的事實狀態如果能確實證明是合理的來自分類，則應認為法律制定當時已設定存在著此一事實狀態。4.對於分類有疑問者，應負責證明該分類的不合理及恣意武斷。

依據以上有關合理性基準相關要件的分析，國會制定的法律只要具備正當的目的，例如社會公共利益、國家安全、秩序、經濟發展的需要等，即可針對職業、財產、身分、地位等加以區別或分類，並可採取「不相等」的對應手段，以達成該目的；同時，達成目的與手段選擇之間在形式上、觀念上有相當關連性，就屬合憲性對應，不應視為違反平等原則。因此，主張違反平等原則者，必須提出該立法完全不具正當目的或所採手段與達成目的完全無關的證據，才能促使司法判定該法律違反平等原則。事實上，法律內容都多少具備正當目的，所採手段與達成目的之間也都有相當的關連性，要證明國會立法「毫無疑問的明顯」不具備合理性，違背憲法賦予之裁量權限，幾乎是不可能。[74]因此，國會通過的區別或不同對應手段，要經由合理性基準判定違反平等原則，幾乎不可能。故一般又稱之為「最小限審查」（minimum

---

[74] 1936 年 Ashwander V. Tennessee Valley Authority, 297 U.S. 288（1936）事件所形成之理論認為，除非國會明確且毫無疑問的違反憲法所賦予的權限，否則其立法不應無效，一般稱之為「適用明確性原則」，一旦適用此原則，司法的違憲審查機能幾乎無法作用，必然形成追認國會立法的結果。參照，高野敏樹，前引論文，頁 178。

scrutiny），其結論可以說當然是合憲性推定。[75]

　　一方面，司法機關依據合理性基準審查的結果判斷合憲，排除認定違反平等原則，也都提出以下的相同理由。1.司法對於法律是否違反平等原則的審查，應採抑制的、消極的姿態。2.法律所設定的分類，及其與立法目的之間的關連，原則上應廣泛的認定其合理性。3.探討立法目的時，應充分尊重立法者的意思，且避免介入立法目的之實質審查。4.法律作用而形成的社會安全、衛生、道德方面的利益，應優先於部分個人的利害因素。[76]

　　由此可知，一旦選擇合理性基準，則幾乎不可能出現違反平等原則的判斷，司法審查所能介入的空間也非常有限。因此其適用對象原則上應以「毫無疑問」應予區別的對象，例如，外國人或國家公務員等對象的爭議或經濟自由權利的部分，[77]例如商業廣告或營業條件的規制等，才適合採用此基準。一般外國人與本國人的權利或法地位都有區別，若涉及平等原則的審查，多採合理性基準。[78]目前國際社會仍然以主權國家為基礎在運作，雖然有逐漸形成人權國際化的傾向，但是本國人與外國人之間的區別及不同待遇，必然在各種範疇繼續存在，特別是涉及公務員任

---

[75] 向井久了〈合憲性推定の原則〉，芦部編《講座憲法訴訟（第2卷）》，前引書，頁 37-68。

[76] Karst, *Invidious Discrimination: Justice Douglas and the Return of the "Natural—Law-Due-Process Formula,"* 16 UCLA L.REV. 716, 723 (1969).

[77] 有關公務員基本權之限制，原則上都採用合理性基準，但 70 年代以後逐漸傾向 LRA 基準。參照高野，前引論文，頁 182。

[78] 雖然有關外國人的權利部分，學說上有主張採用嚴格合理性基準，（芦部，《憲法學 III》，前引書，頁 34）但一般判例並未如此，例如，台灣人原日本軍人權益的訴訟，都採合理性基準。初宿正典《憲法 2（基本權）》成文堂，1996 年，頁 227。

用資格及參政權的部分，一般都採用合理性基準審查。[79]一方面，經濟自由規制中涉及平等原則的爭議，傳統的司法審查亦採用合理性基準，廣泛的認可立法機關的裁量判斷。然而必須注意的是，現代人權體系中，涉及經濟自由規制與平等原則的爭議，可區分為二種不同的目的。一是消極的目的，規制經濟自由是為了社會共同利益及公眾利益，這一部分仍然採用合理性基準審查。一是積極的目的，規制經濟自由若是基於福利國家理念，或保護經濟上弱勢者，這一部分目前則採用下述的「嚴格合理性基準」。[80]

合理性基準一向被形容為「理論上最小限、實際上無審查作用」的基準，主要原因在於該基準對於合憲性認定，只是對立法當局從事立法時的判斷，是否具備「形式上」的合理性做審查，只要是形式或觀念上合理則司法審查就沒有介入的空間。換言之，民主國家的國會立法，本來就是依據事實需要，理性的依據多數決來立法規範之，形式上當然具備合理性，要證明國會未依據合理觀念作非理性的立法，事實上非常困難。因此，要依據合理性基準，判定法律違反平等原則，幾乎不可能。

值得注意的是，合理性基準運作過程中，亦逐漸發展出不適合引用此一基準判斷的某些原則，而無形中促使其他的基準形

[79] 有關外國人人權保障審查基準，參照，土居，前引書，第二章〈外國人に対する人權保障基準の考察〉，頁 25-43。
[80] 有關經濟自由的積極目的與消極目的，及其規制與司法審查基準，在理論定義方面尚有爭議。參照，佐藤幸治〈いわゆる二重の基準論について〉，佐藤幸治等著《ファンダメンタル憲法》有斐閣，1994 年，頁 62-66；同，〈立憲主義といわゆる二重の基準論〉，樋口陽一等編《現代立憲主義の展開（上）》（芦部信喜古稀紀念集），有斐閣，1993 年，頁 3-35。

成。[81]1.立法規制人權保障條項部分，其合憲的推定範圍原則上應極為狹小。2.立法若影響到民主主義制度的基本運作程序（選舉投票、政治組織、集會活動），原則上應採取更為嚴格的司法審查基準。3.少數弱勢者（宗教、族群）的權利，司法審查原則上應特殊予以保障。40 年代當時認為，符合以上三原則的狀況應不適用合理性基準的審查方式，而是依據事實狀態做「實質的」判斷，並由立法者負舉證之責，證明立法目的的合理性及目的與手段的實質關連性，並未違反平等原則。因此使審查的合憲性大為降低，並傾向出現違憲判斷的可能性。80 年代，為避免使傳統的合理性基準成為司法審查時的「無用」基準，又發展出「具威力」（with bite or with teeth）的合理性基準，明顯與過去「單純」的合理性基準（mere nationality standard）有所區別。前者在「適用上」的違憲審查方面，比後者更具備有力的審查範圍與效果，又稱合理性基準的「第二水準」（second order）審查。[82]基

---

[81] 1938 年 United States V. Carlolene Products Co., 304 U.S.144（1938）判例中，提出有關人權中有些種類不適用「合理性基準」的原則而形成。這些原則被提出之後，因當時尚未形成嚴格審查基準，故只被引申為可以傾向違反平等原則，做出違憲判斷的原則，與嚴格審查基準仍有差異，故有學者亦將其定為基準之一，與下述的「具威力」合理性基準，形成五階段審查基準。參照，橫田，前引論文，頁 165；高野，前引論文，頁 177；向井，前引論文，頁 50；Karst &Horowitz, "*The Bakke Opinions and Equal Protection Doctrine*,"14 Harv. C. R.-C.L.L.Rev. 7, 24-25 (1979).

[82] 1985 年 City of Cleburne V. Cleburne Living Center, 473 U.S.432（1985）案例中認為，法的適用上若使國民有「重大的」權益受影響，則立法者應證明其合理性。如此，則引用合理性基準，判定違憲的可能性即大為增加。參照，青柳幸一〈知的障害者の権利と平等保障～威力のある合理性の基準〉，芦部信喜編著《アメリカ憲法判例》，有斐閣，1998 年，頁 212-219；戶松，前引書，頁 100-101；青柳幸一《個人の尊重と人間の尊嚴》，尚學社，1996年，頁 412-429。

本上，此一基準應介於合理性基準與嚴格合理性基準之間。

（二）嚴格合理性基準

　　嚴格合理性基準又稱「實質的關連性（substantial relationship in fact）基準」或是「中間階段（middle tier）審查基準」，其形成是因為合理性基準必然傾向合憲性，下述的嚴格審查基準又很容易判定違憲，使司法審查在處理平等原則的判斷時，幾乎沒有迴旋的空間，因此在「合理」與「嚴格」兩個極端的基準之間，逐漸形成此一「中間標準」（intermediate standard）的司法審查基準。[83]

　　嚴格合理性基準的要件如下：[84]1.分類（區別）及立法目的是基於「重要的政府目的」（important governmental purpose）；2.區別目的與達成手段（所採之不同對應）之間有「事實上的實質關連性」（substantial relationship in fact）；3.舉證責任應由立法者承擔。[85]

　　嚴格合理性基準的特徵在「手段」與「實質」這兩個審查重點。首先，立法目的與為了達成該目的所準備採取的「對應手段」之間，明確要求基於事實能證明存在著實質的關連性。此基準因

---

[83] 嚴格合理性基準另有各種名稱，例如，「中間程度審查」（intermediate level of review），「中間步驟」（intermediate approach），「高標審查」（heightened scrutiny），「慎重審查」（careful scrutiny）等，都可說明其本質。參照，戶松秀典〈嚴格な合理性の基準〉《憲法訴訟と人權の理論》,前引書,頁253。

[84] 嚴格合理性基準是1976年美國Craig V. Boren,429 U.S. 190（1976）判例所形成之基準。參照，戶松秀典〈嚴格な合理性の基準〉，芦部編著《アメリカ憲法判例》，前引書，頁192-198。

[85] 橫田，前引論文，頁164。

為明確要求「手段」一定要在事實上有效促進目的的達成，司法審查過程中也重視這一部分，故又稱「手段指證審查型」。同時，手段是否具備實質效果，應由立法者負責舉證。這些要求都顯示此基準高度重視「手段」的審查。

其次，立法目的與手段之間的關連性，則要求「實質性」的審查。前述的合理性基準，司法機關審查時，對於立法者關於立法目的與手段的關連性，原則上高度尊重其設定（預設假定），司法機關通常是自我抑制避免介入這一部分的審查。然而，嚴格合理性基準不但針對「明確真實的目的」（articulated and actual purpose）是否屬正當的「國家利益」做實質審查，同時亦對立法者所選擇的對應手段與目的之間，是否有實質的關連性做實質審查。這些事實與實質的關連性，立法者也應負舉證之責。故此一基準又被稱為「實質關連性基準」，[86]顯示其重視「實質」性的審查。

由此可知，採用嚴格合理性基準作為平等原則的審查基準，可以對法律是否形成差別對應，導致違反平等原則，依分類與權利性做實質的司法審查，對法律是否合憲或違憲，也不同於其他兩基準般的明確。因為此基準並非單一的概念所構成，其內涵也有很大的伸縮性或不確定的部分，[87]這些特質反而使司法機關有更為寬廣的審查空間。

---

[86] 芦部，《憲法學 III》，前引書，頁 29-31。

[87] 嚴格合理性基準的這些現象，也同時成為批判的焦點，有關批判此一基準缺乏一貫性，或要件不明的論文，參照，君塚正臣〈性差別とアメリカ合眾國最高裁判所—中間審查基準の再檢討—〉，《阪大法學》（1991 年）41卷 1 號，頁 197-198；同，《性差別司法審查基準論》，信山社，1996 年，頁28-29。戶松，前引書，頁 108-109。

嚴格合理性基準適用的對象與範圍，一是由分類來看適用於
「準可疑性分類」（quasi-suspect classification），一是由人權性質
來看適用於「準本質性人權」。所謂「準可疑性分類（區別）」是
指，如此分類而區別對應是否違反平等原則，並未能夠做出明確
的判別。過去只存在合理性基準與嚴格審查基準時，有關性別、
嫡庶、外國人等分類，司法審查時都很難判斷應適用哪一種基
準。一方面，認為雖不屬「可疑性分類」，但又很接近可疑性分
類（less-than suspect classification），一方面確有必要慎重的分類
（sensitive classification），不應視同完全不必懷疑的分類。因此，
嚴格合理性基準出現以後，這種準可疑性分類就自然的成為其適
用的對象，使司法判斷有較柔軟的選擇空間，可以較為自由的裁
量。當然，關於審查基準同樣採嚴格合理性基準，但法官的見解
卻不一致，這種批判應可理解，因為這本來就是採用此一基準做
審查時的特質。[88]例如，有關男女性別的分類，涉及參政權、喝
酒資格的區別待遇都被認定違憲；但是徵兵義務、強姦罪認定等
在法律上對兩性採不同對應，卻被認定為合憲。又如，非婚生的
庶出子女，法律規定認定其父子關係與婚生的嫡出子女採不同的
程序，被判定為合憲。但有關沒有遺書時的繼承權利，對嫡庶子
女採不同規定，卻又被判定違憲。[89]這也說明「準可疑性分類」

---

[88]　戶松，前引書，頁 106-107。

[89]　相關判例參照，(性別) Michael M. V. Superior Court, 450 U.S.464 (1981);
Rostker V. Goldberg, 453 U.S. 57 (1981); Frontiero V. Richardson, 411 U.S. 677
(1973); Reed V. Reed, 404 U.S.71 (1971); Craig V. Boren, 429 U.S. 190 (1976);
(嫡庶) Levy V. Louisiana, 391 U.S. 68 (1968); Trimble V. Gordon, 430 U.S. 762
(1977); Labine V. Vincent, 401 U.S. 532 (1971); Weber V. Aetna Casualty
&Surety Co., 406 U.S. 164 (1972); (外國人) Graham V. Richardson, 403 U.S.

適用「嚴格合理性基準」有其必要性，唯有如此才能 case by case 判斷是否違反平等原則。

　　一方面，「本質性人權」（精神自由）的區別對應是否違反平等原則，應採「嚴格審查基準」審查，「非本質性人權」（經濟自由）則相對的採「合理性基準」審查，依此判斷是否違憲。然而，社會權及其相關的社會福利法出現之後，性質上介於「本質性人權」與「非本質性人權」之間，故稱之為「準本質性人權」，其司法審查基準明顯的以適用「嚴格合理性基準」較為妥當。因為，一方面社會福利主要是對社會上的少數弱勢者，給予「最小限度的保護」（minimum protection），[90]包括食物、居住、醫療、教育等個人基礎的必要生活需求，這些在性質上屬於與人的尊嚴有密切關連的生存權利，實不容立法者自由的裁量決定之。一方面，社會福利的運作與社會保障的實施階段，都涉及國家財政資源與經濟發展等因素，屬立法政策的政治性決定，並非單純的可以由司法審查做出判斷。因此，有關社會福利保障制度是否違反平等原則的審查，多採嚴格合理性基準，針對權利性質、事實狀態來釐清司法介入程度與立法裁量的範疇。[91]日本憲法明文規定保障

---

365 (1971)；土居，前引書，頁 25-43。

[90] 這些福利享有權（生存權），不應該受到是否有納稅、盡義務、有正當職業、社會貢獻、甚至過去是否有犯罪紀錄的影響，都應平等的保障其要求享有的權利。參照，大久保史郎〈アメリカ合眾國における人權論の新動向〉長谷川正安編《現代人權論〔公法學研究（1）〕》法律文化社，1982 年，頁 141。

[91] 有關社會福利保障與立法裁量之相關理論，及司法審查適用基準之研究，平等原則與社會權之關連性，參照，戶松秀典《立法裁量論》，有斐閣，1993 年，頁 63-148。

勞工基本權，因此針對公營事業或一般公務員行使勞工基本權的限制，是否違反平等原則的審查，也認定勞動爭議並非單純的經濟自由權利，勞工基本權是對勞動者生存尊嚴的權利保障，故應適用嚴格合理性基準。[92]

　　一般而言，所謂「中間」在性質上必然是左右逢源或左右為難，其價值、功能完全視如何運作而定。嚴格合理性基準採「嚴格」與「合理」兩基準的中間模式，難免出現不同的評價。然而，前已論及此基準出現的背景，是因為原來的兩基準面臨無法對應的困境，因此有必要形成一柔軟（折衷）的基準。若由實際運用觀之，嚴格合理性基準形成之後，司法機關因而可以改採積極的姿態主動的介入審查，對平等原則的實質保障與理論的發展，都有正面的意義。

（三）嚴格審查基準

　　嚴格審查基準又稱「必要不可缺的公共利益基準」，其審查要件如下：[93]1.立法目的是為了「不得不」（compelling）的公共利益；2.選擇的對應手段與達成立法目的有「絕對必要」（necessary）的關連性；3.舉證責任應由立法者承擔。首先，有關立法目的所指的「非要不可」的公共利益，除了應具備重大、正當、必要等性質的公共利益之外，更重要的是必須說明該公共

---

[92] 高野敏樹〈嚴格な合理性の基準～二分法の新た展開～〉，中谷，前引書，頁 188-189。

[93] 高野敏樹〈嚴格な審查基準～法律にとって致命的な審查（G ガンサー）～〉，中谷，前引書，頁 191-192。

利益值得以制約憲法所保障的基本人權來取得。換言之,在慎重考量保障人權的理念與憲法整體存在的價值之後,仍認定立法目的所要達到的公共利益是非要不可,值得為此而制約憲法保障的人權。其次,有關對應手段的絕對必要性是指,為的達到該立法目的,「無論如何」都必須採用此種對應手段,故該手段若多少有不公平或有違反平等之處,也應容許之。最後,上述的論證或舉證,應由立法者(國家)負責。採用以上的嚴格審查基準之後,實際上要立證沒有違反平等原則或並未違憲非常困難。因此,一般又稱嚴格審查基準為「致命的審查基準」,一旦採用此一基準進入審查,幾乎是必然得到違憲的結果。[94]同時,因為嚴格審查基準涉及憲法體系整體的價值判斷,這也使司法機關在面對問題時,有充分理由積極的介入審查,與過去審查經濟自由部分時,完全尊重立法裁量的姿態,完全相反。[95]

嚴格審查基準是由 1938 年美國最高法院判決(United States V. Carolene Products Co., 304 U.S. 144 (1938)) 所形成的基準。史東(Harlan Fiske Stone) 法官在判決文的旁論(註釋)中指出:「有關投票權、資訊傳達、政治結社、和平集會等的規制,或者與宗教上、出身國[96]、種族上的少數者有關的法律規定,司法審查時

---

[94] Gerald Gunther, "*The Supreme Court, 1971 Term-Foreword: In Search of Evolving Doctrine on a Changing Court: A Model for a Newer Equal Protection*", 86 Harv.L.Rev.1, supra note 6, 8. (1972).

[95] Richard Funston, "*The Double Standard of Constitutional Protection in the Era of the Welfare State*", 90P.S.Q. 261, 266-267 (1975) .

[96] 有關血統(lineage)、祖先國籍(national ancestry)、外國人(aliens)、國民(nationals)等都有不同的定義與區別,但是美國基於廣泛接納移民的立國精神,過去對於國民的出身(national origin)、出生地、外國國籍的定義並

都應該考慮採取嚴格的基準。」[97]此一主張不但成為嚴格審查基準的基礎理論，同時也是「雙重基準論」[98]的起源，不論對憲法理論或司法審查基準，都有很大的影響。[99]史東法官認為，政府所制定的法律是否正當合理，應加以嚴格審查（司法積極介入）的部分可分為以下三種類。[100]第一，規制與人權保障條款有關的法律，例如美國憲法修正第一條至第十條的基本權利，包括表現自由、投票權、信仰自由、旅行自由、刑事手續等自由權利。第二，對民主主義體制的運作過程有影響的法律，例如對選舉、投票權、政治結社或活動等民主政治的重要基礎部分。第三，被孤立和隔離少數者（discrete and insular minorities）的權利是否受到保障，常受到社會多數的忽略或歧視，不宜僅信賴議會民主制的多數決，應以合理的懷疑態度審慎的排除偏見並做嚴格的審查。

因此，嚴格審查基準的適用範圍，主要可以由兩個角度來觀察，一是「本質性人權」的部分，一是關於「可疑性分類」（suspect classification）的部分。

第一，嚴格審查基準只適用於對憲法所保障的本質性人權形成不利影響或不當制約的狀況。因此，平等原則相關的爭議要引

未明確，常會引起誤解，應予注意。參照，高野雄一，前引書，頁 102-116。

[97] 松井茂記《二重の基準論》有斐閣，1994 年，頁 18-19；United States V. Carolene Products Co.,304 U.S. 144, 152-153, note 4 (1938).

[98] 雙重基準主張，司法審查對本質性人權（自由權等）的審查應採嚴格基準，以防止立法侵害人權，對於經濟自由的立法規制，則可採較緩和的基準。有關雙重基準論的法理探討，參照，松井，前引書，頁 108-181。

[99] 此一理論也引發有關司法積極主義與消極主義、司法自我抑制論、聯邦制度論、絕對論、比較衡量論等爭議與相關理論的研究發展。

[100] 戶松，前引書，頁 43-44。向井，前引論文，頁 50-51。

用此基準，法律內容必須涉及「本質性人權」，代表性的有以下幾種。

1. 選舉權（參政權）

選舉權除了是國民參與政治維護自身權益的重要權利之外，本質上也是政治的表現方式，屬表現自由保障的範疇，因此是本質性人權。除此之外，投票或選舉過程也是民主政治的基礎，這也是屬於適用嚴格審查基準的要件。包括投票資格、選舉運動規制、選區劃分等相關訴訟，[101]都是屬於嚴格審查是否符合平等保障原則的對象。

2. 要求刑事審判權

刑事審判的當事者應受平等原則的保障，當法律或訴訟制度的規定，使貧困者在手續申請、律師辯護、證人作證方面，因經濟上無法負擔而居於不利的地位時，公平、正義的審判就不可能存在。[102]此時，相關的法律規定是否違反平等原則，因屬刑事裁判中涉及人身自由的本質性人權保障，故應採嚴格審查基準。

---

[101] 相關判例，Harper V. Virginia Board of Election, 383 U.S. 663 (1966); Reynolds V. Sims, 377 U.S. 533 (1964).

[102] 任何人在關係到其人身自由喪失與否的審判過程，如果受到財力的影響，則是對貧困者的差別，所謂的平等、正義就不可能維護。戶松，前引書，頁 194-196。相關判例，Douglas V. California, 372 U.S. 353 (1963); Griffin V. Illinois, 351 U.S. 12 (1956).

3. 居住遷徙自由權

　　國民因為旅行、移住等因素而受到差別待遇，（例如投票權、福利及健康保險享有權益等被剝奪）而提起違反平等原則保障的訴訟，則應適用嚴格審查基準。過去美國有些財政上較富裕的州，為了防止其他州的居民大量遷入，形成福利支出上的負擔，故立法規定對移居者享有福利的種種不利條件，即因涉及居住遷徙自由的本質性人權而採嚴格審查基準。[103]

　　第二，嚴格審查基準又適用於「可疑性分類」的範疇，法律內容若涉及與人種、血統、出生地（國）等因素的規制，則應嚴格慎重的審查，以避免違反平等原則。因為類似人種這種分類（區分），性質上屬先天性且無法變更的，也非個人的努力可以變動，一般以民主多數決方式很容易形成偏見或差別的政治判斷，這些在歷史上都有充分的證明。[104]

　　故類似人種這種可疑性分類，不論其內容如何規定都屬無效。因此早期的理論都認為，法律的公平性一旦涉及人種的分類，即屬違反平等原則（例如美國有關「隔離下的平等」的判例），幾乎使司法審查一面倒的認定該法律違憲。在此必須注意的是，

---

[103] 美國加州立法禁止貧困者移居或對協助貧困者遷徙者加以處罰，明顯涉及對「居住遷徙自由權」的侵害。Edwards V. California, 314 U.S. 160 (1941). 判例屬此類。後來該州又立法規定必須移住一年以上者才能享有福利保障。其性質雖涉及社會權的「準本質性人權」應適用嚴格的合理性基準，但是判決認為，對於移住貧困者的生活給付等福利保障，附加有關居住遷徙的限制條項，雖非直接禁止遷徙，但實際上與禁止遷徙有相同效果，故仍應採嚴格審查基準。參照，戶松，前引書，頁 69-70；判例 Shapior V. Thompson, 394 U.S. 618 (1969)。

[104] 阪本，前引書，頁 272-273。

目前平等理念認為，對於「可疑性分類」的少數者，不但不應在法律上加以差別，使其居於不利地位，更應優先的、正面的（affirmative）特別給予保障。所以涉及人種等可疑性分類的審查，有一部分是在判斷，採取不同對應手段特別保障少數者，是否妥當或形成逆差別的問題。若屬這一類的審查，其所採基準則不應適用嚴格審查基準，反而應採用合理性基準或嚴格合理性基準。[105]

「可疑性分類」一般雖以人種、血統、出身地（國）分別形容，實際上三者之間都有共同的本質。例如，美國是由歸化的移民所組成的國家，國民都有其出身國（地方）的分類，愛爾蘭、義大利、日本、中國等。因此若論及出身地分類，實與血統有關，也分不出與人種分類有何不同。但是若單純的以國際法上的國籍分類，則美國公民與外國人的分類，是否屬「可疑性分類」則未必如此。因為兩者之間事實上的地位與所享權利根本不同，其平等與否明顯的不適用嚴格審查基準。其他有關「貧與富」、「男女性」等，是否屬可疑性分類的範疇，一般也無定論。因此，可疑性分類除了人種之外，還有哪些實有待進一步探討。

（四）三階段審查基準相關要件之比較

合理性基準、嚴格合理性基準、嚴格審查基準一般稱為三階段審查基準，但是並非三種分別獨立作用的基準，而是互相之間有連貫性的體系性審查基準。以下針對三基準之間的要件、性質加以比較分析。

---

[105] 横田，前引論文，頁 195-196；其相關理論及有關優先待遇（affirmative action）理論，下一部分再予探討。

1. 審查要件之比較

（1）由立法目的觀之

採用合理性基準審查，立法目的只要是基於一般性的公共利益或社會秩序上的需要，即可符合要件。若採用嚴格合理性基準，則立法目的必須證明是為了「重要的政府利益」（important governmental interests）。若採用嚴格審查基準，則更進一步要求立法目的必須屬於「令人信服的必要政府利益」（compelling government interests），甚至是屬於可以與相關的人權保障理念相提並論的立法目的，其基準要求的非常嚴格。

（2）由目的與手段觀之

採用合理性基準只要求，所採用的對應手段與目的之間有相當的關連性，因此在審查上幾乎都沒有問題。嚴格合理性基準則要求，目的與手段之間有實質的關連性，採用該手段對應之後明顯的會產生達成目的的效果，互相之間有密切的、嚴密的相關性。至於嚴格審查基準則要求，對應方式是達成目的必要不可或缺的手段，幾乎是要求提出不得不選擇此手段，才能達到目的的互相關連性之具體證據。

（3）由舉證之責觀之

合理性基準要求主張違反平等原則的一方應列舉證據證明，其他兩基準則反而是由立法者（政府）負舉證之責。

2. 審查對象之比較

（1）由人權領域觀之

　　合理性基準審查之對象，主要是人權體系中的經濟自由範疇，包括有關各種經濟活動或財產運用的部分。但是經濟自由的規制，若基於對國民生命、健康的維護，所採取的警戒性（消極性）規制，原則上應採用嚴格合理性基準。[106]有關社會權及社會福利法的審查，一般採嚴格合理性基準。至於人身、精神、政治自由等屬於必須嚴格加以保障的部分，則採用嚴格審查基準。

（2）由分類角度觀之

　　一般而言加以分類區隔有其必要性、正當性，或屬於正常社會生活中的現象（例如，受刑人、公務員、學生、未成年者），則審查時應採合理性基準，使其有關不同對應狀態，要證明違反平等原則並不容易。反之，若屬可疑性分類（例如人種）則應採用嚴格審查基準，使區隔的對應手段或目的，要證明符合平等原則並不容易。至於介於兩者之間的「準」可疑性分類（例如性別、貧富身分等），則採嚴格合理性的中間階段審查基準。

3. 審查結果之比較

　　司法審查若依要件、對象判定之後，應採合理性基準審查，則結果判決合憲性的比例極高。換言之，容許法律可以積極的採

---

[106] 同，頁 193-194。

取規制，或必要的區別對應手段。若採嚴格審查基準，則對法律可以說是「致命」的打擊，該法律被判定違憲的可能性非常高。因此，等於宣布不得對相關事物加以規制，或採不同對應手段，否則即屬違反平等原則。若採嚴格合理性基準審查，則違憲與否的判定並無定律，結果應由其他相關要件決定。因此，有關此範圍的事物，採消極性規制或特定要件之下的區別對應，結果都有合憲性的空間。

4. 審查姿態之比較

合理性基準原則上尊重立法機關的裁量權，除非明顯的確定所採取的對應手段與達成立法目的之間並無關連性，否則司法機關不會介入審查。嚴格合理性基準則對目的與手段之間的實質關連性加以審查，對於實際上是否能有效達成目的，司法機關亦介入判斷。嚴格審查基準則促使司法機關，積極的，深入的介入審查，以防止任何侵犯人權、違反平等原則的狀況發生。

四、其他相關概念之探討

（一）優先保障措施（Affirmative Action）

優先保障措施本質上並不是要維護平等原則或禁止不平等狀態，而是用不相等的特別待遇或特別計畫，希望能化解偏見、解消差別、矯正長期不平等現象所形成的後果。"Affirmative Action"若直譯為「肯定的行動」並無法表達其意義，雖然「優先待遇」（preferential treatment）也是一般形容此概念的用法，

但是優先保障措施並非單純的只是對特定少數者的「給予」優待。[107]因此使用「優先保障措施」應更可以表達其涵蓋的「積極化解差別的行動」、「積極校正差別的措施」等基本的性質。

　　如果要說明優先保障措施出現的必然性，首先應由差別發展的背景來理解。初期的差別又稱「明確、意圖的差別」（Evil Intent or Overt Intentional Discrimination）、「法的差別」（de jure Discrimination），例如，法律明文否定黑人或女性的參政權等。因此，憲法明文保障國民在法律、政治等公領域的地位一律平等，並立法禁止私社會在就業、教育上有差別的待遇。然而，雖然立法禁止差別在公共領域方面有顯著的效果，但在一般私社會仍然存在著「事實的差別」（defact Discrimination），使少數人種或婦女的地位無法改善。因此，優先保障措施政策的形成，是希望賦予更有力的競爭條件，使被差別集團能脫離不平等的社會狀態。美國在 60 年代所採取的一連串有關人種、性別的政策，是代表性的優先保障措施，其理論、內涵、判例都很完整，故以下即以此為主進一步加以分析。雖然如此，但是也有像印度一樣，將積極的優先保障措施轉化為特別「保留體制」（Reservation System）規定在憲法條文中，[108]如此對被差別的集團採優遇的政策時，即不受一般平等原則的拘束，[109]這也是值得注意的憲法層

[107] 給予優待、保障享受特權是一般對優先保障措施常有的誤解或誤認。橫田耕一〈平等原理の現代的展開〉，現代憲法研究會編《現代國家と憲法の原理》有斐閣，1983 年，頁 650, 661,664。

[108] 印度憲法第十五條、第二九條之特別保留規定。參照，阿部編，《世界の憲法集》，前引書，頁 42-44。

[109] Gadbois, Jr., *"Affirmative Action in India: The Judiciary and Social Change"*, 8 LAW&POLICY, 1986, 329.

次的優先保障措施。

　　優先保障措施的定義如下：對於歷史上長期被差別的人種或女性，國家應積極的採行各種優先政策特別予以保障，以有效的排除差別現象。同時，之所以必須採取優先保障措施，並不只是為了要使被差別者不再受到差別待遇，或是能獲得平等機會，而是因為若不採取優先保障措施，實際上無法短期內解消差別狀態。因為長期以來被差別的集團，既使保障其享有平等的條件或立足點，也無法使其具備相同的競爭力，脫離原來受差別的地位與環境，而必須以優先保障措施作為階段性協助，才能有效達到平等的目的。若由法的權利性角度觀之，所謂優先保障措施的意義是指，歷史上受差別的少數派集團（主張平等權的權利主體），雖然目前已不再受差別或在法秩序上已經享有平等地位，但是基於過去差別的傷害後遺症，目前仍無法實質的享有平等，故必須由國家採取特殊的措施（特別優遇），以達到結果的平等。[110]

　　以下分別由不同角度進一步分析優先保障措施的相關概念與理論：

1. 美國優先保障措施之法源與形成原因

(1)　一九六一年甘迺迪總統之「行政命令」（Executive Order）第 10925 號中，明文要求與政府簽定契約的企業必須採行優先保障措施，這是 "Affirmative Action" 最早出現的

---

[110] 版本，前引書，頁 193。

政府行政命令。[111]一九六五年詹森（L. B. Johnson）總統的行政命令第 11246 號中，明文規定的具體內容，則構成優先保障措施發展的主要基礎。[112]

(2) 法院依據一九六四年民權法案第七編的規定，[113]採行優先保障措施的判決，以作為對差別行為的事後救濟手段。

(3) 妥協判決（consent decree）是美國司法體系特殊的制度，訴訟當事者雙方為了避免時間、經費的浪費，經過同意而形成的判例，故又稱「同意」判決。優先保障措施的具體實現，很多狀況都是經由此種判例而形成。

(4) 聯邦法直接規定有執行優先保障措施的義務，或鼓勵落實優先保障措施政策的相關規定。例如，一九七七年「公共事業雇用法」（Public Work Employment Act）規定，接受聯邦政府所輔助的公共事業預算，必須有 10% 以上是用於與「少數的弱勢族群所經營事業」訂立的契約。[114]

(5) 企業或學校為表明化解差別的意願，或為了避免違反上述民權法案、總統行政命令，自主的規定優先保障措

---

[111] Nijole V. Benokraitis & Joe R. Feagin, "*Affirmative Action and Equal Opportunity: Action*", Inaction, Reaction (1978), at 10.

[112] 近畿大學比較法・政治研究所編譯《平等權に關する資料集（一）～アメリカ、イギリス、EC の法令～》，近畿大學出版局，1977 年，頁 110-124。

[113] 內容主要規定，雇用 25 人以上的企業，都不得有差別待遇。Civil Rights Act of 1964, Title VII, Sec. 703, 78 Stat. 255, 42 U.S.C.A. §20000e-2 (1974)。橫田，前引論文，頁 655。

[114] 橫田，前引論文，頁 656。

施，其基準主要依據「優先保障行動指針（Affirmative Action Guidelines）」。[115]

2. 美國優先保障措施有關雇用關係的具體對策

(1) 推動在雇用有關的契約文件上，明文表示積極實現優先保障措施。

(2) 設置推動優先保障措施的專職機構及負責的主管，並優先任命少數派集團成員擔任。

(3) 有關優先保障措施的計畫、策略，應公告並廣為宣傳，以形成更為深入及廣泛的影響。

(4) 經常做調查及分析，若發現必須採取何種優先保障措施才能化解過去的差別所遺留的因素，應立刻採取對應。

(5) 應訂定落實優先保障措施的目標及達成的時間表，定期核對其進度並改善其內容。

(6) 針對形成差別的原因加以分析，並尋求有效化解的方法。

(7) 實行優先保障措施，應將計畫的過程及相關的資訊加以整理保存，以供研究參考。

(8) 主要的優先保障措施之外，周邊的相關規劃小有助於達

---

[115] 依據民權法案第七編（2000e-4）條的規定，總統得設置「雇用機會平等委員會」（Equal Employment Opportunity Commission, EEOC）針對差別問題從事調查及調解，並可依（2000e-12）條規定之所授與該委員會的權限制定相關基準，相關當事者若依此基準，則認定其積極配合優先保障措施的政策，原則上可避免受處罰。EEOC 於 1979 年制定該基準。See, EEOC, Affirmative Action Guidelines, 44 Fed. Reg. 4428, §1608. 5 (1979)，第七編相關條文參照，近畿大學編譯，前引書，頁 50-54, 67。

成保障效果，例如，幼兒保育、交通、住宅、職業訓練
等，也應協助推動。

3. 優先保障措施司法審查適用之基準

三階段審查基準已論及，有關「可疑性分類」應採用嚴格審
查基準，優先保障措施也是涉及人種問題的可疑性分類，原則上
應採嚴格審查基準。然而，若採嚴格審查基準則優先保障措施的
內容要符合審查要件並不容易。一方面要證明不違反平等原則實
在很困難，一方面其所能採取的措施也將受到極大的制約。因
此，一般認為保障少數派（minority）的優先保障措施，既然已
通過民主制度下多數派主導的國會立法與行政執行，司法機關審
查時應採較寬鬆的嚴格合理性基準。[116]其理論是，雖然同屬可疑
性分類，但是應區分「良性」或「惡性」的分類。傳統的嚴格審
查基準是用於「惡性」分類，其目的主要是針對差別者（採違反
平等原則作為的差別一方），排除不平等狀態。反之，優先保障
措施是屬於「良性」分類，其目的是為了維護被差別者，以保障
其平等權利，故應採用中間性的嚴格合理性基準，或不排除採用
合理性基準。[117]

然而，90 年代以後優先保障措施逐漸強化的結果，引發各
種正反意見的論爭，也有「逆差別」的主張出現。因此又發展出
新的理論認為，平等保障有關的審查基準，不論是針對因為被分

---

[116] 長谷部恭男《憲法》新世社，1997 年，頁 175。
[117] 橫田耕一〈アファーマティウ·アクション〉,芦部編《アメリカ憲法判例》,
前引書，頁 245；同，〈平等原理の現代的展開〉前引論文，頁 666。

類為少數派而受差別事態，或是針對因分類而受恩惠事態，都應該保持一貫性（consistency），也就是可疑性分類的審查都應該採用嚴格審查基準。[118]此一發展趨勢必然會使優先保障措施在未來承受更多困擾。為何如此，主要是因為實施優先保障措施的效應有內在、外在的各種批判，且引發逆差別的問題。

4. 優先保障措施之相關效應與評價

優先保障措施最主要的目的是排除差別，因此探討有關優先保障措施的效應或評價，也應該以是否有效達到消除差別的目的為基準。然而，有關差別是否排除，要具體評判其效應實在很困難，因為差別形成的因素及影響層面很複雜，要依據哪些範圍且使用哪種基準來評價也很難有定論。如果以美國優先保障措施的主要項目就業、教育這兩部分，且依據實際統計數字來評定，就會發現差別的事態事實上不但未改善，反而更惡化。失業率方面，1967 年白人是 3.4%，少數人種是 7.4%，但是 1977 年白人是 6.1%，少數人種是 14.8%，實施優先保障措施之後並無顯著的效應。教育方面，1976 年大學畢業生白人佔 34%，少數人種佔 11%，也沒有具體改善。[119]雖然在理論上可以說這樣的統計並未考量其他種種因素，例如，少數人種生育率高影響其結果，或是若未採行優先保障措施計畫情況將更惡化。但是既然沒有效

---

[118] 此一主張也涉及性別是否屬於可疑性分類的爭議，九〇年代以後代表性的判例有，City of Richmond V. J. A. Croson Co., 488 U.S. 469 (1989); Adarand Constructors, Inc. V. Pena, 515 U.S. 200 (1995).

[119] 橫田，前引論文，頁 662-663。

果，則優先保障措施的問題何在，實在值得探討。

優先保障措施的檢討或批判可以區分為內、外二部分：內在的部分是針對優先保障措施在運作上的問題加以檢討，基本上仍認定優先保障措施有存在意義；外在的部分則針對優先保障措施的法理及正當性提出批判，質疑其合法性及存在的意義。以下就內在的部分加以探討，至於外在的部分則與逆差別問題有密切關連，故一併在另節探討。

優先保障措施在運作方面的問題點：第一、政府機關在執行上因為相關人員的缺乏經驗或能力不足，而使方針偏差或效率不彰。第二、對於違反優先保障措施的監督或取締不充分，使違反機構可以偽裝或逃避制裁。第三、訴訟方面必須負舉證之責，因此在時間及經費方面負擔沈重，影響對違反者的制裁效果。第四、限定在就業與教育範疇的情況下，排除差別的效果當然受影響。

（二）「逆差別」與「優先保障措施」

逆差別（reverse discrimination, inverse discrimination）有三種意義：第一種意義是指，優先保障措施實施之後，結果卻對某些人種、個人或無關的第三者，形成新的差別。因為本來要排除差別，但與原目的相反又形成新的差別，故稱之為逆差別。逆差別的第二種意義是，差別多是來自區別（分類），所以要排除差別應從淡化或不要再刻意區別做起。但是優先保障措施卻認為，「克服差別應從加以區別並採特別優遇做起」，所以稱優先保障

措施的另一名稱為「逆差別」，[120]以便與「反」差別概念能有所區隔。逆差別的第三種意義則是，為了排除對少數者（minority）的差別而採行優先保障措施，結果卻導致多數者（majority）受到差別，故既存對少數者所形成的稱為「差別」，優先保障措施實施後對多數者所形成的稱為「逆差別」。[121]

由此可知，逆差別並非獨立發展形成的一種體系性概念，而是優先保障措施實施之後，針對其問題點、法理、正當性提出的各種批判，所綜合而成的反對意見或理論的代名詞。換言之，如果沒有優先保障措施，也就沒有逆差別的問題。因此，有關逆差別的概念，主要也就是由以下所述「對優先保障措施採否定態度的外在批判」之相關理論與判例所形成。[122]

1. 以個人平等原則來批判集團的優先保障措施

優先保障措施是對於長期受差別的少數派集團，採取特別的待遇（或補償）措施，希望能排除對該集團的差別待遇。例如，特別保留公共住宅的配額、就業時優先錄用名額、招生時保障錄取名額等，都是優先保障措施所採取的政策。理論上，優先保障措施是對受差別少數派集團的保障（補償）措施，但是實際上受

---

[120] 奧平，前引書，頁 126。

[121] 棟居快行〈平等原則〉，浦部法穗等編《現代憲法講義〔演習編〕》，法律文化社，1989 年，頁 85。

[122] 有關逆差別的代表性判例之一是，Allan Bakke 入學事件，"Bakke V. Regens of University of California"，相關資料參照，奧原唯弘〈逆差別～ベッキ一対カリフォルニア大學～〉，近畿大學比較法・政治研究所編《平等權に關する資料集（二）～国連、アメリカ、イギリス・ソ連を中心に～》近畿大學出版局，1978 年，頁 169-191。

惠的卻是該集團中特定的個人。因此，優先保障措施在實際上形成雙重的個人之間的「差別（不平等）」狀態，一是因為對少數派某一個人的優先保障，使多數派的某一個人，雖然在各種條件上更符合錄用資格，事實上卻被排除；一是同樣屬少數派集團中未獲得優先保障的其他個人與獲得優先保障者之間，明顯的因而形成不平等待遇。

理論上為了使長期因膚色、血統而受差別的集團，能有效排除受差別狀態，而對其實施優先保障措施固然有理。但是可否因此而超越以「個人保障原理」為基礎的平等原則，則成為爭議的焦點。所有的人權保障都必須以「個人保障」為原點，所謂人權就是指個人的權利。每一位個人的權利若無法加以保障，則人權保障就毫無意義。因此，優先保障措施實際上是把重大的負債承擔，完全歸由某一部分的個人承擔，或是把過去差別所應得的補償待遇措施，由某一部分的個人享有，這都是非常不公平、有違平等原則保障的原理。[123]由此可知，為了排除差別而對少數派集團所採用的優先保障措施，雖然具備正當的理由，但是若因而導致個人權利受到不公平對應，則成為一種逆差別。

2. 以區別為基礎的優先保障措施不可能化解區別意識

憲法必須是「色盲（color-blind）」，才能化解因膚色而來的差別。然而，實施優先保障措施卻必須以人種分類為基礎，一再強調並強化人種因素而來的區別。因此，只要是屬於少數人種的

---

[123] 橫田，前引論文，頁 665，668；棟居，前引論文，頁 87-88；橫田耕一〈集團的人權〉，《公法研究》第 61 號，有斐閣，1999 年，頁 58-64。

一份子就可享有優先權益，反之，只要是屬於多數人種的一份子，就沒有資格享受優先保障措施，不論其狀況是否比某些優先保障措施享有者更惡劣。如此發展的結果，多數派之中的弱勢者與少數派的強勢者之間，必然形成逆差別的現象，雙方之間的區別意識，必然日益強化而非逐漸淡化。

3. 少數派（minority）的定義基準困難

優先保障措施的對象是少數派，然而少數派的定義及基準何在都很難明確化。一般認為人種、性別分類中的少數派較無爭議，但是以人種論之，美國黑人屬少數派，猶太人卻一直未被認定為少數派，兩者之間為何採不同基準。以女性論之，若佔半數人口的女性屬少數派，則幾乎很難否定其他自認為少數派的集團。所以當黑人、女性被認定為少數派，成為可以享有優先保障措施的主體，其他相對的集團當然覺得受到逆差別。

4. 優先保障措施為何限定在教育、就業等狹窄的範疇

目前先進各國的優先保障措施，大多在教育、就業範疇實施。如果優先保障措施是排除差別的必要且有效手段，應在政治權利、社會保障、公務員任用等各方面廣泛採用。然而，實際上各種準備運用到各範疇的優先保障措施計畫，都因為在實施後會侵害其他人權或引發各種爭議，因而無法具體實施。特別是有關投票權、議員保障名額、公務員保障名額等涉及民主政治基礎的優先保障措施，先進各國在擬議階段就已打消。這些都證實優先保障措施在本質上存在著問題，且在實際上也有不可行的困擾。

5. 「長期化、固定化」取代「暫時性、階段性」

　　依據優先保障措施的理論，經過短期間的特別保障之後，受差別者即可自立，使優先保障措施結束其階段性任務。然而，優先保障措施一旦實施即很難收拾，理論上也沒有一定的客觀基準來判斷何時應完成階段性任務。特別是經過長期實施優先保障措施之後，過去差別的受害者與現在優遇的享有者之間的因果關係幾乎不存在，使逆差別的說法更有依據。

　　以上是因為採行優先保障措施之後，導致逆差別的相關論點。除此之外，優先保障措施也會產生種種相關的負面效應。例如，被優遇者常會遭受來自社會各界對其能力懷疑的眼光，自身也會感覺被烙印（stigma）或有屈辱感，喪失自尊心及自信。這些無法避免的狀況，實際也是另一種差別的開始。一方面，由社會發展的功能與效率觀之，優先保障措施是否會形成各種後遺症，也是值得長期觀察才能得知的結果。教育、學術研究方面的優先保障措施，若導致教學、研究成果品質惡化，則其負面影響會逐漸擴大。就業雇用面的優先保障措施，則會對生產效率、產品開發等企業競爭力形成阻力，影響經濟發展。以上問題若未能合理化或尋求解決方法，實行優先保障措施不但會產生逆差別現象，也會形成嚴重的社會問題。根據一九七七年十月針對「是否贊成對女性及少數族群採優先保障措施」的民意調查資料顯示，[124]一般美國民眾贊成的只有 11%；反對者佔 81%；女性贊

---

[124] Seymour Martin & William Schneider, " The Bakke Case: How would it be decided at the Bar of Public Opinion?", Public Opinion Mar/Apr (1978), 39.

成者有 12%，反對者 80%；少數族群贊成者 30%，反對者 55%。可見能享受優遇的女性及少數族群自身，對於優先保障措施也都採反對立場。

因此，900 年代開始有關優先保障措施的批判及因而產生的逆差別問題，逐漸形成正反不同主張的爭論。美國最高法院判例，也形成保障白人或男性不受優先保障措施侵害的三原則：（1）任何優先保障措施不得藉故以解雇白人（男性）來雇用黑人（女性）；（2）優先保障措施不得影響原來正常運作的升遷、調職等體制；（3）優先保障措施不得無限期適用。[125]基本上，優先保障措施是屬於追求平等原則的對應手段，但是亦面臨必須明確界定其基準及範圍的問題。優先保障措施與逆差別、公共福祉、其他人權保障之間，必須比較衡量、互相調和才能運作。因此若要採行優先保障措施，則如何尋求比較衡量的基準及相互調整的界限，是今後研究探討的課題。

肆、各國平等概念與判例之探討

有關平等原則的判例，在立憲主義的各國之中都有相當的質與量，所以在探討那些判例、採用何種分析比較的方法及探討所欲呈現的目的等，都有選擇上的困難之處。故本稿原則上依各國判例及學理上的特質，分別呈現出有關平等理念發展史、司法審

---

[125] 西村裕二〈差別の積極的是正措置〉阿部照哉・初宿正典編著《憲法 II（人權）》（法學セミナー）日本評論社，1991 年，頁 74。

查基準、合理區別原理等理論在實際判例上的作用,據以探究憲法理論與實務的互動關係。例如,美國是以追求自由保障為目標而建立的國家,因此美國獨立戰爭亦被稱之為自由革命,然而美國的自由社會卻依舊潛伏著各種不平等的差別待遇,一直到 60 年代才由違憲判決而引發了平等革命,欲探究其原因、背景及理念,本稿乃選擇選舉權與人種隔離這兩種互有關連的判例做為探討之重點。

　　日本是戰後才邁向民主法治社會的國家,違憲審查的運作在初期當然面臨種種實務上的困擾,所以一直沒有出現違憲的判例。因此選擇在 1973 年出現,針對平等原則所做出的首宗違憲判例,更具研究意義。同時,此判例亦為東方社會倫理道德與法的人格平等之間長年的爭議劃下句點。故選擇「尊親屬殺害」與「先住民族差別」兩個判例加以探討。這些亦是台灣目前亟待處理的問題,十分值得借鏡。

　　德國與日本同為戰後成立的立憲主義國,平等原則在其人權保障體系及違憲審查亦扮演著重要角色。特別是良心拒絕服兵役與兩性同權的相關判決中,有關平等原則的申論,不論是在理論上或是實務運作上都是值得參考的違憲判例。

　　義大利可說是先進民主法治國中,對「平等」採特殊對應的國家。憲法中,一方面宣示自由主義的形式平等原理;一方面又要求國家應化解經濟、社會上的實質不平等狀態,追求類似社會主義的結果平等。因此義大利憲法法院受理有關「平等」的案例非常多,所以本稿並未對特定判例分析,而是以探討憲法法院如何處理上述對立,及針對其平等原則的審查方法與理論上的變化

來加以分析。

　　最後有關法國的部分，首先是由平等的歷史發展來探討其法源與理論之演變，以理解傳統平等理念如何轉化納入現代人權體系中，發揮平等原則的基準性功能。此外，法國歷經變動轉型的違憲審查機能，於 80 年代之後有關平等原理的判例比重極大，特別是在審查基準方面亦有其獨特的見解，故法國的部分即著重於此一方面的探討。

一、美國的平等保障原則

（一）平等保障原則之形成與發展

　　美國獨立宣言雖然強調人生而平等，但是當時所謂的平等只是當作自由的形容詞，並非政府有責任維護的法秩序。黑奴不但在法律上不具任何地位、人格，甚至與牛馬等動物一樣，被視為所有者的動產。[126]南北戰爭結束之後，雖然在 1865 年通過憲法第十三條廢除奴隸制度，但是黑奴的權利及法地位仍然處於不確定的狀態。因此，1866 年又通過修正第十四條，一般稱此為平等保障原則，[127]明文保障所有公民的法地位平等。

---

[126] E.N. Griswold, *Law and Lawyers in the United States—the Common Law under Stress* (1964), p111.

[127] 美國憲法修正第十三條「廢除黑奴制度」（1865）、第十四條「平等保障原則」（1866）、第十五條「選舉權平等」（1870），又合稱「南北戰爭修正條款」（the Civil War Amendments），原則上憲法條文應具備實施效力（self-executing），不論國會是否有通過相關的法律配合實施，都有要求履行的效果。然而，這三項修正條文的最後一款，都附加「國會有制定適當法律以實施本條款之權限」（Congress shall have power to enforce this article by appropriate legislation）。

平等保障原則主要包括兩項內容，一是州政府應使每一位公民受到平等保障，一是所有的人在法律之前平等。這在當時引起相當的爭議，前者是有關憲法保留給各州的權限是否被聯邦議會所剝奪，後者則爭論平等保障是否適用於所有的權利。[128]然而，雖然這在當時被認為是積極的廢除人種差別，但是實際上以現代的標準來衡量，黑人的法地位及權利在實際上並未獲得「完整的」保障，主要的原因在於以下幾點。

第一，國會立法權的自我抑制是主要原因。[129]雖然憲法條文明確要求平等保障，然而相關的程序、內涵，都必須有法律上的依據才能落實。當時國會基於若依據南方各州所反映出來的實際狀況判斷，認為有必要慎重立法。因此對於黑人及少數族群平等保障的立法進度，都未符合實際上的需要。第二，南方各州行政權的抵制。美國聯邦體制下，各州擁有相當大的自主權限，在自治權、執行權的抵制之下，平等保障效果很難實際達成。第三，19 世紀初，美國司法制度雖然已確立違憲審查權，[130]但是司法機關審查的水準、能力都未成熟，特別是有關平等保障的審查要件更是欠缺。因此，平等保障的判例或審查效果幾乎不存在，少

因此，當時又認為若國會未制定相關的施行條文（enforcement clauses），則無法具體落實。參照，近畿大學編，前引資料集（一），頁 5。

[128] 戶松，前引書，頁 13。值得注意的是，「所有人」應包括黑人之外的少數受差別的人種，但是當時或往後的平等保障運動，都是以黑人為主體在論議，故以下提及「黑人」在體系上應指黑人及其他少數人種。

[129] 修正第十四條通過以後的約百年期間，國會只在 1875 年通過的民權法案與平等保障有關。參照，畑博行《アメリカ政治と連邦最高裁判所》有信堂高文社，1992 年，頁 148-150。

[130] Marbury V. Madison, Cranch, 5 U.S. 137 (1803)，此判例只是確立權力分立下司法審查的概念，有關審查手續、過程、要件、保障效果等並未成型。

數涉及平等保障的審查，最高法院也採取適用範圍極為狹小的限定解釋，使平等保障幾乎與正義、公平一樣，只是當做審判過程的一般概念來運用，完全喪失當初制定憲法修正條款的基本精神。[131]

由此可知，平等保障在成為憲法條文的初期階段，只具備宣示性效果，促使美國社會開始接納這樣的理念，與實際具體產生有效的保障效果，尚有一段距離。

（二）平等革命時期

美國在獨立建國過程中，一直以自由為所有理念的核心，所以 1776 年開始的革命也可以稱之為自由革命。但是當時也有不少學者專家警告，自由的社會中潛伏著巨大的平等問題，有一天必然使美國面臨另一種革命。但是平等問題卻沒有被重視，一直到 1954 年有關人種隔離違憲判例形成之後，才爆發了所謂「平等革命」（Equalitarian Revolution）。[132]此一平等革命形成「平等主義」（Equalitarianism），並使美國邁向平等的社會，革命是由以下的一連串互動因素所形成。

平等革命的起源，首先來自「社會運動」與「司法審查」的互動所產生的巨大力量。美國社會在 50 年代為了打破人種差別

---

[131] 參照，橫坂，前引書，頁 90，相關判例有，Slaughter-House Cases 16 Wall 36 (1873); United States V. Gruikshank 92 U.S. 43 (1875); United States V. Harris 106 U.S. 629 (1872); Civil Right Cases 109 U.S. 3 (1883); James V. Baunman 190 U.S. 127 (1903); Giles V. Harris 189 U.S. 475 (1903).

[132] Kurland, *The Supreme Court 1963 Term-Foreword: Equal in Origin and Equal in Title to The Legislative and Executive Branches of the Government*, 78 Harv. L.Rev. 143, 145 (1964).

狀態，形成了各種民權運動組織。[133]這些組織除了運用當時逐漸發達的傳播媒體，提出廢除人種差別、要求平等保障的訴求，獲得內、外輿論的支持之外，更全力以司法訴訟的方式，要求司法制度的保障。因此，各種違反平等保障原則的憲法訴訟，在這些組織經由訴訟費用、律師團辯護、法理論等各方面的支援之下，積極且持續的展開。結果終於引起最高法院對平等保障問題的重視，形成各種型態的判例，不但實質產生司法上的救濟效果，也對與平等原則相關的國會立法形成巨大的影響，一般稱此為「積極的司法作用」。同時這些判決具體且實際的產生平等保障的效果，故學理上又稱之為「實際具體的平等保障理論」。[134]主要判例及其影響可分為三部分：1. Brown V. Board of Education （I），347 U.S. 483（1954）；（II），349 U.S. 294（1955），判定「種族隔離制度」違反平等保障原則；2. Baker V. Carr, 369 U.S. 186（1969），判定國會議席「定額分配不均」違反平等保障原則；3. Edwards V. California, 314 U.S. 160（1941），則是積極面對經濟上有關平等保障的判例。前二個代表性判例，又被稱為「平等革命」的兩大判決，以下將再詳論之。

其次，在社會民權運動與司法審查作用雙管齊下的壓力之下，國會在 60 年代積極制定實現平等保障的法律。主要的民權法案內容涵蓋國民日常生活的各種層面，包括設置人權委員會、

---

[133] 代表性的組織有：The National Association for the Advancement of Colored People (NAACP); The American Civil Liberties Union (ACLU); The Commission on Law and Social Action of the American Jewish Congress (CLSA).

[134] 日本學界稱之為「實體的平等保障論」，參照，戶松，前引書，第五章〈司法の積極的役割～實體的平等保障論〉。

嚴禁在公共設施、學校、公務員任用、投票權、社會福利事項的差別待遇。但是,這些法律對於私社會不具實際法效力,只能勉強做到政府在公共領域的平等保障。

最後,為了更有效落實平等保障原則,行政機關開始在執行財政輔助、公共工程招標、許可執照等業務時,亦同時注意是否關係到人種差別、不平等待遇的問題,私營企業或民間團體若違反平等保障原則,行政機關應排除其參與公共工程招標資格或取消財政補助,如此對私社會亦產生相當的效果。

美國社會自 60 年代展開的平等革命,目前已有具體的效果。雖然在私社會領域仍有不平等現象存在,這是同時維持自由國家體制無法避免的現實狀況。這一部分要解決,除了法規範之外,還必須從教育、信仰等人性改革面著手,才有實現平等社會的可能。

(二)有關選舉的平等保障

美國的獨立戰爭主要是在英國殖民時代,沒有平等、公正的代表而引發,所以平等的選舉及選出公正的代表,一直是美國建國以來不斷堅持的理想。因此有關選舉的平等,美國一直非常重視,與他國比較也領先一步。雖然如此,卻仍然有定額分配不均與投票權的人種差別,這兩項違反平等保障的問題存在。

1. 有關定額分配不均的問題

　　所謂定額分配不均（malapportionment）[135]是指議員議席與選民數的比例分配不均，都市地區的議席選民過多造成「過少代表性」（under representation），農村地區的議席選民過少造成「過大代表性」（over representation），使選舉權不平等。當然，定額分配不均同時也涉及選舉區劃分不當（gerrymandering）的問題，[136]，兩者之間是互為表裡的同一問題。20 世紀的工業化發展，使農村人口大量向都市集結，是形成定額分配不均的主要原因。例如，喬治亞州的最大比例是 82 萬人一議席，最小則是 27 萬人一議席，兩者之間的差別有三倍之多。這種不均衡狀態隨著時代的發展愈來愈明顯，使投票權的一票價值不平等，這種情況是否違反憲法的平等保障原則，逐漸成為必須面對的問題。

　　50 年代開始，有關定額分配不均的訴訟開始出現，但是初期的司法審查面對此一問題，都採取避免介入的立場。美國最高法院在 Colegrove 事件[137]中指出，有關議席分配與選區劃分等問題，屬高度政治性質範疇，實不宜由司法介入判斷其違憲（違反平等保障）與否。[138]美國最高法院在 Kidd 事件[139]中，亦同意田

---

[135] mal (bad, wrong) + apportionment: Any system where one group has significantly more influence than another, such as when voting districts are unevenly spread out across a population (compare gerrymandering).

[136] 井出嘉憲〈アメリカにおける投票の権利と平等の代表〉，東京大學社會科學研究所編《基本的人權 2 歷史 I》東京大學出版會，1971 年，頁 406。

[137] Colegrove V. Green, 328 U.S. 549 (1946).

[138] 畑，前引書，頁 171-173；井出，前引論文，頁 424；戶松，前引書，頁 189。

[139] Kidd V. McCanless, 292 S.W 2d 40 (Tenn.1956); Kidd V. McCanless, 352 U.S. 920 (1956).

納西州最高法院的立場，認為司法若判決議席分配與選區劃分違憲，將使議員喪失席位、議會形同不存在，結果權力分立體系會瓦解，故司法機關應避免審查。司法機關採取這種迴避的立場，同時議員自身為了維護既得利益，也逃避修改選舉法規的責任，結果這種選舉權不平等的狀態繼續被擱置。

然而，1962 年 Baker 事件，[140]最高法院推翻過去判例，首先認為定額分配不均的問題，並非所謂的「政治問題」，[141]因此是否違反平等保障原則，應容許司法有介入審查的空間，採取司法積極主義原則。其次，判決又認定，有關選舉權事項是民主制度最基礎的部分，若不能符合平等保障原則，將危及民主的根基。此一判例出現以後，引起美國三十九州也陸續提起相同性質的訴訟，要求每一位選民的一票在可能的狀況下（as nearly as is practicable）應與其他選民相等，因而使選舉的平等保障原則自此確立。

2. 有關人種因素的選舉權差別

南北戰爭結束之後，既然將沒有法地位的黑奴解放使之成為自由人，依法理應與其他美國公民一樣的享有選舉權。但是當時的白人社會認為，一旦賦予黑人平等的選舉權，政治權力結構會產生巨大的變化，特別是南部各州更擔心因而引發危機，故黑人的選舉權並無進展。因此，政府不得不立法或修憲來確保黑人的

---

[140] Baker V. Carr, 369 U.S. 186 (1969)．

[141] 政治問題是指，有關以下的憲法爭議，應以政治手段由行政、立法處理：（1）司法介入審判會造成行政與立法機關的對立矛盾狀態；（2）司法陷入政爭漩渦，喪失司法獨立立場；（3）司法判決之實際執行非常困難。

選舉權。1867 年的「重建法案」（The Reconstruction Act）明文規定南部十一州應賦予黑人選舉權；1868 年憲法修正十四條除了強調法地位的平等保障之外，第二款特別規定非法剝奪公民選舉權的州，其國會議席將被縮減；1870 年憲法修正十五條又再度明文規定，不得以人種因素剝奪選舉權。由此可知，當時被解放的黑奴，並未順利的取得選舉權。既使以憲法如此明文保障，南部各州仍然以州所擁有的選舉相關手續法制定權，訂定以下各種阻撓黑人取得選舉權的制度與法規。[142]

（1）投票稅

投票稅（Poll Tax）又稱人頭稅，1890 年密西西比州（Mississippi）州憲法規定，公民必須繳納 2 元美金的投票稅才能享有投票權，投票時得要求提出納稅證明才准予投票。此規定基本上是為了排除黑人的投票權，因為一般處於經濟弱勢的黑人，大多數都不願意或無能力支付稅金來取得投票權。同時，手續上投票時要求提出納稅證明，也使很多黑人因遺失或忘記攜帶該證明而喪失投票權。一方面「得」要求提出納稅證明，亦可使監票員在裁量時採差別手段，只針對黑人選民要求提出證明。因此很明顯的，當時實施投票稅的南方十一州，[143]是為了使黑人的投票權在實施過程中受到排斥而制定。

---

[142] 阿部竹松《アメリカの政治制度》勁草書房，1993 年，頁 270-276。

[143] 實施投票稅最早的是 1860 年以前的喬治亞州，德州在 1902 年實施。See, William H. Young, "Introduction to American Government", Twelfth Edition, Appleton-Century-Crofts Inc., New York, 1962, P.129, footnote.

雖然投票稅是否違反平等保障原則的訴訟在各州提起，但是判決都認為並未違反合理性基準。其理由是：①各州有權決定選舉資格；②投票稅是用於教育費，以排除文盲、政治上不關心、無知的民眾，以使民主政治進一步落實，其目的具備正當性，符合合理性基準。因此，民權運動組織最後也認為，依賴司法審查不可能廢除投票稅，故積極推動黑人選民繳稅以取得投票權的運動，放棄司法抗爭的手段。一方面學理上也認為，各州要求繳稅才能享有投票權是合憲的，除非修憲否則無法對抗投票稅。所以一直到 1964 年美國通過憲法修正第二十四條，明文禁止以未繳稅為理由剝奪投票權，才使阻撓黑人投票權的投票稅完全被廢除。

（2）白人初選制

　　白人初選制（White Primary）是指，在正式選舉之前的政黨提名初選投票過程，只允許白人參加來選出正式候選人。南部各州在 20 世紀中葉以前，幾乎都是屬民主黨的勢力範圍，因此民主黨所提名的候選人，必然在正式選舉中當選。換言之，黑人若無法參加民主黨初選，則等於是沒有投票權。[144]

　　因此，美國最高法院於 1927 年判決，[145]初選與一般選舉一樣，是國家選舉正式活動之一，適用平等保障原則，故白人初選制違憲。但是南部各州又以「政黨黨員資格屬各黨內部決定」為由，

---

[144] D.Dweeks, "The White Primary 1944-1948", 42 Am. Pol.Sci.Rev.500 (1948)，阿部，前引書，頁 273。

[145] Nixon V. Herdon 273 U.S.536 (1927).

排除黑人參與，堅持白人初選制。最高法院一九三二年判決，[146]又再認定該制度違憲。因此，民主黨仍區隔州的初選與黨內初選，主張憲法只規定州的行為，私人社團內部應不適用。此一說法最高法院在（Grovey V. Townsend 295 U.S. 45（1935））的判決中，認定合憲。其理論為：1.修正十四、十五條只規範州的行為，私人或私社團間的行為應不適用；2.政黨與政府機關性質不同，政黨只是由政治立場相同者自行組成的組織（Voluntary Association），甚至只是私人的俱樂部（Private Club）；3.初選與正式的選舉完全不同，只是推出候選人的手段（nominating device），公權力不應介入干涉。

然而，最高法院於 1941 年開始的一連串判決中，再度確認白人初選制違憲，其主要理由如下：1.修正第十五條可以適用於私人行為，何況政黨初選是州政府選舉運動的一部分，更應受規範；2.初選在實際選舉過程中，扮演很重要的角色，並非完全無關的私社團活動；3.拒絕黑人參加初選活動，是違反平等保障原則的人種差別（racial discrimination）。[147]自此，白人初選制的違憲確立。1964 年憲法修正第二十四條更明文規範初選制與投票權、選舉權有關，[148]必須受憲法與相關法律規範。

---

[146] Nixon V. Condon 286 U.S. 73 (1932).

[147] 主要判例有：United States V. Classic 313 U.S. 299 (1941); Smith V. Allwright 321U.S. 649 (1944); Terry V. Adams 345 U.S. 461 (1953).美國為政黨政治高度發展的國家，其選舉制度的設計又與政黨有密切關連性，因此對政黨的公共性有特殊的認定基準。實際上若由其他國家來觀察，政黨與政府之間的關係及其區別上有值得檢討之處，特別是有關政黨內部活動與政黨公共活動，是否應一視同仁，完全適用法規範，也都有進一步探討的必要性。

[148] 塚本、長內，前引書，頁 250。

（3）登記手續的差別

美國選舉法規定，公民在投票之前必須先向選舉委員會登記，才能在投票日依名簿登記順序取得投票資格。這雖然只是選舉管理上的事務處理，卻也被利用作為剝奪黑人投票權的工具，利用登記時書寫不清楚或無關緊要的錯別字為理由，使多數黑人未被列入選舉投票名簿。因此，國會於 1964 年的民權法案特別規定，不得以名簿登記手續上的瑕疵，剝奪投票的權利。此後，才無法再利用此一方式剝奪黑人的投票權。

（4）讀寫能力測驗

讀寫能力測驗（literacy test）是指，國民必須通過文書讀寫測驗合格，才能取得投票權的規定。這也是南部各州為了阻撓文盲較多且教育程度較低的黑人取得投票權，所採取的最有效的手段。[149]所謂公民必須通過「書寫、閱讀、理解、解釋」憲法與民主共和體制的能力測驗，才能擁有投票權的規定，由於其基準不明確，範圍深度也很廣泛，若任由測驗者自由裁量，幾乎可以阻止大多數人通過測驗，達到剝奪其投票權的目的。例如，阿拉巴馬州（Alabama）自 1956 至 1961 年間，接受測驗的黑人有 75% 未通過，其中包括碩士 6 人、學士 152 人、專科 222 人、老師 108 人，甚至還有一位大學教授，由此可證明其阻撓取得投票權

---

[149] 事實上，書寫能力測驗最早由北部各州實施（Connecticut 1855, Massachusetts 1857），但是其目的與排除黑人投票權無關。A.W. Bromage, "Literacy and the Electorate," 24Am.Pol.Sci.Rev. 946-951 (1930); F.G. Grawfard, "Operation of the Literacy test for Voters in New York," 25Am.Pol.Sci.Rev.342-345 (1931).

的威力。[150]

一方面，為減少白人文盲通不過測驗者的數目，各州亦同時制定「祖父條款」（Grandfather Clause），規定任何人只要其祖父在 1866 年以前已擁有投票權，即可免受讀寫能力測驗。因此，南北戰爭前早已擁有投票權的白人及其子孫，都不必受測驗的困擾，使該測驗更露骨的表明是針對黑人。[151]有關讀寫能力測驗的訴訟，美國最高法院一直判定為合憲，[152]其主要理論如下：①選舉權的重要性，民主政治是以選民做賢明的判斷為基礎架構而成，選民投票就如同官員執行公務（official duty），必須具備相當的知性（some mental intelligence），測驗的目的如果是基於判定是否具備參與民主政治的能力，應有其正當性、合理性；②文字文化的環境需要，美國社會的報章雜誌、書籍等印刷物品極為普遍，閱讀這些出版品並吸收各種資訊、常識，是國民做政治判斷的前提要件，故選舉權要求具備閱讀書寫能力有其合理性；③選民自主性的判斷，民主選舉過程選民是否自主投票是重要關鍵，為了防止無知民眾被收買、操縱，影響民主政治的基本理念，要求具備一定的能力或資格才享有投票權，有合理的依據與必要性。

讀寫能力測驗在美國最高法院認定其具備正當性、合理性的情況下，遂成為黑人及少數人種取得投票權的最大障礙。雖然國

---

[150] Comment, "The Federal Voting Refree Plan and the Alteration of State Voting Standards," 72 Yale L.J.770, 785-6 (1963).

[151] 「祖父條款」於 1915 年經美國最高法院判決確認，違反平等保障原則。Guinn V. United States 288 U.S.347 (1915).

[152] 代表性的判例有：Williams V. Mississippi 170 U.S.213 (1898)認為沒有人種差別因素：Giles V. Harris 189U.S.475 (1903)確認該測驗符合合理性基準；Lassiter V. Northampton 360U.S. 45 (1959)則更積極的判定其合憲。

會及社會各界都努力想要排除此一差別制度，[153]但是因為測驗制度被認為合憲，故其存在具合法性。所以反對者只能由測驗內容方面著手，要求測驗內容應客觀、一致，同時應保持必要最低的標準。例如，以小學六年級教育程度為測驗基準，開放英文以外的語文等，希望能減低其阻撓的效果。1966 年最高法院終於判定，以讀寫能力測驗來決定投票權的制度本身，是違憲無效的。1970 年美國各州終於完全廢除以讀寫能力作為選舉資格要件的制度，使美國終於實現符合「普通選舉」原理的選舉權保障。

由此可知，有關人種因素的選舉權差別，一直到 1970 年才澈底的廢除。美國被認為是民主制度的先進國，但是民主原理中最應該平等保障的選舉權，卻一直到 1970 年才真正實現「一人一票」的平等，實在令人感到意外。實際上，依據 1990 年的統計，黑人在選舉名簿登記只佔 60%，其中實際投票的只佔 44%，這是否長期受差別所形成的後遺症，值得進一步觀察。[154]此外，70 年代在美國各地提起，以選區劃分的手段瓦解少數族群投票影響力的訴訟，則是有關選舉平等保障的另一個爭點。

（四）人種隔離與平等保障原則

南北戰爭後憲法修正的三條文，雖然明文規定廢除奴隸制度，保障黑人法地位平等，但是宣示效果大於實質效果。於是

---

[153] 除了民權法案之外，艾森豪總統 D.D.Eissenhower）於任期中（1952-1960）也努力化解此一不平等的制度。橫坂，前引書，頁 106-111。

[154] 阿部竹松，前引書，頁 280；有關「淡化投票力」（vote dilution）選舉爭議參照，越路正巳〈アメリカにおけるマイノリティの選舉權〉比較憲法研究會《憲法の歷史と比較》日本評論社，1998 年，頁 166-176。

1875 年又通過「民權法案」，[155]要求所有公共設施中，黑人與白人享有完全相同的使用權利。但是在實際效果上，黑人在私社會中仍然受到各種抵制，無法真正保障黑人在日常生活中不受差別待遇。尤其是當時的司法判決都一致認為，平等保障原則對於私人及私社會間的差別行為若強制適用，將侵害個人的自由權利。這種立場使公權力無法介入處理私人間關係，更助長社會上的人種差別情況，發展出持續到現在的人種差別歷史。

1. 人種隔離合憲時期

初期的平等保障原則，雖然無法介入私社會排除各種差別狀態，至少在政府公共設施及公權力所及範圍，尚能有效保障黑人不受差別待遇。但是 1890 年路易斯安那州（Louisiana）制定「人種隔離法」（Jim Crow Statutes）之後，各州也都以相同的方式推動所謂「隔離下的平等」，等於是以公權力公開維護人種隔離政策，使人種差別狀態更形嚴重。美國最高法院在 "Plessy V. Ferguson. 163 U.S. 537（1896）" 判決中，也認定人種隔離法合憲，其理由如下：[156]（1）廢除奴隸制度是禁止對任何人強制奴役勞動，人種隔離法並未抵觸此規定；（2）社會上存在著由膚色區分人種的現象，並非法律可以令其消失，人種的特徵或肉體上的差

---

[155] 1875 年通過的這項《民權法案》（Civil Rights Act）禁止「任何人」剝奪任何種族或膚色的公民在公共場合受到平等待遇的權利，如旅館、劇院、公共娛樂場所和公共交通工具。正式名稱為「所有公民的公民權及法權利保護法」。

[156] 畑，前引書，頁 151-153；奧平康弘〈"Separate but Equal Rule" の推移〉，《公法研究》第 18 號，1958 年，頁 36。

異是沒有方法可以根除；（3）所謂隔離會使黑人感受差別或劣等自卑只是一種假定，隔離法本身並無促成黑人有劣等感的意圖；（4）法地位的平等保障是要求享有的權利與機會均等、相同，並未涵蓋必須融合在一起才具備享有平等的概念；（5）某些人種或個人在社會上居於劣勢或不利狀態，受到先天上及後天上的種種因素影響，並非憲法所能對應。總之，最高法院認為以法律規定不同人種必須隔離，若能保護各人種得到相同的待遇、享有同樣的權利，並未違反平等保障原則。此一人種隔離是合憲的判例形成之後，使美國社會（特別是南部各州）在各層面實施白人與黑人不接觸的政策，黑人所受的差別待遇，在此判例影響之下持續擴大。

2. 消極認定隔離不可能平等的時期

30 年代開始，有關人種隔離違憲訴訟的判決，開始出現變化的趨勢。此一時期的判決，並非針對隔離制度本身的違憲與否下判斷，而是對隔離之後，黑人所受待遇與白人不相等，如何要求使其「平等」的判決。1938 年最高法院在"Missouri ex rel. Gaines V. Canada, 305 U.S. 337（1938）"事件中判決，密蘇里州未能設置與白人相同的大學法學院，實質的在法學教育設備方面平等的提供黑人就讀，是違反平等保障原則的行為。1950 年最高法院在"Sweatt V. Painter, 339U.S.629（1950）"事件中判決，[157]德克薩斯州（Texas）為黑人所設立的大學法學院，不論在師資、圖書設

---

[157] 與此類似的判例有，McLaurin V. Oklahoma State Regents, 339U.S. 637 (1950).

備、課程上，與專供白人就讀的德州大學法學院比較，都不符合「實質的相等」原則，故違反憲法平等保障原則。該判決雖然沒有直接認定人種隔離違憲，但是依其所要求的「隔離下平等」標準來衡量，州政府無論如何都做不到所謂的「隔離」但又可以使之相等的結果。因此，等於實際上宣判在「隔離」之下，是不可能達到平等保障，使人種隔離合憲的理論終於開始瓦解。

3. 人種隔離的違憲判決

　　1954 年美國最高法院有關"Brown V. Board of Education,347 U.S. 483（1954）"事件的判決，[158]是廢除人種隔離的代表性判例，結果也促使對黑人的平等保障邁向一個新的里程碑。最高法院判決的主要內容及理論如下：（1）本判決的內容不只是針對個案，而是就隔離政策對公教育所造成的影響作整體性考量；（2）本判決也不是再回頭去檢討憲法修正第十四條（1868 年）或 Plessy 事件（1896 年）當時的狀況，而是就目前美國人的生活及公教育現在的功能與效果來思考；（3）教育對一個人人生的成功與否極為重要，所以民主化的社會必須保障每一個人都能享有平等教育機會。在目前隔離的教育體制下，不僅要注意設施、師資等「有形要素」（tangible factors）是否平等，更不能忽視「無形因素」（intangible factors）包括身心、感覺等對幼童心理所會形成的影響是否平等。如果黑人學生在教育過程中，因為隔離而感受到地位不如他人，則不但隔離下的「平等」是不可能達到的目標，隔

---

[158] 事實上，此一判例是由四個不同的事件合併審查，包括 Gebhart V. Belton, Davis V. County School Board, Briggs V. Elliot，參照畑，前引書，頁 165-167。

離的教育體制本身即違反平等保障原則。由以上的因素判斷，人種隔離方式的黑、白分校教育體制應屬違憲，所謂「隔離下的平等」體制應予廢除。

4. 違憲判決的影響

　　最高法院判決「隔離下的平等是不可能實現」、「任何人種隔離的制度都是違憲無效」之後，結果會造成那些影響，當時的學者專家在判決後的短期間，實在無法想像或預測。因為其影響的層面，不只是包括全美國實施黑、白人種隔離的各級學校，同時也包括各類黑白人種隔離的公共設施及各種社會制度。例如，住宅、海灘、運動場所、公園、法院旁聽席、監獄、交通工具等的隔離，都必須對黑人開放或適用，[159]數量龐大的法令規定也必須修改。這種大規模的變動，如果沒有各級議會與政府配合，只依賴最高法院是無法具體實施。因此判決也指出，允許在「適當的期間儘快處理」，[160]對於立法、行政、各州政府的反應，最高法院也只能靜觀其變。事實上，聯邦政府與議會的對應措施極為慎重且緩慢，當時南方各州甚至還企圖採取對抗措施。人種隔離的違憲判決經過六十多年之後，雖然人種差別與權利保障已有改善，然而是否完全具體實現憲法平等保障原則還有待觀察。一方面，2008 年黑人總統歐巴馬（Barack Obama）當選美國第 44 任

---

[159] 塚本重賴《アメリカ憲法研究》酒井書店，1985 年，頁 261；戶松，前引書，頁 185。

[160] 一般認為這樣的判決似乎「自我矛盾」，但是學理上也稱之為「現實的柔軟性」（practical Flexibility），認為是法原則之一。參照，畑，前引書，頁 160。

總統，可以說是「社會運動」與「司法審查」經過六十多年的努力，才能有此成果。

二、日本戰後的平等保障與相關判例之探討

日本在戰前的君主專制體制下，雖然制定明治憲法，但是並沒有與平等有關的條文。[161]明治維新以後因為封建社會下的士農工商身分體制廢除，使私社會中的身分差別逐漸瓦解。但是以天皇制為中心所架構的華族、貴族等世襲特權，本身就是建立在不平等的差別基礎上，當然不可能論及平等思想或保障的問題。特別是女性在政治上、教育上及家庭中的地位都有嚴格的限制，受到明顯的差別。

戰後日本制定的新憲法體制則與舊憲法體制截然不同，澈底的廢除各種不平等制度及人與人之間的差別。如果把象徵天皇制當作是傳統所遺留下來的例外，則目前的憲法體制已符合現代平等保障所要求的基準。日本憲法第十四條明文規定一般性平等原則：1.保障法地位平等；2.禁止在政治、經濟、社會關係上的差別；3.不得因人種、信仰、性別、社會地位、出身因素而有差別待遇。此外在相關條文中又特別強調平等保障原則，第二十四條保障兩性在婚姻、家庭生活地位的平等，第二十六條保障學習權平等，第四十四條保障參政權平等。一方面，人權保障體系明文

---

[161] 明治憲法第十九條勉強出現，文武官員應依其能力「公平」任用的規定，是唯一與現代平等理念有關的部分。參照，芦部，《憲法學 III》，前引書，頁 11-12。

保障社會基本權的部分，則對國民經濟、社會生活追求實質平等，規劃出基本的保障內容。

除了憲法完整規定平等保障原理之外，日本國會也全面檢討包括民法、刑法、行政法等舊有法令，修改其中違反平等原則的條文。例如，刑法的強姦罪、性交易罪、國籍法的父系優先原則等有關女性差別條文；公務員法對政治思想、出身背景的調查等有關身分地位的差別條文。一方面，為了保障平等權利，在制定相關法律時也特別列入保障平等的相關條文。例如，勞工權利相關法規、教育基本法規、生活保護法規中，都有各種與平等原則有關的條文規定。[162]

日本有關司法審查的理論，大部分受到美國判例的影響，但是因為日本最高法院長期以來所形成的保守性格，違憲的判決並不多。1997 年為止，只出現過六件違憲判例，其中卻有三件與平等原則有關，可見平等原則在日本司法審查制度所代表的意義極為重大。1973 年首次違憲判決的「尊親屬殺害事件」，[163]就是針對違反憲法十四條平等原則的判例。1976 年、1985 年兩次有關平等原則的判例，[164]則是屬於國會議員選舉定額分配不均的判決。日本有關投票權不平等及選舉區劃分不當的違憲訴訟，與美國有類似之處，故在此不再加以分析。以下僅針對「尊親屬殺害」、「部落民、先住民族差別」等較具日本特色的平等原則有關問題加以探討。

---

[162] 參照阿部、野中《平等の權利》，前引書，第二部〈國民生活と平等の權利〉。

[163] 最高裁判所大法廷判決，昭和 48 年 4 月 4 日，刑集 27 卷 3 號 265 頁；《判例時報》第 697 號 3 頁；《判例タイムズ》第 291 號 135 頁。

[164] 最大判昭和 51 年 4 月 1 日民集 30 卷 3 號 223 頁；最大判昭和 60 年 7 月 17 日民集 39 卷 5 號 1100 頁。

（一）尊親屬殺害重罰規定與平等原則

日本在明治四十年（1907 年）第二十三屆帝國議會所制定的刑法中，對於殺害尊親屬犯罪者採取比一般犯罪者加重刑罰的規定，包括「尊親屬殺害罪」（200 條）、「尊親屬傷害致死罪」（205 條之 2）、「尊親屬遺棄罪」（218 條之 2）、「尊親屬逮捕監禁罪」（220 條之 2）。這些源自古代中國的封建法律條文及思想，明顯的與尊重個人人格尊嚴的現代人權理念格格不入。[165]因此 1946 年日本制定新憲法，保障所有人的法地位平等之後，就引發尊親屬殺害重罰是否違憲的爭論。

1. 尊親屬殺害重罰之合憲判決

日本最高法院於昭和二十五年（1950 年）首次針對尊親屬殺害重罰規定判決合憲，認為該刑法條文並未違反平等原則。[166]本案最初是由福岡地方法院判決認定，尊親屬殺害重罰的刑法條文，是封建、違反民主主義、違反人權保障原理、違反平等原則的法律，因此違憲無效。[167]最高法院判決則推翻該第一審判決，提出以下理由判定為合憲。

> (1) 憲法第十四條及相關平等原則的條文，並未排除法律可以依年齡、職業、人與人之特定關係，或道德、正義等

---

[165] 中華民國刑法至今仍然有相關規定，第 295 條對於直系血親尊親屬犯第 294 四條之罪者，加重其刑至二分之一。

[166] 本案〈最大判昭和 25 年 10 月 11 日刑集 4 卷 10 號 2037 頁〉是針對，地方法院一審〈福岡地裁飯塚支部昭和 25 年 1 月 9 日〉違憲判決的越級上訴，所做的判決。

[167] 參照，初宿正典編著《基本判例：憲法 25 講》，成文堂，1993 年，頁 97。

特定目的的需要，制定適當、具體的不同規範。

(2) 父子、夫婦、兄弟之間特有的倫理、道德觀念，是古今東西方都普遍接納的原理，也可以說是自然法則之一。依此所制定的尊親屬殺害重罰條文，絕非封建或反民主的違憲法令。

(3) 憲法第十四條所列舉的禁止差別事項或社會關係中，並未包括父子人倫關係。尊親屬殺害重罰的條文規定，不屬禁止差別的範疇。

除此之外，參與審判的齊藤悠輔法官更提出補充意見，[168]以反常的口氣嚴厲批判一審違憲判決的主張。例如，「對於任何人都會認為不道德的殺害尊親屬行為，加以重罰怎麼會違反民主主義，這種主張真是病態的人權思想」、「掛羊頭賣狗肉」、「誤導世道人心的說法」、「不孝忘恩負義者應予澈底打擊」。這些內容雖然是個別法官的見解，但是也足以反映出當時民主化體制下，多數最高法院法官仍然存在著強固的封建保守思想。值得注意的是，該判決中提出違憲主張及反對意見的法官有真野毅與穗積重遠二位。其中真野毅提出以下理論：（1）民主主義的基礎是個人的尊嚴、人格的平等，聯合國「世界人權宣言」也明文保障這些原理，各刑法尊親屬殺害重罰相關條文是明顯的差別待遇，違反憲法十四條平等原則；（2）每一個人出生而形成的社會身分，是個人意願所無法改變的，故不得因而加以差別。父子長幼的相互關係也應該是自然形成，相互之間的尊敬報恩等情感，並非法律

---

[168] 主要內容參照，中村睦男、秋山義昭、千葉卓編著《教材憲法判例（第 2 版）》，北海道大學刊行會，1988 年，頁 124-126。

上的權利或義務，以法律特別強制或要求都不適當。[169]這在當時保守思想佔絕對優勢的最高法院，實屬難得之少數見解。

2.尊親屬殺害重罰之違憲判決

日本最高法院在歷經二十多年之後，才於 1973 年的審判中推翻原來的合憲判決，認定尊親屬殺害重罰的相關刑法條文違反平等原則無效。然而，必須注意的是，判決理由中僅認定「手段」違憲，並未直接認定尊親屬殺害重罰的立法目的及其理念違反平等原則。

判決理由首先區分「目的的審查」與「手段的審查」兩部分。[170]首先，有關尊親屬殺害重罰的立法目的，最高法院基於以下理由，認為不能就此判定違憲。（1）來自血緣與婚姻的親族關係，有自然的親情與長幼有別的責任承擔。卑親屬都是由尊親屬負責養育成人，故對尊親屬尊重報恩乃倫理道德上自然的情感，值得社會法秩序加以維護。（2）殺害尊親屬的行為違反倫理道德，社會上都會特別嚴厲的責難，刑法反映此一情況而加重處罰，並無不當或違反合理性之處，故認定加重刑罰的目的違反平等原則並不妥當。

其次，有關尊親屬殺害重罰的「手段」，最高法院認為若加重處罰的程度（手段）與達成立法目的，有明顯的失去平衡之狀況，則形成不合理的差別違反平等原則。尊親屬殺害重罰的刑法

---

[169] 同前注，頁 123-124。
[170] 中村睦男〈法の下の平等と尊親屬重罰規定〉，中村睦男・常本照樹《憲法裁判 50 年》悠悠社，1997 年，頁 112-113。

規定，只能處死刑或無期徒刑，與普通殺人罪規定的死刑、無期徒刑、三年以上有期徒刑比較，明顯的在量刑選擇上，有過當的限制，會造成某些案例必然處罰過重失去平衡的判刑。因此，尊親屬殺害重罰的刑法規定，已超過達成立法目的的必要手段，屬不合理的差別，違反憲法平等原則。

依據以上判決理由加以分析，該事件司法審查是採「合理性基準」，一方面認定有關立法目的依重大的公共利益（維護倫理道德）採不同區別並未違憲；一方面對於達成目的的手段（加重刑罰程度）則認定明顯的有失均衡，故違憲無效。在此必須注意的是，同樣是認定尊親屬殺害重罰條文違憲：（1）若認定立法目的違憲，則刑法或其他法律如果對有關「尊親屬」犯罪採不同的區別刑罰，皆屬違憲無效；（2）若只是單純的認定手段違憲，則對「尊親屬殺害」的犯罪行為，只要修改該條文，採適當的加重刑罰，即不違憲。同時其他有關尊親屬的加重處罰條文，也仍然繼續有效。本判決的違憲認定，明顯的是屬（2）的部分。

3.有關尊親屬殺害重罰違憲法理的探討

有關尊親屬殺害重罰問題，日本最高法院在 1973 的判例雖然判決違憲，但是在法理上仍有以下兩點必須進一步加以探討。

第一，有關平等原則司法審查基準的部分，依判決內容所述是採「合理性基準」。因此，立法者只要是基於公共福祉、社會上共同利益之目的，即可採區別對應，這種不同的區別對應並未違反平等原則。判決內容針對立法目的之審查只提出，「一般對尊重報恩的倫理道德都認為有維護之必要」的說明，很明顯的只

是以「維護公共利益」基準做為審查立法目的的正當與否，所採用的是「合理性基準」。換言之，審判過程並未採用「重大的政府目的」或「必要不可缺的國家目標」等基準，來審查尊親屬殺害重罰的立法目的，故不符嚴格合理性基準或嚴格審查基準之要件。

然而，違憲審查採用「合理性基準」時，司法機關對於達到立法目的的手段之審查，只要認定其具備正當關連性即可，原則上其他部分應屬立法機關裁量範疇，司法機關應避免介入審查。[171]因此，依合理性基準審查，要從「手段」導出違憲結論幾乎不可能。但是本案判決，一方面在立法目的的階段的審查採合理性基準，寬鬆的認定採區別對應具備立法的正當性；一方面又在手段審查階段排除立法裁量，並依嚴格合理性基準方式，審查所採手段與達成目的之間是否具備「實質關連性」，再以非常嚴格的基準認定「手段」有失均衡，故判定屬違反平等原則的不合理差別。由此可知，該判決所採基準若依據合理性基準，則不可能導引出手段違憲的結論。反之若採嚴格合理性基準審查，則立法目的違憲的可能性應高於手段違憲的部分。該判決很明顯的在選擇審查基準方面，有搖擺不定的情形，對於合理性基準與嚴格審查基準的選擇也有矛盾之處，值得檢討。

第二，有關尊親屬殺害重罰的違憲審查，其焦點應在刑法對涉及尊親屬犯罪者採區別對應，是否符合平等原則，是否形成差別等立法目的本質的部分。有關刑法尊親屬殺害重罰條文的違憲

---

[171] 戶松秀典《平等原則と司法審查》有斐閣，1990 年，頁 316。一方面涉及本質性人權，刑罰手續內容的區別，是否應採嚴格審查基準，更應檢討。

問題，1946 年日本制定新憲法確立保障人權、民主法治體制之後，學界即曾對此提出質疑。

　　1950 年最高法院判定有關尊親屬殺害重罰刑法條文合憲之後，學界亦有贊否對立的見解。贊成論主要與判決理由類似，[172] 在此不再分析，至於反對論者則有以下批判。（1）尊親屬殺害重罰的刑法規定是依據傳統的、封建的家族制度而制定，其思想觀念與現代個人平等的人權思想互不相容。（2）有關尊親報恩等道德倫理觀是值得推崇。但是法律與道德，是不同本質、層次的問題，不能以道德即法律或道德應以法律落實等觀念，來論述法理或判定違憲與否。（3）孝順、尊親等倫理道德是值得推廣肯定的理念，其存在意義應在正面宣揚實現，而非在負面的特定犯罪事件企圖以法來刻意抑制不孝行為，這對於推廣孝道倫理並無助益。何況，依一般刑法條文對重大不可赦的尊親屬犯罪者，同樣可以處以重刑。[173]

　　1973 年最高法院違憲判決文中，田中二郎等六位法官亦提出補充意見，主張刑法的尊親屬殺害重罰罪的規範條文是不合理的差別，區別尊親屬殺人與普通殺人的立法目的本身即屬違

---

[172] 小野清一郎〈尊屬傷害致死罪の規定と憲法十四條〉，《警察研究》第 23 卷第 12 號 57 頁（1952），植松正〈法の下における平等の原則と尊屬に対する罪の規定〉，《法學志林》第 48 卷第 1 號（1950），頁 2。

[173] 主張尊親屬殺害重罰刑法條文違憲的學者，在 50 年代即佔多數，隨著時代的發展日益增強，70 年代以後已成學界主流通說。合憲判決（1950）之後，代表性違憲主張有：滝川春雄〈尊屬殺〉，《判例百選（第一版）》104 頁（1960）；小林直樹〈尊屬殺重罰と法の下の平等〉，《憲法の判例（第一版）》14 頁（1966）；大須賀明〈尊屬殺重罰と法の下の平等〉，《憲法の判例（第二版）》16 頁（1971）；平野龍一〈尊屬傷害の規定は憲法に違反する〉，《警察研究》第 25 卷第 3 號，1954 年，頁 87。

憲。[174]以下主要依據田中法官意見與主流學說，分析主張尊親屬殺害重罰刑法條文違憲的理由。

(1) 現代國家憲法與人權保障，就是從打破封建時代的主從隸屬關係，恢復個人人格尊嚴與平等地位開始形成。日本憲法第十三條也指出，所有國民都應該視為個人而被尊重。同時保障個人尊嚴與尊重個人人格平等，也是民主主義的基本理念。憲法保障的平等，並非絕對不允許差異性的區別、對應手段存在，雖然「合理的區別」與「不合理的區別」的基準何在一直是問題所在。但是不容許侵害個人尊嚴與人格平等，應該是判斷差別與否的最低基準。區別尊親屬殺人與普通殺人的刑罰規定，明顯的抵觸此一基準。

(2) 尊親屬殺害重罰的刑法特別規定的思想、理論背景，與過去君主專制時代的國族、家父制度有密切關係。日本新憲法為了廢除君主時代所遺留下來的「家長」、「戶主」、「家督」等封建制度，特別制定第二十四條保障家族、家庭生活中個人的尊嚴與兩性平等。所以這些與傳統身分從屬制度、家父制度有關的刑法條文，實與現代以個人尊嚴與平等為基礎的憲法人權理念互相抵觸。民主先進各國的法令都沒有類似規定，過去有此規定的國家也大多數廢除，這是現代民主法治國家的潮流。

---

[174] 六名法官是，田中二郎、小川信雄、坂本吉勝、下村三郎、色川幸太郎、大隅健一郎。參照，中村睦男等編著，前引書，頁 117-121；初宿，前引書，頁 105-106。

(3) 尊敬長輩、孝順父母，這種倫理道德面的價值沒有人會否定，但是這種自然情感的維繫，應該是以個人人格平等為立足點之下，所產生的自覺性、自發性的行為。如果認為必須以法律來強制孝順、甚至以為必須加重刑罰才能防止不孝的尊親屬傷害事件發生，反而是否定這種自然情感或孝行的自然存在。所謂有尊親屬殺害重罰規定存在，才能維護孝順倫理，廢除尊親屬殺害重罰規定，會使不孝反逆行為盛行，都是不具說服力的矛盾說法。

(4) 此次最高法院違憲判決理由仍然認為，區別尊親屬殺人與普通殺人有其合理性，只是所採刑罰過重故手段違憲，這是本末倒置的判斷。若是如此，則除了上述所分析採「合理性基準」的矛盾之外，刑罰量刑過重也應該是違反憲法第三十一條的「罪刑均衡原則」，而與違反憲法第十四條的平等原則無關。[175]

(5) 殺人傷害等犯罪事件，不能由結果來判斷量刑，而必須由事件發生的動機、背景、過程來綜合判斷。尊親屬有關的殺傷事件中，卑親屬受到尊親屬虐待、自衛、意外傷害而發生者佔很大的比例。因此只依據殺害尊親屬的結果，就認定必須加以重罰並不妥當。何況依據一般刑法條文，對重大尊親屬殺害的犯罪者都可以重罰，實無加以區別另設條文之必要性。

---

[175] 芦部，前引書，頁 64。

(6) 所謂廢除尊親屬殺害重罰的相關條文，會造成對社會倫理道德的不良影響。這種推論未免輕視國民的知識水準及判斷能力，更是對社會倫理道德的堅固基礎沒有深入瞭解的杞人憂天。日本社會及國民的價值觀、道德理念，不可能因為沒有立法對尊親屬殺害重罰，而受影響或瓦解。

4.違憲判決後之影響

最高法院判定尊親屬殺害重罰違憲之後，日本檢察總長立即指示各地檢察官，日後應避免引用與尊親屬殺害重罰有關的條文，而直接依普通刑法條文起訴相關案件。一方面，日本法務部也立即針對過去依加重刑罰判處徒刑者，研究以減刑方式縮短刑期。這樣的對應措施，使尊親屬殺害重罰的刑法相關條文，雖然繼續存在，但實際上形同失去效力。日本刑法的修正案，因為涉及必須全面檢討大幅修改所有條文的關係，一直到 1995 年才經國會審議通過，故尊親屬殺害重罰的刑法條文，在違憲判決的二十二年後才正式廢除。

日本雖在戰後制定新憲法，澈底改頭換面成為現代民主法治國家。但是與其他亞洲國家一樣，因為深受儒家思想與傳統文化的影響，仍有很多與民主、人權格格不入的體制繼續保留下來。尊親屬殺害重罰是否違反平等保障原則的爭議，就是其中代表性的例子。1950 年最高法院認定尊親屬殺害重罰合憲，二十三年後同樣的最高法院卻全數同意推翻原判決，認定尊親屬殺害重罰違憲。這也可以證實目前被認為毫無疑問、必然如此的憲法見

解，未必能持續下去，或許經過時代的發展與社會情勢的演變，可能完全改觀。

（二）部落民與愛奴族差別問題

1. 部落民差別與同和政策

日本的部落民主要是德川時代嚴格實施身分制度之後而形成，當時無法取得士農工商身分，而且具有固定住所及工作的民眾或一些犯罪者，就被稱為穢多、非人幾乎無法翻身。這些人及其子孫所聚集生活的貧困地區逐漸形成部落，故稱為部落民。部落民無法參與正常的社會活動，也不能與一般人交往，只能從事粗賤的工作求生存。

明治維新之後，日本從事近代化革新，1871 年正式以法律宣布，廢除賤民的身分限制，使部落民（當時約 38 萬人）也能享有平等的國民身分。但是如同美國解放之後的黑奴一樣，部落民雖然形式上在法地位取得平等身分，實際上仍然受到差別與隔離，根本無法得到實質的平等保障。其主要原因為：（1）當時政治體制仍然維持天皇、貴族、軍公教、士農工商等明確的身分階級，因此社會上存在著各種差別的現象本來就極為自然。（2）經過長期的差別、壓迫，部落民無法適應正常的社會、經濟活動，仍然在各方面位居社會的底層。（3）私社會的偏見與排斥，若非國家在政策上採積極措施，實在無法化解。（4）日本完善的戶籍

制度，使部落民及其子孫的身分永遠無法消除。[176]

戰後日本憲法明文保障人權、平等原則、禁止差別，因此部落民差別的問題才逐漸獲得重視。一方面，因為集會結社自由的保障，當時各地有六千的部落及將近三百萬的部落民開始成立全國性組織，爭取自己應有的平等地位及權利。代表性的組織有「全國自由同和會」、「部落解放同盟」、「全國部落解放運動連合會」等。但是公權力依據正常的法令保障，並無法使部落民在教育上、經濟上、社會上的弱勢地位獲得改善，在私社會中部落民在婚姻、就業、租屋居住等方面，所受到的差別待遇也日益嚴重。

因此，日本國會於 1969 年制定「同和對策特別措置法」，採取類似美國的「優先保障措施」，要求行政機關積極的採取優先待遇政策，以化解部落民受差別的狀態。同和政策的重點，一方面針對部落民採優先保障措施，包括同和獎學金、職業訓練費、生育養育費等各種福利支付，以培養其自立的競爭能力；一方面則持續的加強監督對部落民差別及侵害其基本人權的狀態，有效的去化解部落民差別持續存在的現象。除此之外，國民教育體系中有關人權教育部分，亦特別增列同和教育，使兒童在教育過程中學習沒有差別意識，尊重個人人格尊嚴的觀念。

然而，同和政策實施之後仍有以下值得檢討之處。首先，同和政策使國家每年應特別編列預算，以支付部落民的各種福利費用，或居住、活動設施建設費補助金。然而，依據戰後日本憲法增列的社會權保障，一般國民亦享有基本生存條件的保障，包括

---

[176] 橋本，《基本的人權》，前引書，頁 132-136。

生活保護法、老人、兒童單親家庭保護法，國民健康、年金法，
職業安定法等涵蓋各層面的要求福利補助之權利。因此，同和福
利保障與一般國民福利保障之間的差異何在，那一部分屬優先保
障措施，兩者之間如何區別都必須使之明確化，才能使同和福利
與一般福利有所區分。否則部落民做為國民的一份子本來即可享
有的基本人權，卻又以同和政策特別法保障，使本來依憲法即可
享有的權利，好像又成為優先保障措施的對象，實容易引起誤
解，對化解差別產生負面影響。

　　其次，同和政策推動過程，各級行政機關執行時，對於資格
與權利享有做認定時，經常過度介入部落民私生活領域，甚至
侵害其基本人權。結果原來是為了維護人權而形成的制度，反而
造成侵害人權的現象。因此，同和政策雖然對於部落民的生存
權、學習權、工作權的保障有正面的助益。但是在執行過程中，
有時也對部落民的個人隱私、居住自由、結社表現自由有負面的
規制，稍有不慎即造成侵害人權的狀態，這也是值得探討的部
分。[177]

　　最後，同和政策負責機構及行政機關在執行推動過程中，經
常基於黨派、思想、理念的差異，對部落運動組織或個人採取不
同待遇，一方面形成部落民內部的差別，一方面則使部落運動組
織之間相互對立。[178]例如，全國自由同和會屬親自民黨的組織與

---

[177] 長谷川正安《部落問題の解決と日本國憲法》部落問題研究所，1995 年，
頁 39-40。
[178] 參照，原野翹〈同和補助金行政の公共性〉；丹波正史〈人權擁護推進審議
會とその問題點〉長谷川正安・單羽徹編《自由、平等、民主主義の憲法
學》大阪經濟法科大學出版部，1998 年，頁 97-134。

政府關係良好；部落解放同盟則與社會黨等在野黨派及勞工組織結合，於在野勢力有一席之地；全國部落解放運動連合會則由戰前與共產黨關係密切的部落組織「水平社」成員主導，屬最激進的運動組織。因為各有不同政治立場及政黨支持，互相之間也就經常對立。

　　基於以上種種因素，同和政策經由評估之後目前已暫告一段落，1997 年日本國會制定「人權擁護施策推進法」，將原來的同和政策納入其中運作，避免優先待遇保障措施長期化、固定化。事實上，受差別的集團要追求平等的地位，最重要的主體是自我認識個人人格尊嚴，自主的追求自由、平等的人權。人權保障相關的法制度都是周邊的因素，無法取代主體去獲得人權與尊嚴。

2. 愛奴族差別與先住權

　　愛奴族（Ainu race）又稱蝦夷人，是居住北海道的「舊土人」。[179] 1869 年日本宣布將蝦夷地區改稱北海道，正式併入日本領土的一部分以後，愛奴族就開始成為被壓制、差別的對象。愛奴族基本上以狩獵（鹿）漁業（鮭）為生，日本內地人大量移民北海道開拓以後，壓縮其生活空間，使其生活極為困苦，且導致人口無法成長，1873 年 1 萬 6 千人口數，1986 年也僅有二萬四

---

[179] 一八七八年明治政府發佈命令，蝦夷人、古民、土人等稱呼，以後一律使用「舊土人」的公式名稱。中村睦男〈アイヌ特別立法の成立とその展開〉杉原泰雄等編《和平と國際協調の憲法學》（深瀬忠一教授退官紀念）勁草書房，1990 年，頁 327。

千人。日本政府曾經於 1899 年制定「北海道舊土人保護法」,[180]
表面上規定愛奴族的醫療、生活扶助、教育等都予特別保護。實
際上是企圖加以同化的政策,對愛奴族的生存、發展及保存獨自
的文化傳統並沒有實際的功能。戰後雖然憲政體制產生巨變,在
民主自由的新環境下,一般國民的人權與福利都已大幅改善,但
是愛奴族仍然受到差別與忽視。1961 年以愛奴族為中心的運動
組織由過去的「北海道愛奴協會」改名為「北海道ウタリ協會」[181]
之後,才引起各界的關心與注目,由各層面展開保護愛奴族生
存、權利、傳統文化的社會活動。經過二十多年的抗爭,1984
年該組織向北海道知事提出的愛奴「先住權」要求終於被接納,
以地方政府權限開始改善其生活,維護其文化傳統。

先住權(Aboriginal title)是源自美國的概念,指先住民族
對居住土地及其資源的占有權(right of occupancy),此一權利不
同於對抗主權的自決權,也沒有個人的補償請求權,而是以先住
民族為主體與政府協議,立法施行各種補償措施。[182]愛奴先住權
要求日本政府立法保障的內容主要包括以下五項:(1)發佈廢除
差別尊重愛奴族權利平等宣言;(2)優先保障及強化愛奴人權;
(3)振興愛奴傳統文化;(4)設立基金促進愛奴族自立、自主;

---

[180] 全文參照,中村,前引論文,頁 329-331;吉田邦彦〈アイヌ民族の所有権
・環境保護・多文化主義(上)・(下)〉《ジュリスト》有斐閣,No.1163,
1165 號,1999 年,頁 124-126。

[181] ウタリ是愛奴語「同胞」的意思。

[182] 常本照樹〈アイヌ先住民の権利と法〉,杉原等編,前引書,頁 309;同〈人
権主体としての個人と集団〉,長谷部公男編著《現代の憲法》日本評論社,
1995 年,頁 82-97;同〈これからの憲法〉,中村・常本《憲法裁判 50 年》;
横田,〈集団の人権〉,前引論文,頁 56-58。

（5）設置專責機構處理愛奴經濟自主、社會地位平等之相關事務。[183]日本國會也於 1997 年 5 月 14 日通過以上內容為基礎的「愛奴文化振興法」，在北海道各地設置促進愛奴文化振興與研究的機構。該法施行以後，愛奴人不再像過去般的隱瞞愛奴族的身分，同時文化語文的研究及各機構的工作機會，也改善其就業與生活狀況。然而，差別的狀態一時尚無法根絕，要真正達到該法所追求的「愛奴人以身為愛奴族為榮，並在社會上受到尊重」，恐怕不是短期間可以實現。

有關改善少數先住民族的差別待遇與不平等地位的優先保障措施，應注意以下幾點。第一、各種優遇及福利，不應集中於硬體建設，例如居住環境、公共活動設備等。這些固然對改善其生活水準有所助益，然而基於平等保障理念，如何協助其恢復自尊、自我族群認同與排除差別狀態才是重點。第二、先住民族的語言、文化、習俗之維護，是其享有平等地位的前提要件。如果優遇政策使其在教育、經濟、社會方面完全與其他國民相同，卻因而喪失其特質、特徵、歸屬意識，則等於是同化滅族的政策。第三、實施過程應保障先住民族的選擇自由，並尊重其自主的價值理念及民族觀點。

---

[183] 提案內容原來包括要求國會及地方議會設置愛奴族特別議席。然而，憲法平等原則、選舉權平等、國會議員代表全體國民等規定若未能修改，將有違憲無效之結果。故後來取消之。台灣的先住民保障名額屬相同的問題。

（三）小結

以上有關日本平等原則之探討，有兩點值得特別注意之處。第一，日本有關平等原則的司法審查基準，實際作用時未臻成熟。雖然憲法學界之學理探討已達到相當水準，然而或因為判例太少無法熟練的運用，或因最高法院法官過於保守，故判決內容有關基準適用的理論部分很薄弱。[184]第二，日本平等原則的爭議、違憲審查過程或對應方式，與美國都有時間上的巧合，似乎都緊隨在後發生。例如，有關國會議席定額分配不均的訴訟，幾乎是在美國告一段落之後即在日本發生。日本部落民的差別問題，在性質上、時間上與美國的人種隔離都有密切的關連，優先保障措施與同和政策的實質內容也很類似。例如，美國在 1887 年制定土地分割法（General Allotment Act or Dawes Act）將印地安部族的土地切割給個人，企圖以農民化方式同化游牧的印地安人。1899 年日本的北海道舊土人保護法也有同樣的內容。目前的愛奴文化振興法與美國 1934 年「印地安再組織法」（Indian Reorganization Act）的目的與內容也極為類似。當然，除了部分是偶然的巧合之外，日本戰後的憲法體制與人權保障理念，完全接受美國的模式，憲法審判也採美國的附隨審查制，這些狀況對兩國之間雷同之處也應該有直接、間接的影響，值得加以比較分析。

---

[184] 松井茂記〈最高裁判所の憲法判例の半世紀〉《憲法五十年の展望 II》有斐閣，1998 年，頁 266-271。

三、德國的平等理論與判例之探討

（一）平等保障之演變

　　德國的近代立憲主義憲法史可追溯至 1849 年 3 月 28 日制定的「法蘭克福（Frankfurt）憲法」（Die Verfassung des Deutschen Reiches），其第六章「德意志國民的基本權」（Grundrechte des deutschen Volkes）所規定的人權保障內容極為完整，有關平等理念也明確保障「德意志人在法律之前平等」、「所有具備能力者都有平等擔任公職之權利」、「服兵役的義務應平等」這些基本部分。但是這一部符合近代立憲主義原理的憲法，卻在當時專制保守勢力的反撲下，二個月之後就被廢除，故又被稱為「夢幻的憲法」。1850 年 1 月 31 日取而代之的「普魯士憲法」（Verassung surkunde fur den Preussischen Staat），雖然是君主專制體制下的憲法，但是第四條仍然明確保障「所有普魯士人在法律之前平等」、「擔任公職之權利平等」的平等原則。但是完成大一統之後的德意志帝國（Deutsches Reich）於 1871 年 4 月 16 日所制定的「德意志帝國憲法」（Verfassung des Deutschen Reiches），一般又稱之為「俾斯麥憲法」，卻完全刪除有關人權保障與平等的相關條文。第一次世界大戰之後，德國廢除帝制改為共和國，1919 年 8 月 11 日制定公布「德意志國憲法」（Der Verfassung Deutschen Reiches），又稱「威瑪憲法」，其中第二篇「德意志人的基本權利與基本義務」（Grundrechte und Grundpflichten der Deutschen），有關人權保障的部分，不但在當時屬極為先進的內容，其中社會基本權的

條文更是追求經濟地位平等的代表性規定，是各國憲法中最早將社會權完整列入的人權憲章。威瑪憲法除了保障國民法律地位平等及男女的政治地位平等，禁止任何人享有特權或不公平待遇之外，更進一步追求經濟、社會生活上的實質平等，[185]使現代立憲主義的平等原則進入另一階段的發展。其內容有「維持尊嚴生活的權利」、「勞動力的保障」、「工會活動保障」等社會基本權。但是這些權利尚未進一步落實，就被納粹利用民族主義及國家主義澈底的摧毀，建立獨裁專制的「第三帝國」（Das dritte Reich）。由此可知，德國的平等理念及其人權保障，自 19 世紀中葉就隨著政治體制的變動起落，並沒有確立其保障效果及發展的穩固基礎，一直到第二次世界大戰之後制定新憲法，才使平等原則有具體的形成與發展。

（二）現行憲法保障之平等原則

1949 年 5 月 23 日西德公布「德意志聯邦共和國基本法」（Das Grundgesetz fur die Bundesrepublik Deutschland），雖然該法使用「基本法」（Grundgesetz）名稱而避免使用「憲法」（Verfassung），以象徵德國統一之前並未制定國家最高法規範。但是制定者並未預料到，結果該基本法一直是被當作實際產生效力的憲法（國家最高法規範）。既使 1990 年 10 月 3 日東、西德實現統一之後，基本法仍然持續發揮其做為德國憲法的功能至今。事實上，該基本法前文中明文指出，本法是由「憲法制定權

---

[185] 第一五一條至一六五條的部分，參照，伊藤滿《各國憲法：時間と空間》八千代出版社，1985 年，頁 102-108。

力」制定，完全具備憲法的性格，故一般稱之為「波昂憲法」。
德國憲法學界長久以來也把「基本法」與「憲法」視為同義語，
目前不論在理論上或實際上，該基本法都是德國憲法。[186]

德國憲法反省過去納粹獨裁體制對人權的蹂躪，因此對人權
採最優先的保障，甚至及於外國人的「政治庇護權」（第十六條）。
有關平等原則的保障也極為完整，主要可以區分為以下四個不同
領域。[187]

1. 參與國家權力作用之平等原則
（Gleiche Teilhabe der Staatsgewalt）

憲法第三十三條保障所有國民的公民權及擔任公職權利一
律平等。第二十八條與第三十八條保障地方及中央各種選舉的平
等原則。有關這一領域的平等，應屬機械的、形式的平等，原則
上對於區別採嚴格審查基準。目前德國在此一領域有待處理的問
題是，有關外國人參政權的平等及選舉制度涉及政黨平等保障及
平等競爭的部分。

---

[186] 永田秀樹〈ドイツ連邦共和國基本法〉阿部等編《世界の憲法集》前引書，
頁 230-233。；初宿正典〈Ⅳドイツ〉，《比較憲法入門》，前引書，頁 315。

[187] 以下相關說明依據德國學者 Reinhold Zippelius・Georg Muller 在 1988 年德
國國法學者大會之報告整理而成，參照，長尾英彥〈ドイツ平等原則と近
年の狀況〉榎原猛先生古稀紀念論文集《現代國家の制度と人權》法律文
化社，1997 年，頁 472-476。

2. 國家權力維持平等原則

（Rechtliche Gleichbehandlung durch die Staatsgewalt）

此一領域保障國家權力作用（立法、行政、司法）應符合平等原則，禁止來自公權力的差別。憲法第三條規定一般平等原則，拘束國家權力作用時應確保所有人人格價值的平等。除此之外，並另以條文保障個別的平等原則。例如，第六條五項保障庶出子女之平等地位，第七條保障公私立學校教育之平等，都屬再予特別強調的平等保障。

3. 現實生活條件平等之調整

（Angleichung der realen Lebensbedingungen）

這一領域是現代福利國家必須保障國民在現實社會生活中，獲得實質的生存條件之平等。生活條件無法完全依賴個人的努力而達到平等，如何在符合正當性的基礎上，經由調整以去除不平等狀態，實現實質的平等，是憲法應予規範的領域。有關此一領域的平等保障與威瑪憲法比較雖然條文較少，但仍有第九條三項勞工基本權、第十二條工作權的保障，及第十四條、第十五條對財產權的規制等條文。

4. 「平等」、「自由」（Gleiche Freiheit）的調和

平等與自由之間的相互關係應如何處理，一直是法制度與政治制度，長期以來的主要基礎及必須面對的問題。德國憲法秩序在這一部分特別注意到，如何使那些在自由體系的作用之下反而

喪失自由者，能經由平等的協助調整，再度獲得享有自由的狀態。目前在團體的自由（政黨、社會團體、宗教團體）作用下，或巨大媒體自由的運作下，都會有個人自由受壓制的現象，如何比較衡量化解這種形成不平等的原因，是現代平等原則的重大問題。

（三）良心自由拒服兵役與平等原則

德國由於受到第二次世界大戰戰爭的慘痛教訓，因此憲法第四條保障良心自由的部分，特別再列入「不得強制任何人違背其良心，服攜帶武器從事戰爭的勞務」。但是在東西冷戰的緊張對峙下，德國修憲建立國防軍隊體制之後，該條文被限定解釋為，「基於良心（信仰）上的誠實因素，無法服兵役者，得服非軍事性質的替代役」。隨後又因為以「良心條款」為由拒服兵役者日增，故規定服替代役期間應比一般服兵役期間增加三分之一。[188]因此引發有關替代役的規定是否違反基於良心自由得拒服兵役的憲法保障，替代役服役期間加長三分之一，是否違反平等原則等相關的憲法爭議。本判決（1985 年 4 月 24 日 BverfGE 69, 1）是德國憲法法院針對以上問題的代表性見解。[189]

---

[188] 修改後憲法條文第十二條 a 項規定，「十八歲以上男性有服兵役義務」（徵兵制），「基於良心上理由拒絕攜帶武器服兵役者，有服替代役之義務」。1987年服替代役者約 7 萬 5 千多人，主要是從事醫院、療養院、福利設施等的看護工作。

[189] 初宿正典〈良心的兵役拒否の自由と平等原則—西ドイツ兵役制度の一斷面—〉佐藤幸治・初宿正典編著《人權の現代的諸相》有斐閣，1990 年，頁 126-137；山內敏弘〈良心的兵役拒否權と非軍事的代役〉ドイツ憲法判例研究會編《ドイツ憲法判例》信山社，1996 年，頁 121-125；同，〈西ド

首先，憲法法院認為憲法保障國民的良心、信仰自由，並保障國民基於良心的因素，有權拒絕服兵役。一方面，憲法亦規定國民有服兵役的義務。因此，基於義務的平等承擔與良心自由保障兩者之間的調和，故規定替代役制度。其次，國民有「主張」基於良心自由拒服兵役之權利，一方面國家亦保有探知、確信該良心自由的主張是否確實、妥當的權限。因此，規定替代役較一般兵役期間為長，是判斷「良心上拒服兵役」確實存在，並令人信服的一種「良心的檢驗」（Probe aufdas Gewissen），屬必要且可以容許的手段。最後，替代役與兵役在任務、工作的質量上完全不同，單以服役「期間」為衡量平等與否的基準並不妥當。何況，兵役在緊急事態（Verteidigungsfall）之下有可能延長役期，在訓練及必要時也會召集再服役。因此考量這些因素，服替代役比服兵役增加六個月，是在合理區別的範疇內，並未形成差別違反平等原則。此外，關於所謂延長增加替代役期間，是威脅、侵害良心自由的主張。德國憲法法院亦認為，兩者之間並無必然關係，良心信仰的堅定本質，不會輕易受此一程度區別手段的影響。

　　目前先進民主法治國家中，實行「徵兵制」的國家已逐漸減少，少數強制國民服兵役的國家，原則上也應基於良心自由保障，給予少數反戰爭武力的信仰者有代替兵役的選擇空間。如此，才能使服兵役成為現代國民的「權利性義務」，而不再是來自國家權力的「強制性義務」。

イツ憲法裁判の改革立法〉《法律時報》（1985）57 卷 10 號，頁 102。

（四）「兩性同權」平等概念之演變

　　威瑪憲法是德國憲法史上最早規定有關男女兩性權利平等的憲法，而且相當的完整。第十七、二十二條規定有關選舉投票的「兩性同權」，第一〇九條規定公民的權利與義務「兩性同權」，第一一九條規定婚姻建立在「兩性同權」的基礎之上，第依二八條規定任何有關女性公務員的例外歧視規定應予廢除。雖然其宣示性效果大於實質效果，[190]但是這在 20 世紀初則屬非常重視女性權利的憲法。現行德國憲法除了在質與量方面承繼威瑪憲法保障男女兩性同權的原則之外，更特別在第十二條四項排除女性從事戰鬥的義務，在第六條四項規定對母性之特別保護。同時在第三條保障一般平等原則的條文中，除了保障「所有人的法律地位平等」之外，第二項還特別列入「男女同權」的特別保障條款，第三項則列入「任何人不因為性別而受差別待遇或優遇」。憲法實施初期，有關第三條第二項的「男女同權」與第三項的「禁止性別差別待遇」，一般都認為這是相同意義的重複規定，前者是積極的追求兩性同權本質，後者則是明確的排除差別規定，兩者是互相適用的一體性。然而，1994 年 10 月 27 日的憲法修改案，第三條第二項的「男女同權」之後，又增加以下的修正條文，「國家應促進男性與女性同權的實際達成，努力消除或恢復既存的不利益狀態」。此一修憲內容充分說明，過去所謂第二項與第三項

---

[190] 實際上，當時公務員法的「女性單身條款」，民法的夫妻未同權與父兄親權優先等違憲狀態，並未能完全排除。參照，阿部照哉〈ドイツにおける男女同權保障の變遷〉《現代國家の制度と人權》前引書，頁 493。

的內容與意義是相同的認知是不正確的。為何會有這樣的修憲條文，其意義何在，兩項條文之間的不同意義又何在。這些可由以下的德國憲法法院解釋之變化加以理解，一方面也可以說明德國有關兩性同權平等理念的演變過程。

1. 初期男女同權之消極解釋

憲法實施之後到 80 年代之間，憲法法院與學界主流都認為，憲法第三條平等原則的第二項「保障男女同權」與第三項中的「禁止性別上差別」是表裡一致的規範，不允許因為性別而獲得利益與禁止因為性別而受不利待遇，都是同樣的意義，要求男女的權利相同、平等。一方面，禁止差別或追求兩性同權，都會面臨實際上男女必須區別對應的問題，男性與女性在客觀的生物機能上有差異，故種種不同對應的法規範必然存在，這是無法避免的實態。所以兩性同權只是指出一個目標、基準，並無特別的法效力。[191]因此，憲法法院初期在有關「僅要求男性從事消防義務工作，是否違反兩性同權」（BverfGE 13，167）的判決，只是以上述理由認定合憲，並未對兩性同權的意義或憲法保障效力再加以解釋；有關「禁止女性深夜勞動」（BverfGE 5，9）等代表性判決中，也都一再採取同樣的解釋與立場。

---

[191] 參照一九五三年判例，BverfGe（Entscheidungen des Bendesverfassungsgerichts，德國憲法法院判例集）第三卷，頁242。

2. 積極提出優先保障措施之憲法解釋

　　德國憲法法院開始改變立場，是在 80 年代首先在 1987 年「老人年金不平等事件」[192]的判決中提出「優先保障措施」的觀念，隨後又在 90 年代的一連串判決中指出，憲法第三條第二項的「男女同權」保障條文，其意義不應該只是期待以消極的排除差別達到同權，應該涵蓋採積極措施恢復性別差別所形成的不利地位之意義，如此才能落實「男女同權」的保障。因此，第三條第二項應解釋為，涵蓋賦予國家（立法）權力採行各種（優先保障）措施，以達到男女同權保障的意義。

　　「老人年金不平等事件」的判決是針對保險法中規定，女性在六〇歲即可領取年金，男性卻必須六五歲才能領取年金，兩性之間明顯不平等的爭訟，所做出的合憲判決。判決指出，女性在保險期間歷經生產、養育兒女等雙重負擔，其出發點條件都與男性不同，故提早享有領取年金的資格具正當性，屬合理區別的範疇，並未違反平等原則。該判決內容只是提出，對於女性過去所受的不利待遇，事後採優先保障加以調整，並未違反平等原則。對於「男女同權」的憲法解釋，並未提出明確論述，但已踏出德國版的「優先保障措施」（Positive Bevorzugung）的第一步。[193]

---

[192] BverfGE 74.163. 又稱「職員保險法事件」，參照，前田徹生〈老齡年金の男女不平等処遇の合憲性〉《ドイツ憲法判例》前引書，頁 77-81。

[193] 阿部，前引論文，頁 496-497。

90 年代開始，德國憲法法院進一步的在判決文中針對第三條第二項提出積極性的解釋，促成修憲列入「國家應積極促進男女同權的實現」之條款，其中代表性的判例有以下兩件。1992年的「禁止深夜勞動事件」（Nachtarbeitsverbot）[194]是針對禁止女性深夜工作的法律規定，是否違犯平等原則的判例。過去先進各國都以保護女性身心健康及下一代胎兒之健康為由，立法禁止聘用女性從事深夜工作。[195]然而，名為保護女性身心健康，實際上卻使女性在工作機會及升遷、待遇等各方面因而受到差別，明顯侵害女性工作權。本判決指出：（1）深夜勞動對人的身心健康有害是事實。但是並沒有任何醫學上的研究可以證明，深夜勞動對女性的危害比男性更嚴重，所以才有必要區別採不同的法律規範禁止女性深夜工作，故區別不具正當性；（2）禁止聘用女性深夜工作的法律，明顯造成女性就業機會減少，待遇、升遷受差別，故違反憲法第三條第三項「禁止因為性別因素受差別待遇」的保障；（3）憲法第三條第二項保障「男女同權」，不應該解釋為只是排除差別，而應該涵蓋朝向未來改善（Angleichung）兩性同權的目標邁進的意義。由此可知，一方面憲法法院明確區分第三項的「禁止因性別而優遇或差別」與第二項的「男女同權之保障」是個別獨立，具有不同意義的條文；一方面更進一步指出，為了

---

[194] 青柳幸一〈女性勞働者の深夜勞働を禁止する規定の合憲性—深夜勞働禁止事件—〉ドイツ憲法判例研究會編《ドイツ最新憲法判例》信山社，1999年，頁 81-85。

[195] 德國於 1994 年 6 月 6 日，日本於 1997 年 6 月 11 日，修改法令廢除過去禁止聘用女性深夜工作的規定，並進一步由縮短工作時間、增加休息時間及設備等，同時保護兩性深夜勞工的權益。

保障兩性同權，使某一性別在日常生活關係上的不利地位獲得改善，得採優先保障措施，此一解釋賦予第三項新的保障內容，及其單獨存在的保障效果。

1993 年的「雇用時的性別差別事件」[196]是針對企業在聘用員工過程涉及性別因素時，如何界定其是否違反兩性同權之平等保障原則的判決。目前先進各國為了保障兩性工作權平等，針對就業機會、待遇、升遷等不受差別，都有相關法律詳細的明文規定禁止差別條款。德國早在 1980 年將「工作上男女平等待遇的相關規定」，列入民法第六一一條 a 項，其中亦包括雇用過程禁止性別上差別的規定。然而，一般企業雇用員工時，聘用與否考慮的因素與條件極為複雜，雇用者既使有意以性別做為決定的主要因素，除非明顯有歧視性別的證據，否則要判定雇用者違反兩性平等原則幾乎不可能。本案女性原告在應徵某公司主管時，經過多層考核之後，成為最後被考慮的數名人選中唯一女性候選者。但是最後公司方面依慣例仍採用男性。訴訟時雇方主張，在雇用過程並未排斥女性或採差別手段考核；長久以來該職務習慣雇用男性；其他男性應徵者較有經驗資歷，故未採用原告並非因為是女性的因素，所以並未違反男女雇用平等的規定。本案在初審的勞工法院也依據長久形成的判例慣習，判決雇方並未違反憲法「禁止差別」與「男女同權」的保障。

然而，憲法法院的判決卻推翻過去判例，認定雇方違反憲法第三條第二項的兩性同權保障原則，其理論如下。首先，一般認

---

[196] 有澤知子〈求職の際に性別の理由による差別禁止と男女同權—民法 611a 條事件〉《ドイツ最新憲法判例》前引書，頁 86-91。

為性別上差別是指，求職者是某一性別故未被採用，若換成是另一種性別則會被採用，如此才能證實差別存在。因此雇方主張原告既使轉變為男性，也會因為與其他候選人比較時，資歷、經驗較差而不被採用，以此做為沒有性別差別的依據。但是求職者轉變成另一種性別是否被採用，事實上無法求證，不應被當作判定差別與否的積極基準。雇用者在決定採用與否的過程中，是否使性別成為決定性的動機，這才是判斷差別存在與否的基準。雇用者在選考過程中，明顯認為男性適合擔任該職務或意識到長久以來由男性擔任，已經涉及以「性別為理由」的差別。換言之，過去認為應由被差別者積極舉證差別事實的原則，必須轉換為應由雇用者證明「完全沒有以性別做為判斷基礎」。

其次，一般認為第二項「保障男女同權」與第三項「禁止性別差別」是同義與相同內容的保障。但是「男女同權」應該有超越「禁止差別」的內涵，具有要求國家針對社會的現實及未來的男女同權目標積極實現的意義。因此，容許國家權力對女性不利的因素，採優先保障措施加以調整。以本案為例，長久以來因為就業上的不利因素，使女性的工作經歷較男性缺乏，若依據經歷決定採用與否，女性將永遠處於劣勢。因此，在同樣資格、能力的要件下，應傾向於優先採用女性應徵者，如此才能達到男女同權的目的。

由此可知，德國憲法法院在 90 年代的判例，已明確解釋第三條第二項的男女同權規定，不應等同於第三項的排除不利的性別差別或禁止因為性別給予不同待遇，而應有朝向未來努力實現兩性同權的積極意義。

3. 修憲列入「積極保障同權」條款及其後之發展

　　90 年代初憲法法院一連串針對第三條第二項男女同權，在判決中所提出的積極性解釋，結果促使憲法條文的修改。1994 年 11 月 3 日憲法第三條第二項增列以下規定，「國家應促進女性與男性同權的實際達成，努力消除或恢復既存的不利益狀態」。本質上此條文是設定國家目標（Staatszielbestimmung），要求國家承擔實現兩性同權的義務，並非賦予個人享有權利。因此，一方面長期處於不利地位者，可以主張平等保障原則，但是卻不能要求優先保障措施。一方面，優先保障措施是否採行，其內容基準為何，亦屬國家裁量範疇。目前只有在國家公務員任用、升遷部分，採「同一資格優先保障措施」，也就是規定在資質、能力、考績相同的情況下，為使女性達到相當比例，應優先考慮任用女性公務員。至於其實際效果如何，如何促使其達到相當比例，或相當比例是多少等，都由行政裁量判斷，並無法的拘束力。所以會如此是因為在修憲案審議時，原有的「為調整既存的不平等狀態，應採女性優先保障措施」條文被刪除。所以是否採女性優先保障措施，成為立法者或行政的裁量範圍，優先保障措施在修憲之後雖具備正當性，但是並未具備實際法效果。甚至所謂「積極實現」兩性同權的憲法規定，是否只是單方面針對女性的保障而不及於男性，亦有不同的見解。

　　1995 年「義務消防活動事件」[197]就是在修憲後，相反的由

---

[197] BverfGE 92,91. 參照，前田徹生〈男性のみに消防奉仕活動・消防活動負擔金の義務づける州法の合憲性—消防活動負擔金事件—〉《ドイツ最新憲法判例》前引書，頁 92-97。

男性立場要求積極保障兩性同權的訴訟。德國有相當多的州立法要求男性應定期從事義務的消防工作，故引發是否違反平等原則的爭議。憲法法院早期的判決認為與服兵役一樣並未違憲，但是本案憲法法院卻認定違憲，其主要理論如下。（1）要求男性從事消防相關的義務工作，與促進女性恢復不平等的優先保障措施完全無關。因此，應由個案的角度來判斷，只要求男性從事義務消防工作，是否符合憲法保障的平等原則。依審查基準，法律要以性別區分，對其中的某一性別做不同的規範，必須有「必要不可缺的理由」。本案只立法要求男性從事該義務，並無法確認有上述「必要不可缺的理由」，故違反平等保障原則。（2）一方面，認定女性不適合參與消防工作的說法，與傳統社會中區別女性只能從事家事、輕便工作的想法一樣，如此不但無法期待經由（優先保障）調整使女性獲得平等地位，反而是進一步固定化女性無法勝任的工作型態，對促成兩性平權形成阻礙。[198]因此，以女性不適合從事此項工作來證明，僅要求男性從事消防義務工作有助於兩性平等，實缺乏合理性依據。（3）修憲之後，憲法要求積極的化解「女性與男性」的不利益狀態，促使兩性同權早日實現，故針對此現實存在的不利益狀態應予去除。

由此可知，德國有關兩性平權的法理與現實，雖然演變進入積極努力實現的階段，然而是否與過去相同傾向弱勢（女性）的保障，尚有待觀察。特別是在兩性責任承擔的平等方面，憲法法院的對應是否會有進一步的發展，或是憲法法院的見解是否有

---

[198] 實際上，德國有些州亦立法同時要求女性從事義務消防工作。一方面，女性從事消防職業或志願參加義務消防工作，也是很普遍的現象。

論議的空間，這都是德國有關平等理論，未來發展中值得注意的部分。此外，21 世紀逐漸必須面對的同性戀、第三性等性別平等問題，更是各國都應對應的課題。

四、義大利有關平等原則之學說與違憲審查理論

（一）憲法平等原則之內容

　　1848 年 3 月 4 日統一前的義大利薩丁尼亞（Sardinia）國王阿爾貝魯多，因為留學期間深受法國自由主義的影響，制定了一部憲法（Statuto Albertino）。這一部憲法在義大利於 1861 年統一之後改稱「義大利王國憲法」，其中與平等有關的是第二四條「法律之前平等」、「政治權利平等」、「就任官職平等」的保障。雖然歷經兩次世界大戰及各種政治變動，使這部憲法的效力早已名存實亡，但是在形式上卻持續施行一百年。一直到 1947 年 12 月 22 日，才再制定現行的「義大利共和國憲法」。義大利憲法是先進資本主義國家憲法中，最嚴密保障社會基本權的憲法，故平等原則在憲法中佔很重要的地位，與平等有關的條文很多，其內容也極為特殊。[199]

1. 基本原理部分

　　第三條第一項規定，禁止差別條款、保障個人平等的社會尊嚴及法律地位之平等。第二項則是針對阻礙國民平等發展、特別

---

[199] 荻野芳夫〈イタリア憲法裁判所と平等原理の展開〉，長谷川正安編《現代人權論》，前引書，頁 245-250；伊藤滿，前引書，頁 140-143。

是對弱勢者及勞工壓制的社會上各種不平等障礙，要求國家承擔排除的任務。第三條的一般平等原則保障內容，除了各國憲法都有的規定之外，增加有關「平等的社會尊嚴（威嚴）」，並且將國家積極排除阻礙平等的責務列入條文，是其特徵。換言之，義大利憲法的一般平等原則，除了保障第一項的「形式平等」之外，也把各國在個別平等條文中才會提及的「實質平等」、「結果平等」概念列入其中。

2. 個別保障的「形式平等」部分

第八條第一項保障宗教信仰之平等。第二九條第二項保障婚姻、家庭關係中，兩性的道德上、法律上地位之平等。第三七條第一項保障女性勞工地位之平等，第三項保障未成年勞工地位之平等。第四八條保障選舉權平等。第五一條第一項保障男女擔任公務員及競選公職之平等。

3. 個別保障的「實質平等」部分

義大利憲法保障「社會基本權」以追求實質平等的條文，一般都認為已超越資本主義自由經濟體制的上限，可以說是社會福利國家體制。然而，在實際作用上，這些條文內容多被賦予指標性解釋，認為是國家權力及立法者努力的目標（裁量範圍），以實現「預設的社會」（Societa prefigurata）之國家藍圖。[200]其主要條文可區分為以下三類。

---

[200] 荻野，前引論文，頁 248-250。

(1)　對既存弱勢者賦予特別權益的條文第四條對勞工及其權益促進之保障。第二四條第三項對經濟上弱勢的刑事被告之辯護加以保障。第三四條第三項第四項對經濟弱勢者的學習權加以保障，並應設置獎學制度及對其家族生活的支助。

(2)　基於保護人的基本尊嚴及維護社會穩定關係，在不影響私社會自治原則下，對相關當事者特別保障或規範之條文第三六條第一項保障勞工有權利依據其所提供的勞動力，要求能維持自己與家族有品質生活的待遇。第四一條第一項第二項規定，經濟活動及發展不得違反社會安全及公益，或有害個人的自由及尊嚴，相關的調整與規劃應立法規範之。第四四條規定，私有土地的利用開發應符合公共利益及社會公平，對於農地面積、大所有地之改革應予規劃，一方面對於中小土地之擁有及山區開發應予協助。第四六條，保障勞工參加企業經營管理之權利。第四七條第三項國家應協助弱勢國民的儲蓄，使他們能擁有住宅、耕地或大型企業之股票。

(3)　國家應促進社會福利制度之條文第四條規定國家應有效促進國民的工作就業機會。第三二條規定國家應保護國民的健康，對經濟弱勢者應免費治療之。第三五條規定國家保障勞工基本權及其就業訓練。第三六條規定國家應立法保障勞工休假條件及工作時間之上限。第三八條規定國家應對失業、受災害、疾病的勞工之生活予以援助及扶養，且應保障其再教育與職業訓練之權利。

由以上內容可知，義大利憲法可以說是融合自由主義與平等（社會）主義兩種不同型態價值理念的平等原則，一方面宣示形式平等原理，一方面又要求國家排除經濟、社會上的實質不平等狀態，追求結果平等。因此，在實際運作時，如何化解兩者之間的對立，值得進一步探究。

（二）義大利學界的平等理論

　　古代羅馬帝國時代代表性的平等概念有，「如果沒有平等，則不能談自由」、「沒有人會同意財產的平等，也不可能使所有的人之才能平等，但是至少在國家公民權利方面應該互相平等」。可見當時對法律之前的平等已有相當的認識。[201]現行憲法制定以後，義大利學界認為平等的關鍵在於基準，平等的基準主要有兩項。[202]基準之一是國家權力「對應時的平等」，這是法治國家運作的基本原則，例如在法律之前及參政權利方面，每一個人雖有不同的特徵、地位，但是國家在對待、處理時都應以平等待之。基準之二則是「結果的平等」基準，認為人與人之間不應該有不平等。這一部分比較複雜，必須使「相等的就使之平等」、「不相等的要使其成為平等」，如此才能實現結果的平等。然而，有些事物相等或不相等實在無法客觀認定，或是該事物性質上應如何才是平等，也沒有定論，在此情形下，結果平等的基準就有困擾。同時，「結果的平等」與「對應的平等」兩者是互相排斥的概念，

---

[201] 井口文男〈平等原則～イタリア場合～〉佐藤幸治・初宿正典編著《人權の現代的諸相》前引書，頁141。

[202] 代表的學者是 Giovanni Sartori，參照，伊藤滿，前引書，頁144-145。

因為要求「結果平等」則對應時必須不平等，反之要求「對應平等」則結果可能產生不平等。因此，追求完美的平等實際上必須放棄，只能以排除不平等及追求各種平等相關事項之間的「均衡」為目標，此即義大利的「均衡平等理論」。

其次，義大利有關平等概念的學說，其主要論點如下。

1. 有關平等原則拘束立法權之程度

平等原則並非要求法律內容必須絕對平等，而是容許立法者針對各種狀況採取不同的對應。然而，這並非絕對的委任，立法者的立法目的及規範內容，若欠缺區別對應的合理性或可能違反平等原則，必須接受憲法法院之審查。立法者的裁量應受拘束，否則平等原則存在價值將消失。

2. 有關平等是個人權利或客觀原則

多數說認為，平等並非與個人直接有關的權利，而應該是判斷相關事物的客觀原則，是調整當事者之間的相互關係，使之趨向合理化的基準，如此才能符合前述的「均衡平等理論」。所以平等是個人權利與個人權利或權利與權利之間，互相比較下所形成的概念，個人只是獲得平等原則反射效果的保障。

3. 外國人是否適用平等原則

首先，憲法第二條保障個人做為人應有的基本人權，其中「個人」應解釋為包括外國人。其次，義大利憲法第十條則屬外國人人權保障的特別條款，保障外國人依國際法原則之法地位平等、

庇護權、政治犯不引渡原則。因此，外國人在有關人格尊嚴的範疇，應適用平等原則。[203]

4. 平等原則的私人間效力

憲法第二條規定，與人格發展有關的「社會組織」中的人權應予保障，應解釋為平等原則適用於私人及私社會之間的關係。學說認為，保障人權應由各種可能攻擊、侵害人權的場合採取防衛措施，因此若要有效對應平等，則必然要適用於私人間關係。特別是當事者之一處於經濟上、社會上優勢地位時，其適用更具意義。

（三）憲法法院有關平等原則之審查理論

依據憲法第六章「憲法保障」第一節第一三四至一三七條條文之規定，應組成「憲法法庭」（Corte Costituzionale）行使違憲審查權。但是 1948 年 1 月 1 日實施憲法之後，卻因為政治立場的對立，使憲法法院職權範圍及選出方式等問題爭議不斷，導致憲法法院遲遲未能成立。[204]1956 年才順利組成憲法法院，開始發揮審查功能。義大利憲法與平等原則有關的條文極多，其內容又涵蓋形式平等與實質平等的部分，特別是其中還有多元均衡調

---

[203] 1967 年憲法法院判例第 120 號亦採同樣立場，參照，井口，前引論文，頁 149；荻野，前引論文，頁 245-246。

[204] 當時最主要的爭議是，憲法法院應以「民主化」（democraticizzazione）或是以「司法化」（giurisdizionalizzazione）為基礎建構而成。有關義大利憲法法院的組織與權限，參照，永田秀樹〈ドイツの憲法裁判〉覺道豐治先生古稀記念論集《現代違憲審查論》法律文化社，1996 年，頁 214-236；荻野，前引論文，頁 241-245。

整及指標性的「結果平等」部分，因此憲法訴訟中與平等有關的比例很高。依據 1979 年至 1983 年的統計，憲法法院的七一七件判決中，有五六五件與平等有關，佔 78.7%，其中判定違憲的一二三件中，與平等有關的有八十五件。[205]由此可知，平等是一個比較的原理與概念，必須經由解釋、判例探討才能具體呈現其意義。義大利憲法法院在這一方面承擔很大的責任，也發揮不少補助立法的功能。以下分別由兩個不同階段，探討憲法法院對平等原則審查方法與理論的變化。

1. 初期未成熟的審查理論

憲法法院開始審查活動的第二年，在 1957 年判決第三號「有關會計師登記事件」[206]首次與平等有關的判例（法律之前人人平等）中指出，平等原則的意義及審查的基準如下：（1）平等原則不應解釋為，立法者不得訂立不同的規範。立法者基於適用於多元化社會之需要，或判定在不同的條件狀況下有必要採不同規範對應時，都可以制定針對不同對象採不同規範的法律。（2）平等原則要求法律在適用於主、客觀條件相同的狀況時，應對每一個人平等保障。（3）規制對象的當事者，所處不同狀況的重大性及其評價，應委由立法者裁量。（4）但是有關憲法第三條第一項所列舉的性別、人種、言語、宗教、政治立場、社會身分地位等禁止差別事項，則應嚴格的遵守。換言之，涉及以上事項的不平等法律，憲法法院應加以審查並排除不平等法律的規範效力。反

---

[205] 井口，前引論文，頁 158。
[206] Sentenza n. 3 del 1957，井口，前引論文，頁 149-150。

之，若屬上述列舉事項「以外」的事項，，則國會擁有廣泛的裁量權，得對不同的區別採不同的法規範手段，憲法法院對於這一部分應避免介入審查。

同年憲法法院判決第二八號中又認定，與平等有關涉及區別之後採不同對應的事項，依憲法與「憲法法律」之規定，[207]屬高度政治性及國會裁量權範疇，故憲法法院不應介入審查。其中引用的是「憲法法院組織與機能法」[208]第二八條規定，「憲法法院對法律及法律效力之合憲性審查，不包括政治性的評價及國會裁量權的部分」。換言之，該判決認為不是屬於憲法第三條第一項所列舉事項，則法律所採區別對應之目的、手段是否違反平等原則，是政治性的國會立法裁量權限，依法不屬憲法法院審查對象。

然而，1958 年憲法法院判決第五六號「有關參審員性別差別事件」，對於涉及憲法第三條第一項列舉的「性別」部分採不同對應的判決中，憲法法院卻由目的、手段加以審查，且判定依情況應屬容許立法者裁量的範疇故合憲。此一判決內容、方式及法理依據，明顯使 1957 年上述二件判例所形成之理論產生破綻。因為依據憲法法院的理論，與平等原則有關的事項，若屬國會裁量權限，則不屬憲法法院得介入審查的權限範圍。雖然該理論並未明確指出，第三條第一項列舉事項不屬國會裁量範圍。但

---

[207] 義大利憲法法院的法源由憲法（四條文）、「憲法法律」（五種）、「法律」（九種）、「處理原則」（三種）構成，其中憲法法律（legge costituzionale）是比一般法律位階高且制定修改程序不同的法律，不受違憲與否的審查。荻野，前引論文，頁 242-243；永田，前引論文，頁 219-220。
[208] 1953 年 3 月 11 日法律第 87 號。

是既然認定一旦屬國會裁量範圍，憲法法院就應迴避不可介入審查，則第三條第一項列舉事項應屬不可裁量範圍，否則憲法法院將完全喪失有關平等原則審查的空間。

然而本案中，審查結果卻又以該事項屬容許裁量範圍做為合憲判斷的理論依據，顯示憲法法院可以介入立法者的裁量權限範圍加以審查。如此，一方面顯示出國會能否裁量與第三條第一項列舉事項無關，國會得針對各種情況加以裁量、判斷，決定是否制定不同區別對應之法規範；一方面既然國會裁量權得及於憲法第三條第一項列舉事項及「以外」事項，則憲法法院以「國會裁量權」為由，自我界限不得介入審查，明顯會形成矛盾。

由此可知，既使憲法明文列舉禁止差別事項，立法者也應該有是否採不同區別對應規範的「裁量」空間，否則會成為要求「絕對平等」的不合理狀態，故憲法法院介入裁量之審查的現象必然存在。如此，憲法法院再以「不得介入屬政治性的國會裁量權」為理由，自我設限不審查其他未列舉事項，不但欠缺一貫性且無法使平等保障原則有效作用。因此，「裁量權」不應成為逃避違憲審查的擋箭牌，義大利憲法法院初期的審查理論顯然未成熟，面臨必須探討其他審查基準的困境。

2. 合理性審查基準的形成與發展

義大利憲法法院於 1960 年 3 月 16 日判決第十五號「有關地方首長任命資格事件」之後，逐漸形成有關平等原則審查時的「合理性」（ragionevolezza）基準。該判決中指出：（1）不論是否屬第三條第一項所列舉的事項，法律內容涉及差別問題，都屬憲法

法院審查的對象；（2）審查時以是否具備「合理的動機」
（ragionevole motivo）為基準。自此以後與平等原則有關的判
例，雖然使用各種不同用語，[209]但是事實上就是「合理性」基準。
以下進一步分析其審查的方法與程序。[210]

　　首先，探查立法的動機與目的。（1）查明該法律客觀目的何
在，其方法有：a.依據共通經驗與研究成果，b.由法律規範的歷
史背景判斷，c.由科學性、技術性評價，d.依據社會現況評價。（2）
探查該法律主觀目的（立法者意思），其主要部分有：a.國會審
議該法案的相關資料，b.參考該法律公布的相關事項，c.與勞工
有關的法律則參考工會協議，d.該制度的先例，e.立法者所參照
的狀況。

　　其次，在瞭解法律的主、客觀目的之後，憲法法院應區分以
下三類型，分別以不同的方式審查其合理性。（1）法律並未以憲
法價值理念為目的。法律採不同規範之目的並非為了追求憲法理
念的實現，或無法認定與憲法理念有關，則明顯欠缺合理性，應
宣告屬違反平等原則之違憲法律。（2）法律之目的與憲法矛盾。
法律所追求之目的與其他憲法規定相抵觸，故採不同規範不只是
違反平等原則，其施行亦違反或侵害其他憲法條文之規範。此狀
態則不須進一步判斷違反平等原則與否，亦屬違憲。（3）法律與
憲法理念似乎一致。經初步判斷法律所追求之目的，與憲法理念

---

[209] 代表性判例中使用的有，「合理性基準」（sentenza,42/1961）、「合理的思考」
（8/1962、43/1963）、「合理正當推論」（7/1963、39/1972）、「值得考慮的理
由」（118/1964）、「尊重合理的原則」（81/1963、7/1965）、「合理的正當性」
（62/1972）、「具合理性的規範」（172/1972）等，荻野，前引論文，頁254。
[210] 井口，前引論文，頁152-153。

的實現有關，此時該法律採區別對應的規範手段是否「合理」，應再分別由以下方法審查。a.憲法上已有條文明確要求必須採區別對應的手段，例如，兵役義務、獨佔企業之規制、土地利用規制等，則依憲法規定採不同法律規範，並未違反平等原則。b.法律之目的明確是為了追求憲法理念，但是採用區別的規範手段「未必能」達到該目的。此時，原則上應宣告違憲。但是憲法法院若推定，該事項在性質上具高度政治性，屬國會能承擔其政治責任的裁量範圍，得採司法自制而不予介入審查。c.法律採區別的規範能達成複數的目的，其中之一又符合憲法理念。此時，憲法法院應由立法者的裁量是否妥當，其他目的所形成差別的狀況如何，慎重的比較衡量，審查其是否違反平等保障原則。

(四)「實質平等」的理論與實際

　　義大利憲法第三條第二項是闡明一般性實質平等保障的條文，「對於實質上限制國民的自由與平等、人格的充分發展及阻撓勞工有效參與國家政治、經濟與社會組織的經濟性與社會性障礙，國家負有排除之義務」。除此之外，其他條文中也列入很多保障實質平等的內容，這也是義大利憲法的一大特徵。然而憲法以基本原則及眾多條文強化對勞工及經濟上、社會上弱勢者的保障，並未達到預定的效果。義大利的失業勞工比例仍高，中低階層的生活與居住環境並未改善，國民健康保險、教育、福利享有等狀況都與最低標準尚有一段距離。

　　因此，憲法第三條第二項對弱勢者的實質平等保障原則，追

求結果平等的目標，一直被認定為是「指標性規範」，[211]只是拘束國家權力邁向預設的目標，並非個人可以要求保障的權利。然而由學理觀之，該條文既使不能解釋為是「積極保障個人實質平等的權利」，也應該有排除阻礙個人（特別是弱勢者）人格健全發展的效果，具有「消極保障立足點平等」的性格。但是憲法法院向來避免對第三條第二項做出明確的解釋，使其法性格一直無法釐清。

1987 年 6 月 8 日憲法法院第二一五號有關「身心障礙者入學事件」中，[212]才明確引用第三條第二項做為憲法審查的基準，認定其並非只是指標性規範，應具有實質的保障效果。判決指出，對於身心障礙者的教育，不能只規劃至某一階段（高中、大學），而應考慮其潛在的學習能力，保障其人格整體的成長與發展，才符合憲法「第三條第二項」的規範。雖然該判決突破「實質平等」條項長期被認為是指標性的界限，確認其憲法審查的規範效果。但是整體來看只是特定的個案，實質平等的具體保障尚未形成普遍之規範效果。

由比較憲法的角度觀之，美國憲法有關平等原則的理念，與個別保障條款並不完整，更欠缺實質平等的部分，屬極端的自由國家性質。然而，在面對有關平等原則的實質化、具體化保障問題時，美國最高法院多採積極審查的姿態，做出較為進步的解釋，以平衡憲法條文內容的不足之處。反之，義大利憲法強調實

---

[211] 有關指標性規範之理論參照，許慶雄《社會權論》眾文出版社，1992 年，頁 70-78。

[212] 井口，前引論文，頁 156。

質平等保障的理念，是資本主義國家中最具社會國家性質的憲法條文。因此，義大利憲法法院對於有關平等原則的審查，相對的採較為審慎的態度，特別是有關實質平等的範疇，一直採消極審查的方式，尊重立法者「合理性」的裁量，或許是有其必須如此對應的理由。

五、法國平等保障之法源與判例之探討

（一）憲法平等保障法源之探討

1. 法國人權保障之特殊性及其理論演變

　　法國大革命時期於 1789 年 8 月 26 日通過「人權宣言」，[213]不但是人權史上重要的文獻，同時也是立憲主義憲法理念的重要基礎。前文與十七項條文所提及的人權及保障制度，一直到今天仍然被各國憲法引用或做為基本原理，可以說是人權保障的典範。然而，現行法國憲法中，卻找不出與人權相關的條文，為何會如此及目前人權的法依據何在，這些都必須由其憲法發展史來理解。[214]

　　法國最早的憲法是 1791 年 9 月 3 日通過的立憲君主憲法，一般稱為「1791 年憲法」，其內容除了 1789 年「人權宣言」之

---

[213] 原文（Déclaration des droits de l'homme et du citoyen），若直譯應為「人及公民的權利宣言」，但是一般已慣於使用法國「人權宣言」稱之。
[214] 伊藤，前引書，頁 49-83。矢口俊昭〈III フランス〉，阿部照哉編《比較憲法入門》，前引書，頁 212-249。

外，還包括規定統治組織及權力的七章二〇七條。1795 年 9 月 23 日廢除帝制之後制定「第一共和憲法」，前文在「市民權利義務宣言」標題下，列入權利保障二十二條及義務九條，其內容與「權利宣言」相似。1848 年 11 月 4 日制定「第二共和憲法」，前文第四項與第八項對於勞工、弱勢階層的生存、教育等社會基本生活條件，特別列為國家應予保障之對象。因此，憲法對於初級教育、職業教育、勞資關係、孤兒老人扶助等福利制度都有相關規定。1875 年 1 月 30 日開始逐漸形成所謂「第三共和憲法」，事實上該憲法並非一部成文憲法，而是由部分的政府組織法所構成，只能勉強的說是一部要過渡到君主立憲制的「暫定性共和憲法」。[215] 因此，有關人權保障的條文及相關事項，該「憲法」中完全不存在。

「第三共和憲法」對法國憲法體制形成重大的影響：首先，這一部暫定性且殘缺不全的「臨時憲法」，卻一直施行了六十五年之久，在 1940 年德國入侵時才被廢棄，是目前法國憲法史上實施最久的憲法。因此使法國「帝制」與「共和制」之間的變動告一段落，確立共和國的永續基礎。

其次，這部憲法也被認為是奠定法國形成「議會中心主義體制」的基礎，使議會在統治組織中居於優位，可以有效的壓制行政權與司法權，甚至形成對選民的優位，使原來應該控制議會的

---

[215] 該「憲法」主要由「總統任命及任期規定」（1 月 30 日通過）與「元老院組織法」（2 月 24 日）、「公權力組織法」（2 月 25 日）、「有關公權力關係之憲法律」（7 月 16 日）所構成。參照樋口陽一《比較憲法》（現代法律學全集 36），青林書院，1985 年，頁 141-142；伊藤，前引書，頁 66。

「選民意願」實除上無法發揮作用。[216]

　　最後，因為憲法完全未提及人權保障，不但使拘束議會立法不可侵害人權的憲法效力不存在，反而必須依賴議會立法來保障人權。雖然在第三共和體制下，議會仍制定相關法律有效的保障人權，[217]但是人權由憲法保障的理念轉化為由議會立法保障，卻形成「憲法政治體制化」的現象，使人權不再是憲法的核心，憲法成為規定政治組織型態的觀念逐漸強化，故學術上「憲法與政治制度」（droit constitutionnel et institutions politiques）成為一個學門，人權反而單獨成為「公的自由」（libertés publiques）學門，對憲法的人權保障本質形成很大的扭曲。

　　憲法政治體制化的現象，對於 1946 年 10 月 27 日公佈的「第四共和憲法」仍然形成影響。首先有關人權的內容只在前言提及且用概括性的宣言形式，以「法國人民對 1789 年人權宣言所確立的市民權利與自由，及共和國法律所承認的基本原理，嚴肅的再予確認」表達。一方面雖然前文中也宣示對男女平等、勞工權、生存權、受迫害者庇護權等現代人權的原理，但是前文的法效力卻未被認定，沒有產生實質的保障效果。其次，對於有效保障人權的「違憲審查制度」，在制定時也未加採用，使人權保障未能實質化。延續著第三共和時代，由議會承擔保障人權的任務。

　　1958 年 9 月 28 日經由國民投票通過的「第五共和憲法」（一

---

[216] 樋口，前引書，頁 146-152。
[217] 自 1881 年議會制定一連串保障人權的法律，包括集會、出版、信仰自由及工會團結保障等項目。參照同上注，頁 152-153。

般又稱「戴高樂憲法」)，有關人權的部分仍然只在前文中提及，且比第四共和憲法更簡略。只宣示「法國人民嚴肅的聲明，繼續擁護 1789 年宣言中規定，且於 1946 年憲法前文再予確認及補充的人權與國民主權原則」。

由以上分析可知，1789 年的「人權宣言」一直被歷代憲法視為人權保障的基本原理，因此憲法只在前文中聲明人權理念及原則，並未在條文中明確保障。此一法國人權保障理念及其憲法傳統，顯示出以下兩項特質：第一，人權保障已被視為超越憲法的自然法層次，認為沒有必要在條文中詳加規定，以免侷限其內涵及其成長發展。第二，人權保障的問題應由人民掌握主導權，不能信賴其他權力機關，所以認為應由國民投票及代表民意的國會立法來保障人權。因此，法國並未如同美國一般，形成與人權有關的判例或憲法解釋，使憲法未明文規定人權條款的狀況，逐漸無法對應日益複雜的人權問題。

2. 人權保障內容「法典化」之演變

1971 年 7 月 16 日，法國憲法法院（Le Conseil Constitutionnel）針對「結社自由事件」（Liberté d'Association）[218]做出劃時代的判決，該判決的內容對法國憲法理念與體制產生以下重大的影響。[219]第一，確立法國憲法法院保障基本人權的地位，提升憲法

---

[218] 16 Juillet 1971, Liberté d'Association 71-44, D.C. Rec. 29；野村敬造〈第五共和國憲法と結社の自由〉，《金沢法學》，第 18 卷第 1‧2 合併號，1973 年，頁 57-76。

[219] 比較憲法學界常將本判決與美國最高法院 Marbury V. Madison, 1 Cranch, 5 U. S. 137 (1803)判決相提並論，肯定其為確立美國與法國「違憲審查制」的

法院權力分立體制中的威信與權威;第二,指出立法者(國會)與行政機關有可能違反憲法,侵害人權,故法律也應接受違憲審查,確立「真正」完整的違憲審查制;第三,明確宣示憲法前文與憲法條文同樣具備「實證的、憲法的價值」(Valeur positive et constitution nelle),使人權保障的內容體系化,其法效力具體確立。因此,該判決可說是法國由「憲法政治體制化」轉變成「憲法人權保障化」的重要關鍵性判例。[220]以下首先就此判決所影響的「人權法典化」部分探討之。[221]

　　前已論及,法國的憲法傳統一向不在個別的條文中完整的規定人權保障內容。現行的第五共和憲法也同樣,只在前文中宣示對人權的尊重與保障,至於其具體內容及保障效果如何,大部分在憲法中並無法找出條文上的依據。因此,憲法法院要引用前文中的人權內容,做為違憲審查與憲法解釋的依據,首先必須先認定「憲法前文的法效力」(la valeur juridique du Préambule de la Constitution)。[222]憲法前文是否具備法效力、約束力的問題,法國憲法學界長久以來一直有正反不同的立場。持反對立場者常提出的質疑有以下幾點:[223]

　　重要判決。參照和田英夫《大陸型違憲審查制》,有斐閣,1979 年,頁 68。

[220] 中村睦男〈フランス法における人權の保障〉,《公法研究》第 38 號,1976 年,頁 211-219;同〈フランス憲法院の憲法裁判機關への進展〉,《北大法學論集》第 27 卷第 3‧4 合併號,1977 年,頁 629。

[221] 有關「法典化」之論述,參照北川善英〈フランス憲法院の人權保障〉,長谷川正安編《現代人權論》,前引書,頁 183-191。

[222] 憲法前文是否具備法效力、審查效果,前文及條文是否應予區別等問題,各國憲法學者也有各種不同見解。然而各國憲法的實質意義、相關要件及前文內容、性質並不相同,不能一概而論,必須分別探討之。

[223] 和田,前引書,頁 146-148。

第一，憲法前文所提及的字句內容並不確定，所以若要具備法效力，應在個別條文中列舉使其明確化。例如第二條保障不受差別的平等原則，第四條保障政黨、政治團體的結社、活動自由，第六十六條禁止恣意逮補拘禁等。這些觀念在所謂的「前文」中都出現過，如果已具備法效力，又何必在條文中重複規定。

第二，憲法草案的草擬者及各種相關資料都明確指出，起草過程中並沒有以「前文」拘束國會立法的意思。所以前文只是一種宣示，不應具備實質的拘束力。

第三，制憲過程若認定前文要使之具備法效果，則不會以類似祈禱形態的「嚴肅」、「很在乎」等用語來形容這些人權理念，而應該以更明確的態度表現其法的拘束力。

一方面，認為「前文」應具備規範效果及保障意義的論點，主要有以下的理由：

第一，憲法前文是經由國民投票通過，其法位階應高於國會制定的法律，具有憲法層次的價值，不能無視其存在甚至違反其理念。國會可以修改法律，但不可以修改、變動憲法前文的價值理念。

第二，憲法是一整體的文書，其法效果拘束力也應該一致。國民投票或總統簽署時，正式文書都使用審查通過「以下條文」之憲法，將前文及各條文列於其後，並未加以區分。憲法的效力並非在於前面是否附加第幾條的數字符號才存在，故不應以前文無「第幾條」在其上而否定其效力。

第三，法國現行憲法有關人權保障的條文規定很少，若排除前文與前文所提及的「人權宣言」及舊憲法所列舉的人權條文，將使

基本人權保障體系不完整，無法制約侵害人權的各種權力作用。

第四，憲法法院審查法律或其作用是否違反「憲法」，是針對憲法全文及其價值理念，並非僅侷限於某一條文或字句，也未規定必須指出違反「第幾條」。因此，以前文做為審查依據，並未逾越憲法法院的權限。

由以上論述可知，法國在重視人權保障的歷史傳統影響下，不會因為憲法條文未列舉人權條款而使人權保障受到影響，反而認為人權保障理念應超越憲法條文及文字而存在。因此，1971年憲法法院判例認定，前文及前文所提及的人權保障理念應具備憲法上的效力，並在其後的判決中確認前文具備法的規範性，使此一爭議告一段落。

其次，在確認 1958 年現行憲法的前文具備法效力後，使人權保障的範圍不再侷限於條文，可以使人權範圍擴大，更有廣泛的解釋空間，然而實際上其具體的內容何在仍值得檢討。1958年憲法前文具備法效力之後，引申出該前文內容所提及的「1789年的人權宣言」、「1946 年前文所補充確認的人權」也因而具備法效力。[224]換言之，法國憲法人權保障的內容應由「1789 年人權宣言」、「1946 年憲法前文」、「1958 年憲法前文」來探討。[225]

---

[224] 矢口俊昭，〈フランス憲法裁判〉，芦部信喜編《講座憲法訴訟（第一卷）》，有斐閣，1987 年，頁 158-159。

[225] 若由判決觀之，1971 年 7 月 16 日「結社自由」事件判決，認定 1958 年憲法前文（共和國諸法律所承認的基本原理）的憲法效力，1973 年 12 月 27日「職權徵稅事件」（Taxation d'Office 27 déc. 1973）判決，認定 1789 年人權宣言的憲法效力；1975 年 1 月 15 日「墮胎法事件」（Interruption volontaire de grossesse, 15 jan. 1975）判決，認定 1946 年憲法前文的憲法效力，使人權法典化、體系化具體成型。參照和田，前引書，頁 167-182；北川，前引

有關 1789 年「人權宣言」的部分，因為其條文內容明確，因此在適用上較無爭議性。[226]但是一九四六年的憲法前文有關人權的規定，涵蓋：（1）一七八九年人權宣言；（2）共和國的諸法律所承認的基本原理；（3）現代國家必要的政治、經濟、社會的諸原理等三部分。其中除了 1789 年人權宣言之外，其他兩部分應如何解釋及界定其內容，則多少有不同的見解。一般認為所謂「共和國諸法律所承認的基本原理」，特別是有關人權的部分，應指自第一共和體制以來，諸法律提及的人權保障基本原理。[227]另一部分有關現代福利國家應具備的經濟、社會諸原理，是指 1946 年憲法所列舉的各項與社會權有關的理念。這一部分 20 世紀重要的人權，在制定之後經過三十年才成為憲法審查基準，明確的具備保障的法效果，是法國人權史上重要的一步。[228]然而其內容及其法規範效果較為複雜，審查時的相關基準有待進一步釐清。

　　最後，此一由判例所形成的人權保障體系，[229]因為涵蓋著長達兩世紀的人權保障理念，因此相互之間難免有對立之處，如何處理也是問題。特別是 1789 年的人權宣言，受到當時剛由專制體制解放的影響，充滿個人自由主義色彩。反之，1946 年憲法

　　論文，頁 180。

[226] 有關適用 1789 年人權宣言的憲法判例，參照樋口，前引書，頁 257-259；北川，前引論文，頁 181-185。

[227] 和田，前引書，頁 150-156。

[228] 野村敬造，〈フランス憲法評議院と妊娠中絶法〉，《金沢法學》第十九卷第 1・2 合併號，1976 年 7 月，頁 10-21。有關一九四六年憲法之社會權理念，參照，中村睦男《社會權法理の形成》有斐閣，1973 年，頁 13-43。

[229] 學界亦稱之為人權的「判例憲章」（charte jurisprudentielle），矢口，前引論文，頁 165。

則受到社會主義與福利國家理念的影響,強調追求實質平等的社會權理念,兩者間的矛盾對立性格更為明顯。[230]原則上,其相互對立應以法的一般原理,包括「後法優位原則」、「特別法優位原則」、「明示規範優位原則」來解決。除此之外,涉及高度爭議性的憲法價值部分,憲法法院也會受到內、外因素的影響,[231]故針對同一問題反覆採缺乏一貫性立場的解釋,也是法國人權保障體系的特徵之一。

3. 平等保障之內容

　　法國有關平等原理及其保障的意義與內容,也是與其他人權一樣,首先應由「現行憲法」、「1789 年人權宣言」、「1946 年憲法」等憲法典中尋求法源,一般稱此為憲法上法源。

(1) 1958 年現行憲法有關平等的條文規定:第二條第一項禁止因出生、人種、宗教的差別,保障法律之前人人平等。第三條第三項保障平等選舉。

(2) 1789 年「人權宣言」:第一條規定,「人生而自由、權利平等,且應該如此的生存下去,除非基於公共利益,否則不允許社會上的差別」,第六條規定,「法律是公共意志之顯現,所有公民都擁有親自或經由代表參與法律制定之權利。法律不論是賦予保障或是加以處罰,對所有

---

[230] 其中最常引起爭議的部分是:財產所有權、經濟企業活動自由與社會基本權、勞工權之間的對立。

[231] 例如「法官構成」、「體制構造」等都會形成影響,參照矢口,前引論文,頁 166-173。

的人都應該一致。由法律的角度來看，所有的公民都是平等的，除了依據其能力、道德品性、才能的區分之外，都能平等的就任各種公職的位階、地位及職務」，第十三條規定，「賦稅應由全體公民依其能力平等地負擔」。

(3) 1946 年憲法前文：首先表明社會基本權原理是現代國家必備的理念，隨後列舉男女同權、工作權、勞工基本權、勞工的經營參與權、生存權、教育學習權等權利之保障及其主要內容，明文保障國民的經濟地位、社會地位之實質平等。[232]

除此之外，平等原理的法源也存在於「具備憲法價值的諸原理或規定」（les principes ou dispositions à valeur constitutionnelle）之中。[233]法國憲法法院除少數例外之外，原則上並未在判決中明示法理的條文或憲法文書資料出處。其理由一方面是因為平等原理的法源及法依據重複且多元化，如何取捨定奪並不容易，一方面則是避免明示出處及法源依據的情形下，憲法法院得以綜合調整平等理念，使判斷的範圍更廣、層次更高。一般雖稱此為來自憲法價理念的原理或規定，實際上應該是憲法法院自身的見解與立場。

---

[232] 初宿，《基本判例：憲法 25 講》，前引書，頁 327-328。
[233] 矢口俊昭，〈憲法院の平等原理～判斷方法を中心について～〉，《憲法訴訟と人權の理論》，前引書，頁 461。

（二）憲法法院機能之演變

1. 設置憲法法院之背景與目的

　　1958 年第五共和憲法第七章（第 56-63 條）規定設置憲法法院，是法國政府制度史上的創舉。在此之前，法國 1799 年第一帝制憲法與 1852 年第二帝制憲法雖然有所謂「護憲元老院」（Sénat conservateur），但是其機能是為獨裁的皇帝排除法律的拘束；一九四六年第四共和憲法雖設有「憲法委員會」（Comité Constitutionnel），但是本質上屬議會的附屬機關，其裁決並無法效果，只有警示作用，[234]其「審理」的權限也明確的排除該憲法前文所列舉的諸多社會權保障理念，故絕非保障人權的違憲審查機關。[235]

　　法國之所以不重視違憲審查制，乃大革命時期受到盧梭所提「法律是國民全體意志的顯示」理念的影響，將「法律與憲法」、「議會立法行為與國民意志」等同化，完全排除司法機關介入違憲審查的空間。此一憲法理念，一直是法國發展違憲審查制所無法突破的阻礙。

　　1958 年憲法是在戴高樂總統的強勢主導之下制定，其目的主要是因為第四共和體制在議會權力及其制定的法律至高無上的傳統下，使行政機關無效率且政局不安定，故必須在權力分立

---

[234] 藤田晴子，〈フランス憲法院の特徵〉，田中二郎先生追悼論文集，《公法の課題》，有斐閣，1985 年，頁 441；和田，前引書，頁 38-41。
[235] 深瀨忠一，〈フランスの憲法審查院〜その性格と實績〜〉，《ジュリスト》第 241 號，1962 年 2 月，有斐閣，頁 34-35。

體制內強化對議會的制約。因此，當時在憲法中設置憲法法院的意圖，只是行政權制衡立法權的一環，與保障人權對法律做違憲審查的目的無關。[236]此一「高度政治性」憲法法院本質，可以由以下幾點觀察之。第一、構成人員由總統、議長任命，前總統為當然成員，具高度政治性。第二、審查對象以尚未生效實施的法律為主，成為阻止立法過程的手段之一。第三、提訴權限定在掌握政權的多數黨手中。第四、成立之後審查內容都是以議會與行政機關之權限爭議、總統權限等政府體制的權力支配為中心。

由此可知，憲法法院成立初期即充滿政治性目的，性質上即便可以勉強稱之為「憲法法院」，也是與人權保障無關，是受到政治權力支配的審查機關，無法稱之為真正的違憲審查機關。

2. 審查機能之轉型

法國憲法法院開始改革並轉型成為保障人權的違憲審查機關，一方面是，1971 年「結社自由事件」判決，促使人權保障內容法典化；一方面是 1974 年的修憲，促使憲法法院的本質產生變革。

1958 年憲法雖然突破法國的歷史傳統，設置憲法法院，但由憲法學的角度觀之，只能說是一種把權力作用的調節，納入憲法運作的「政治性審判機關」。直到 1971 年的「結社自由事件」判決之後，憲法法院才主動積極的轉化為以保障人權機能為中心的機關。不但以周詳細密的憲法解釋，使基本人權內涵由實質意

---

[236] 矢口，〈フランス憲法裁判〉，前引論文，頁 155；和田，前引書，頁 41-42。

義的憲法納入形式意義的憲法。同時，也認為憲法雖未明文規定人權的審查屬憲法法院的權限範圍，但也未明文排除對人權的「實質的違憲審查」規定。因此，憲法法院開始以人權問題為中心，展開保障人權的違憲審查機能。[237]

　　一方面，1974 年修憲通過有關憲法法院提訴權擴大的條文，也對憲法法院機能的轉變產生影響。雖然修改的內容只通過，增加「議員六十名」得提訴的內容，但是其實際所形成的影響卻很大。有關憲法法院審查機能之改革，60 年代開始就有「設置新的違憲審查機關」，由制度面澈底改革的主張。後來雖然由於種種因素的影響，變成僅由原來的權限與機能做部分修改，甚至最後修憲案只通過提訴權這一部分的修改。[238]但是經由這一次修憲的運作過程中，可以發現各界支持憲法法院轉變為保障人權機關的意圖及基本精神是一致的。因此，1974 年的修憲雖然不能在實質的條文規定上使憲法法院澈底的改變，但在精神上的意義卻遠大於實際修改的內容。這可由修憲案通過後，有關人權的判例逐年增加得到證實。[239]憲法法院由制憲當時以調整立法與行政權限為主要機能，轉變為目前以保障人權為中心的違憲審查，可說是令人預想不到的變革。

　　最後，法國憲法法院由比較「違憲審查制度」的角度觀之，因為有以下的特徵：(1) 提訴權只限定於總統、首相、國民議會及元老院議長或六十名議員，一般國民甚至法院都無提訴權；(2)

---

[237] 和田，前引書，頁 137-141。
[238] 同前注，頁 70-117。
[239] 矢口，前引論文，頁 157；北川，前引論文，頁 181-191。

審查過程並未採行對審方式；（3）原則上屬事前審查型，所以本質上乃有高度的政治性傾向。

（三）平等原理的判例與審查基準

憲法法院在 1971 年的「結社自由事件」判決及 1974 年修憲的擴大提訴權之後，有關人權的判決顯著增加。自 1980 年至 1983 年計四年之間，有關法律的審查件數共有四十五件，其中與人權有關的判決有三十一件。同時，三十一件有關人權的判決中，與「平等原理」有關的佔二十八件。[240]由此可知，法國有關人權的違憲審查歷史雖淺，但是與平等原理有關的判決所佔的比例極高，因此不論在質與量方面都足以成為學理探討的對象。以下，由判例來分析平等原理的法源依據、意義、審查基準等問題。

1. 判例對平等原理法依據採默示立場

平等原理是憲法法院繼「結社自由」之後，第二次出現有關人權問題之審查。[241]1973 年 12 月 27 日「職權徵稅事件」的判決中，指出違反「曾於 1789 年人權宣言中提及，於 1958 年憲法前文中嚴肅的再予確認的法律之前平等原理」。[242]這是憲法法院

---

[240] 法國論及「平等」有其特殊性，憲法審查亦與各國有異，故使用「平等原理」而不用「平等原則」。

[241] 事實上，1960 年 1 月 15 日有關「議會議事規則」的判例，其內容亦涉及平等的問題，但是憲法法院的審查則未提及，故未被認定為與平等有關之判例。高野真澄，〈人種による差別の撤廢に關する組織法の合憲性〉，《フランス判例百選》，有斐閣，1969 年，頁 25-27。

[242] Recueil des décisions du conseil constitutionnel（以下略為 R.D.C.C.），1973，p. 25，和田，前引書，頁 173-175。

判決第一次引用平等原理做為判決依據，肯定其憲法保障的效力。值得注意的是，憲法法院雖然在判決中指出違反平等原則，但並未進一步論及平等保障的內涵、價值理念，也未指出相關的平等保障條文（例如，人權宣言第十三條）。往後憲法法院也一直維持著這種「不明確提示」平等保障條文或論述有關平等原理的立場。例如，1983 年為止有關平等原理的判例有三十件，但明示所依據條文或原理的只有四件。[243]

　　憲法法院之所以採取這種類似逃避的「默示」立場，主要原因是面對兩百多年前制定的條文，在解釋上有種困難，很多文字與現代的概念並不符合。[244]因此，憲法法院若在判決時採明示立場，明確引用某一條文加以論述，雖然可以使判決更具正當性、明確性，有助於判例的形成，但是難免也會使舊條文在某種程度上出現矛盾，逐漸喪失其存在的意義。反之，憲法法院若在判決時採默示立場，避免明確指出依據的條文或詳加論述，雖然可以維護法源的完整無缺，使其繼續保持原狀，但也因此常被批評為憲法法院單以「憲法上的諸原理」，即可自設立場、自由解釋，有形成「法官支配」的危險性。[245]

　　由此可知憲法法院針對平等原理採取不再詳加解釋的默示方法審查，對平等原理的概念、審查基準的形成與發展等之影響

---

[243] 該四件判決為：1980 年 1 月 9 日"R.D.C.C., 1980, pp. 32-33"；1980 年 12 月 19 日"R.D.C.C., 1980, pp. 51-52"；1982 年 11 月 18 日"J. O., pp. 3475-3476（1982）"；1983 年 1 月 14 日 "J.O., pp. 354-356 (1983)"，參照矢口，〈憲法院の平等原理〉，前引論文，頁 460。

[244] 和田，前引書，頁 186-187。

[245] 矢口，「フランス憲法裁判」，前引論文，頁 166-167。

如何，尚有待進一步的觀察與檢討。

2. 判例對平等之定義

憲法法院採取默示型態的情況下，要探知其對平等原理的意義、內涵之見解，事實上並不容易。1979 年 1 月 17 日憲法法院判決指出，平等原理並未排斥對於不同狀況之下的某些人，採取不同的法律規範的方式，但是這種不同狀況的區別須具備正當性，且與法律的目的不生矛盾。[246]這是憲法法院對平等原理較明確的說明。隨後在 1982 年 1 月 16 日「國有化判決」中，憲法法院則進一步對「平等」定義如下：[247]

（1）平等並非要求「絕對平等」，而是「相對平等」，當狀況條件有異，應容許區別存在，並採不同的法規範對應。（2）採區別對應是否符合憲法平等原理，有兩項要件：第一，對區別採不同法規範，應具有必要如此做的正當性。第二，所採取的不同法規範應與立法目的「和諧」，不會有矛盾對立現象。

基本上，法國憲法法院有關平等的定義，雖然過於簡化，但與一般學理上的平等理念並無差異之處，問題是判斷區別的正當性，及與立法目的和諧與否的審查「基準」如何明確化。

3. 平等原理的審查基準

法國憲法法院審查平等與否時，若與各國比較，明顯有其獨特的基準，以下分別論述之。

---

[246] R. D. C. C., 1979, p.24.
[247] 矢口，〈憲法院の平等原理〉，前引論文，頁 464-465。

（1）一般利益基準

　　憲法法院判斷違反平等原理與否，經常使用「一般利益」做為基準。例如，福利設施利用的條件採不同規定，基於「一般利益」有其正當性與必要性，故合憲。[248]此時，一般利益應類似公共福祉、公共利益的概念。但是在有關銀行國有化事件中，法律對外資系的銀行特別免除適用國有化，亦提出基於「一般利益」基準，故合憲。如果一般利益指國民的共同利益，既然國有化有其立法正當性，則判斷外資銀行免除適用是否違反平等原理時，又引用一般利益基準，顯然一般利益的意義不明確，也導致該基準失去衡量判斷的功能。[249]

（2）差別不存在基準

　　憲法法院若認定法律並無差別的本質存在，則判定採取不同的法規範並未違反平等原理，一般稱之為「差別不存在基準」。然而，有關差別與區別之間的認定，或是差別「不存在」與「完全不存在」差別是否同義，憲法法院並未進一步論述。因此，差別不存在基準雖有某種程度的效用，但是運用時也產生問題點。其中值得檢討的是，對於部分在議會立法時就可能存在的差別，憲法法院都採取尊重立法裁量的姿態，幾乎在未加審查的情況下即判定其合憲法。在此情況下，差別不存在基準反而使差別正當化，逐漸成為對議會表達高度尊重的審查基準。

---

[248] R.D.C.C., 1979, pp. 31-32.
[249] 矢口，前引論文，頁 465-468。

（3）明確的過錯基準

　　憲法法院對於議會立法是否違反平等原理，一向採取高度尊重立場，但若對於立法裁量完全認同，違憲審查將喪失存在的意義。因此，憲法法院以「明確的過錯（erreur manifeste）」做為最低限度的審查基準。此一基準認為，除非議會在立法裁量過程有明確的錯誤認定或判斷，否則不應判決違憲。因為目前憲法法院在判決文常使用「看不出立法機關有明確的過錯」、「無法得到立法機關之評價有過錯的結論」等，都是做為沒有違憲的論述，尚未出現違憲判斷，所以未能明示「明確的過錯」具體基準及概念何在。如果依行政法學的基準，明確的過錯是指「不是專家的一般人亦可立即判斷其錯誤何在」，則類似憲法法院所處理高度學理性、專門性的審查內容，要符合明確的過錯基準並不容易。所以，明確的過錯是否能成為有效抑制立法裁量的基準，實有待進一步檢討。

（4）積極的差別問題之審查基準

　　法國學界有關美國「優先保障措施」的用語並未一致，「積極的差別」、「補償的差別」都是指，對過去因受差別而居於劣勢地位者，或在出發點已居於劣勢者，為使其有公平競爭的機會與條件，立法加以協助是必要的，並未違反平等原理。目前法國主要以針對女性的優先保障立法為主，其中有關地方議會議員同一性別不得超過四分之三之規定，是否違反平等原理的爭議。1982年憲法法院的判決認為，有關選舉權及被選舉權的平等保障，其

審查應採嚴格基準，故認定議席的性別優先保障違憲。換言之，針對某一性別在議會議席的特別保障，只是保障少數的某一性別候選人，和一般國民的性別平等並無明顯的關連性，但卻嚴重侵害全體國民的選舉權平等與被選舉權平等，故屬違憲。至於，其他優先保障立法，目前尚未有具體的審查實例，其判斷基準為何，尚有待進一步觀察。

（四）小結

1958 年第五共和憲法設置憲法法院之前，一般提及法國的人權保障機關，都會舉出行政訴訟體系的國務參事院（Conseil d'État）。雖然該機關只是單純的防止行政執行侵害人權，但卻在法國這種缺乏違憲審查傳統的特殊憲法體制下，發揮高度的人權保障機能。[250]即使 1958 年後設置憲法法院，因為在性質上仍屬權力分配的調整機構，仍與人權保障無關。

70 年代憲法法院終於體認違憲審查制對人權保障的必要性，開始從無到有的一連串改革，逐漸形成目前的狀態。憲法法院為何會體認轉型的必要性：第一，1962 年總統改由公民直選後，若執政黨在議會也能掌控多數，則「行政」加上「立法」的權限將形成難以制衡的執政黨。此時，人權保障與權力制衡都必須期待司法權發揮其功能，這就是憲法法院轉型的原因之一。[251]第二、第二次世界大戰之後，強化司法權的違憲審查制，在民主先進各國不斷發展下，形成一股無法抵擋的潮流，法國實在沒有

---

[250] 矢口，〈フランス憲法裁判〉，前引論文，頁 169-173。
[251] 中村，〈フランス法における人權の保障〉，前引論文，頁 219。

拒絕實施的理由。第三、法西斯主義惡法亦法的影響下，過去完全信賴國會立法，認為可以「經由（through）法律保障人權」的想法幻滅，取而代之的觀念是有必要「防止（prevent from）法律侵害人權」，以免在立法權濫用的情況下，制定侵害人權的法律。

憲法法院由高度政治性的機關轉變為人權保障機關後，在制度面尚存在著必須改革的部分，包括構成人員、對審的強化、手續公開、事後審查、提訴權等都有值得檢討之處。一方面，憲法法院審查的方法、技巧及理論，也有加強的必要。有關平等原理相關判例之審查，不但基準的認定不明確，審查結果也缺乏一貫性。這些問題點與其他民主先進國家的違憲審查制度比較，都有再加檢討改進的必要。

伍、台灣有關平等原則之問題

一、選舉與平等原則

（一）選舉制度的問題

台灣過去有關民意代表的選舉是採用「中選舉區複數當選制」，此一制度當選者並非全是最高票數，而是依名額取得相對的較多票數即可當選。若與先進國家所採的單一選區制比較即可發現，單一選區制當選者所得票數都在投票選民數百分之五十左右，當選者相互之間得票相差無幾；中選舉區複數當選制除了在

同一選區當選者之間得票相差極多之外（有時達數倍），各選區的最低票當選者之間，也因為各選區的狀況不同，而有極大的票數差距（有時也達一倍）。因此，中選舉區複數當選制，由平等原則觀之，明顯的造成選民投票價值的差別。

台灣的比例代表制，過去採用候選人得票數為所屬政黨得票數的「一票制」計算方式，這也明顯的違反平等原則，一方面對推出大量候選人的大黨有利，對小黨及無黨派候選人不利；一方面使投票給無黨派候選人的選票只有一票價值，剝奪其比例代表制的投票權。因此，明顯使選舉投票價值不平等，違反憲法保障的選舉權平等。現行選舉制度比例名單排名順序由政黨決定，剝奪選民選舉權，必須檢討改進。

（二）選區劃分不平等現象

台灣的選區劃分，因為規定以縣為單位，且各縣至少當選一名，故分配議席與選民數之間產生不平均現象。何況又有金門、馬祖等特殊的縣及先住民選區，使選區劃分的不平等差距更大。因此，要達到「一人一票、票票等值」的原則，保障國民投票權的平等，必須理解「國會議員代表全體國民」的觀念，放棄以縣為基礎的選區劃分原則。

（三）保障名額之問題點

一般提及「保障名額」都誤以為是一種「優先保障措施」，實際上並非如此。民意代表的保障名額，雖然稱之為「女性」、「先住民」保障名額，但實際上只是保障少數女性與先住民候選人享

受優先待遇，與全體女性或先住民的保障無關。因為民意代表必然代表民意只是一種「假設」，何況全國性民意代表應代表全體國民行使職權，並非代表特定選民或選區選民的利益。此外，若由平等原則觀之，「保障名額」不但使候選人之間產生不平等狀態，更形成國民之間投票權的不平等。若由「優先保障措施」的目的觀之，女性選民投給男性候選人的一票價值更低，完全與「優先保障」女性參政權的目的相反。顯然，「保障名額」制度反而更剝奪要保障對象者的權利，名不符實。

因為有以上種種問題存在，故先進民主國家都未實施「保障名額」制度。對弱勢集團或弱勢族群的保障，應由超越政治權力、國家權力的人權保障著手，才能有效提升其地位，使全體弱勢者都能享有權益。民意代表的「保障名額」，只是對所謂弱勢集團的少數「代表」的特權加以保障，不但無法改善弱勢集團的權益，反而形成特權民意代表，擴大差別狀態，違反平等原則的保障。

（四）選舉資格限制的問題

民主國家的選舉權與被選舉權是國民享有的重要權限，任何限制都必須採嚴格的審查基準慎重的判斷，以免形成差別待遇違反平等保障原則。台灣的選舉法規，在這一方面有許多值得檢討之處。

首先，有關投票資格的部分：1.選舉法規定四個月戶籍要件時期過長，明顯屬不合理差別。全國性選舉，除非因為選舉人名冊的編列時期已過，否則不應任意限制遷徙移居國民的投票資格。2.未設置缺席者投票制度，使投票日值勤的公務人員或民生

交通等工作人員無法投票，亦屬不合理差別。

其次，有關被選舉資格的限制部分：1.學歷、經歷等候選要件，明顯違反平等原則；2.戶籍必須設於選區且有時期的限制，亦欠缺關連性，違反平等保障原則。

最後，以年齡限制必須有正當理由，目前台灣教育普及、資訊發達，應可降低年齡要件。反之，台灣選舉風氣敗壞，金錢、暴力、派系介入影響選舉，選民判斷力喪失，輕易的受選舉花招左右其選票。因此，美國以「事前登記」、「讀寫測驗」取得投票資格的方式，如果妥善改良加以運用，或許是導正選舉文化的對策，也才是「實質」的平等。

（五）選舉過程之平等

整個選舉過程是否平等，嚴重影響選舉的結果。首先，應成立客觀、獨立運作的選舉委員會，才能在制度設計、選區劃分、選務監督、執行等各方面公平、公正的運作。其次，選舉經費應有公費補助及最高支出的限制，金權政治嚴重的台灣更應嚴格處分違規者，否則將形成財力因素的差別，影響選舉的公平。最後，媒體的接近使用權及公平報導，也是選舉平等保障的重要部分。台灣的媒體已完全喪失自制力，高度介入黨派的政治立場，必須期待立法規範才能導正不公平的現象。

二、性別與平等原則

台灣有關兩性平等的問題，若由實際狀況觀之，女性不論在

就業、婚姻、家族生活中，仍然明顯的承受著各種不當的差別。因此，追求提升女性權益的運動，值得肯定也必須繼續推展。然而，若由手段的正當性、目的的合法性觀之，則有很多值得檢討的部分。例如，女性「優先保障措施」在台灣的運用，有關民意代表及公職任用的「婦女保障名額」，是否與提升女性地位之平等有關，是否違反平等原則，都有疑問。所以先進各國不論在學理上或實務運作上，都對「保障名額」採否定及保留態度。此一問題在台灣尚未引起注意，未來將對平等原則的保障與發展有很大影響。

事實上，女性所受到的不當差別，實與選舉民意代表或考試任用公務員的部分無關。何況這一部分實際上已無差別狀態存在，並無採行優先保障措施的必要。不當採用反而形成逆差別或形成對其他人權平等保障的侵害。目前女性地位的不當差別，主要存在於私社會及家庭之中，這一部分涉及第三者效力的界限及與其他人權調整的問題，應採取何種對應手段有待進一步檢討。

然而，追求性別平等的基礎主要是在正確平等理念的傳達，由教育、社會價值觀來導正錯誤的傳統性別差別觀念，如果連最基本的生兒育女的性別差別都無法突破，如何高談兩性平等及性別平等。

三、族群差別的問題

台灣所謂的「省籍」、「閩客」的差別問題，實際上與人權保障、平等原則無關；完全是政治性、政策性的錯誤所造成的結果。

因此，原則上不應適用「優先保障措施」。然而，長久以來有形、無形的優先保障措施實行的結果，反而形成逆差別與非理性「分類」（classification），且使原來應融合的不當分類，反而因此固定化甚至更為對立矛盾。這些問題來自政治，也必須以政治理念的釐清才能化解之。

　　台灣的族群差別應該只有存在於先住民之間，目前對其所採的「優先保障措施」，大多是屬於社會權保障的範疇。這些事項本來就是屬於國民應享有的「權利」，但是政府卻以優遇政策稱之，認為對先住民已特別照顧。事實上，有關先住民的語言、文化保存及維護其人格尊嚴，這些問題才是化解差別狀態的核心。

四、其他相關的差別問題

（一）尊親屬身分特別對應之問題

　　目前台灣對於尊卑親屬身分關係，仍採特別對應及特別刑罰規範。這些法規範是否違反現代人權體系中，個人人格獨立存在及平等保障原則，幾乎未成為檢討的課題，顯然對於平等原則的學理探討尚未成熟。

（二）兵役替代役之問題

　　台灣採義務兵役制度下，必然發生良心拒絕服兵役的問題。目前對於相關案例，完全以犯罪行為處罰之，根本未考慮替代役制度。最近雖然提出替代役制度，本質上是基於其他因素，良心拒絕服兵役問題並非主要考量。尤其是這些良心拒絕服兵役者，

被依法判處徒刑服完刑期之後，仍被要求再服兵役，更凸顯憲法所規定，不得因信仰而採差別待遇的平等保障原則，完全未具體產生效力。

以上針對台灣有關平等原則問題之探討，只是列舉數項，簡單指出基本觀念，相關法理已在本文中詳加分析，故不再重複論述。當然，以目前台灣人權保障之狀況，尚有很多與平等原則牴觸或明顯差別的現象，在此也無法詳加探討。事實上，現代平等原則最重要的理念，是將實質平等保障的人權轉化為「社會基本權」，以具體保障每一個人過著有尊嚴、有文化、有品質的最基本生活。這種追求實質、結果平等的福利國家體制，在 21 世紀，仍將繼續成為人類社會發展的主流，台灣要成為先進國家也不能將之排除在外。

然而，台灣在長期集權體制下，對於人權理念及保障制度的理論研究，幾乎是一片空白。人權必須有學理出現，才能形成保障制度，才會產生具體保障的效果。平等原則也是如此，沒有正確的理論，就不可能形成衡量審查的基準，平等保障就無法具體實現，故平等原則理論的研究應該是落實平等具體保障人權重要的一步。

CHAPTER 8

廢除教育統制、
保障國民學習權

前言

　　一般民主國家國民教育之目的有二：其一，係經由教育過程使個人具備獨立自主之能力，此為以個人之生存及追求幸福為中心之目的。其二，係期望經由公教育使個人學習適應與他人共同過著社會生活，繼而維持社會之政治、經濟、文化等基本秩序，使社會能持續的進步與發展，此為以社會整體公共福祉為中心之目的。然而，專制國家的教育目的，則是以國家或統治者之存續為中心來架構整個教育體系。統治者認為教育的目的就是在培養「忠君愛國」之國民，因此完全控制著教育的每一個環節，使國民在發育成長過程即被溶入預設之體系中，完全失去自我判斷價值理念及認識人生意義之機會。中華民國持續至今七十多年的動員戡亂教育體制即屬此類，結果培育出只知效忠領袖及服從威權統治之順民。因此在社會面臨改革進步的重要時刻，實有必要重新認識教育的真諦，使教育能以每一個活生生的個人及全體國民為中心來運作。教育不應當是國民的義務，反而應當是國民的積極權利，是國民自我人格的培育過程。其目的在使國民於政治上成為主權者，能正確判斷國家事務；於經濟上能習得生存的能力，理解工作之意義；於文化上能思考人生的意義，充實生活之品味。本稿之目的除檢討七十多年來國民教育之不當外，尚期待能使台灣人認清教育之重要性，重新認識以人權及國民主權為基

礎之國民學習權理念。[1]

壹、「受教育」之性格與本質

依中華民國憲法第廿一條規定「人民有受國民教育之權利與義務」。然而「受教育」如何能同時屬人民的權利，亦屬人民的義務，卻從未被提出來探討。受教育如果是權利，則人民擁有要享有或不享有之決定權。反之，如果是義務，則人民無論如何必須受教育。兩者之間怎能調和而不生對立衝突，實值得深入分析。事實上，七十多年來台灣的教育理念一直突顯受教育是國民的義務這一概念，除了要使國民接受義務教育之外，更重要的是要合理化由上而下強制灌輸特定價值理念、意識型態，以構成一個易於統治的社會。

依據國民主權原理及民主教育理念，受教育不但不屬國民的義務，而且應屬國民的權利。實際上中華民國憲法廿一條所規定之「人民有受國民教育之權利與義務」，其義務要求的對象應非「人民」，而是適齡國民之父母或監護人。中華民國 71 年 5 月 12 日公布之「強迫入學條例」第九、十條即規定，未接受義務教育之適齡國民的父母或監護人應予處罰，其中並未直接要求受教育者（適齡國民）之義務承擔。各國對於適齡國民之就學，其義務對象也都是針對其父母或監護人，例如日本憲法第廿六條即

---

[1] 　學習權發展過程，參照；許慶雄，2013，06，《憲法概論～日本政治與人權～》，（台北：新學林出版股份有限公司），218 頁。

規定，「全體國民均享有依法律之規定，依其能力平等受教育之權利。全體國民均負有依法律之規定，使其所保護之子女接受普通教育之義務。義務教育應免費」。由此可知，「父母有義務使子女接受義務教育」與「國民有受教育之義務」在教育及人權理念上，是兩種完全不同之層次。前者本質上是將受教育形成國民的權利，國民在法律規定之下享有接受教育之權利，在成長階段的初等、高等教育當然是受教育權利範疇，在進入社會及老後也都享有受教育之權利。只是在幼年階段的教育，基於國民尚未具備自行決定受教育與否或選擇如何受教育之判斷力，故要求家長負起從旁協助之責任，由其承擔使子女受教育之義務。國民即使在義務教育階段，仍然是在享有其受教育權利，而非盡其義務。後者則使國民完全處於被動之地位，必須接受國家權力強制其接受教育。兩者之間，一是權利、一是義務，其性格完全不同。實際上幼年成長過程教育之所以稱為「義務」教育，並非強調接受教育是國民義務，反而是指國家要承擔國民此一階段之受教育費用的義務教育免費。因此受教育對於國民完全不存在任何義務性格，反而是絕對的權利性格。

一方面，受教育權在現代人權保障體系中，一直是屬於社會權中重要的一環。當然也不能忽略受教育權有其自由權之性格，此部分主要是在保障教育自由，使教育之內容、機構及設置享有自由，不受任何勢力之介入與干擾。例如，比利時憲法即特別保障教育自由，其第十七條規定，「教育是自由的，任何之抑壓措施應予禁止」。但是更重要的是，受教育權的社會權性格，此部分是保障國民有積極要求國家提供受教育時「學習環

境」之權利，也就是國家必須致力於保障各種國民所需要的學習環境。

　　因此依據基本人權保障，國民主權原理及民主教育理念之發展，現代立憲主義國家都明確規定受教育是國民的權利，更先進的理論則認為國民擁有積極主動的學習權，國家應予保障。至於為何受教育是國民的權利，本質上受教育做為權利其依據何在，學說上主要有三種見解：

一、生存本質說

　　此說認為，受教育是使國民未來能在精神上、物質上過著健康、文化生活的基礎，故保障之。受教育是工作權與生存權保障之前提，若考慮到個人未來工作上及生活上的各種要件，則必須使國民享有受教育權，以獲得知識與技能，確保生活不虞匱乏。

二、主權者教育本質說

　　此說認為，受教育是使將來身為主權者之國民，能充分瞭解民主政治的真諦，具備運作政治的能力，故保障之。受教育是以參政權及國民主權為前提，考慮到民主政治教育及公民教育的重要性，認為欲培育主權者於行使參政權時擁有正確的判斷能力，必須保障受教育權。

三、學習本質說

此說認為，個人於發育過程必須經由學習以吸收知識，才能健全地成長及發展，此乃人與生俱來的權利，[2]故保障之。受教育是以學習權為前提所形成的權利，因而在保障此權利的情況下，國家必須積極地整備各種教育及學習環境，使學習主體之國民能享有完整的教育。這種以學習權為本質的教育理念，其最重要的意義在於使受教育權的保障能獨立存在，不必再以其他權利之保障為前提。此外，學習本質說亦可同時包含生存本質說及主權者教育本質說的意義，使受教育權具備多元性的本質。事實上，保障受教育權的目的，若僅限於經濟上的生存或政治上的參政權作用，其意義則未免過於狹小。

目前有關教育理念必須以學習權為基礎構成的見解，已普遍為學術界所肯定。學習權理念除了釐清教育的本質之外，更涵蓋著現代個人尊嚴的確立。其意義是每一位國民為自己的成長，為成為立足於社會國家的個人或市民，為完成實現自我人格的形成，為追求人生的幸福，都應擁有學習權。尤其是具有未來可塑性，無法自我學習的兒童，亦有權要求保障賦予其理想的學習環境，透過學習知識與技能，使將來的人性得以充分發展，進而使自己成長，形成健全的人格，這是人與生俱來的權利。國家、社會、家長、教師如何賦予兒童理想的學習環境，保障兒童學習權，

---

[2] 參照中村睦男著《憲法 30 講》，青林書院，1984 年，142 頁。

仍是應該共同承擔的課題。學習權理念可以歸納出以下重點：第一、人之所以為人，是因為具有經由學習而成長發育的特質，故學習是人類不可被剝奪的權利，教育只是使學習更為完備理想的方法，是輔助性格而非主導性格。第二、經由學習而成長發育是「兒童」的權利，教育必須以受教育者之人格健全發展為中心來考量。[3]第三、教育不應只是追求教育機會平等及經濟層面的義務教育免費、獎學制度等部分，更應重視教育之目的、內容及其人權的本質。第四、教育必須以人權為中心來思考，人生的任何階段都有學習的權利，國民有要求自幼接受成長教育之權利，也有要求社會教育及各種學習環境整備的權利。學習權理念，可以說是今後民主教育體系及教育法理論發展的重要基本原則。[4]

貳、教育權之主體

所謂教育權乃「決定或實施具體的教育內容之權能」。[5]因此擁有教育權者即可主導教育的方向，影響受教育者之學習目標及內容與整個社會國家之發展方向，不容忽視。台灣在動員戡亂體制之下，依民國 39 年 6 月 15 日公佈之「戡亂建國教育實施綱

---

[3] 參照兼子仁著《教育法（新版）》，有斐閣，法律學全集 16，昭和 58 年，198 頁。

[4] 參照小林直樹著《〔新版〕憲法講義（上）》（東京大學出版會，1987 年）571 頁。

[5] 參照中村睦男著〈教育權の所在〉《憲法の爭點》（有斐閣，ジュリスト增刊，昭和 60 年）146 頁。

要」[6]有以下規定。首先其前文指出「教育為立國大本，應視時代及環境之需要，縝密計畫逐步推進，然後教育之功能始能發揮而有效。茲訂定戡亂建國教育實施綱要，一方面適應當前之需求，一方面預作未來之準備，務使全國教育設施皆以戡亂建國為中心，而發生偉大之新生力量。第一條規定「加強中小學公民史地及專科以上學校三民主義之講授」。第二條「各校敦請名人講演，闡發三民主義思想及戡亂建國之意義」。第三條「中等以上學校舉辦三民主義論文比賽，並組織學術團體研究三民主義」。第四條「出版有關三民主義及反共抗俄之刊物」。第九條「根據新課程標準編輯或修訂中小學教科書」。第十二條「徵集有關戡亂建國之學術研究作品，優給獎金」，第十四條「刊印古今忠貞人士為國犧牲之事蹟，並製成電影歌曲劇本，激勵民族氣節」。由以上可知，台灣七十多年來一直明確主張國家是教育權主體，由國家頒布教育綱領，主導教育方針，決定教育內容。其目的是灌輸中國傳統文化、愛國思想，培育為國犧牲奉獻、服從威權的順民。這與現代立憲主義，依據國民主權原理及國民學習權保障而形成的，由國民自行決定教育方針與內容之國民教育權理念完全對立。以下試由各種學說及民主教育理念來思考「教育權」[7]問題。

6　《戡亂建國教育實施綱要》是 1950 年由中華民國教育部所頒布的國家教育綱領，希望能夠消除有關台灣日治時期的教育影響，並且推動以中華文化為基礎的教育政策。中華民國政府撤遷台灣後頒布一系列法令，期望能夠在日常教學中大力灌輸反共愛國思想與中國傳統文化。

7　教育權本質傾向「權力」的權（power），與國民擁有「權利」的權（right）完全不同，論述「教育權」一詞，應該特別注意其權力本質。

一、國家教育權說

　　此說認為教育權屬於國家，教育之方式及其內容應由國會及行政機關決定。此說主要之理論依據及學理上之批判如下：第一、憲法既然規定國民有受義務教育之義務，因此由反面推論，與教育有關之權限應屬於國家。然而，前已論及憲法上的義務規定主要是針對家長有使子女受義務教育的部分，不能依此就推論國家擁有如何教育國民之權限。第二、基於現代福利國家的理念，教育權已由家長委託給國家，所以國家有權依所定的基準頒佈學習綱領，實施公共教育。然而，不同意此見解的學者則認為，家長的教育權並非無條件的委託（白紙委任），因此國家於實施公共教育時，仍須顧及國民全體之意見。第三、由於有關教育之法律乃依民主主義原理，由代表國民的國會所制定，國家則依法律之規定，擁有掌管教育的權力，並直接對全體國民承擔責任。因此，國家應擁有教育權。然而，若仔細探討此一理論依據，我們不難發現，在「民主主義」的要求下，國家不過是教育過程中的執行者，並非權利主體，反而國民才是真正的決定權之擁有者。第四、由於基礎義務教育有使兒童接受共通程度學識的本質，因此為符合內容一致性的要求，國家公權力必須介入教育，方能使義務教育有一定之水平，故國家理所當然的擁有教育權。然而，雖說義務教育本質上必須謀求內容的共通性與進度的劃一性，但是並非即可據此而謂教育權專屬於國家。共通性、劃一性只是一種原則，並非教育權的全部，國家不能以此

為依據而成為教育主導者，並且排除家長、學者專家、教師參與教育權。[8]

二、國民教育權說

　　相對於「家長」有使「子女」享有受教育權之義務，此說認為以家長為中心的國民亦應擁有自由決定教育內容之權利。亦即，排除國家對教育之主導權，認為有關教育事項應由兒童、家長、學者專家及教師所構成的國民來決定，國家只有承擔整備教育共通性、劃一性及硬體設施之義務。此說所依據之理論主要如下：第一、雖然憲法未明文保障教育自由，使教育不受來自國家權力之干涉，但是基於憲法的自由理念，教育自由事實上理應得到保障。第二、憲法保障學問的自由，而學問與教育皆與精神自由有著密切的關係，學問研究可說是教育的一環，教育則可視為傳播學問的手段。因此，基於此憲法的依據，國民自應擁有自由決定教育內容的權利。第三、教育在本質上即具有非權力的性格，因此教育若受權力規制，則失去其意義。[9]國民教育權說，一方面以理論批判國家對教育統制之不當，一方面則以教育自由的理念為基礎，發展成以國民為教育主體的理論。

---

[8] 有關國家教育權說之批判，參照永井憲一著《憲法と教育基本權》，勁草書房，1970 年，153-157 頁。

[9] 參照兼子仁著，前揭書，199 頁。

三、教育權不存在說

此說認為憲法雖保障國民有受教育權，憲法並無有關教育權之明文規定或任何使其成立的意圖存在。由此可知在憲法學理上，教育權並不存在，任何主體也不可能擁有教育權。因此，爭論教育權究竟屬於國家抑或國民是毫無意義的。而且，為了確實保障國民的受教育權，國家必須承擔各種義務，但並未擁有教育國民的權限。相對地，父母雖有教育子女的權利，但其對象及內容皆有限定，並非意味著國民有教育其他國民之權利。同樣地，教師雖有教育學生的權利，然而義務教育教師乃屬國家機關的一部分，教學是教師的義務，教育學生並非純然為教師的權利。所以，教育國民的權限是否存在？教育權究竟應屬於何者？是無法從憲法找到理論依據的，此即為教育權不存在說。[10]若由學習權保障的角度觀之，教育者、教育機關或教育體系都應該以學習者為中心而作用，理論上更應該沒有教育權存在的空間。[11]

事實上，有關教育權之所以有爭論及各種學說、觀點被提出，主要原因乃在於概念之混淆及權利實體難以揣摩所致。以下試由幾個不同角度來思考教育權之問題。

首先，所謂教育權乃指決定教育內容之權限，而非指教育他人之權限。任何人皆不能擁有隨心所欲教育他人之權限。例如，

---

[10] 參照浦部法穗著《憲法學教室 I》（日本評論社，1986 年）240-242 頁。
[11] 參照：許慶雄、〈日本憲法教育理念之探討〉《日本論叢第一輯》（台北：淡江大學、1991 年）頁 115-124。

家長擁有教育子女之權限，[12]但其對象也只限於其子女而不包括「他人」，同時，家長亦無法隨心所欲的教育子女，因為家長決定子女教育內容之權限，必須區分為家庭教育及學校公共教育兩方面。在家庭教育方面，家長自然擁有絕對的權限，但是由於家長同時有使其子女接受公共教育的義務，故其對子女教育內容的決定權能自然受到限制。因此，所謂「教育權」更明確的名稱應為「教育內容決定權」，而不應與「教育他人之權」混同在一起。

其次，對有關教育事項表達意見，並因而形成決定之權利，實不必稱之為教育權。例如，家長除了對子女的家庭教育內容有決定權之外，有關公共教育事項，家長仍可以國民的身分及立場表達對其內容的各式各樣見解，若因而形成民意而決定的話，此乃國民主權原理及表現自由保障之下的國民權利，大可不必引申為因國民擁有教育權之故。例如，國民對外匯、交通等事項亦可表達意見，發揮其影響力，卻不必引申為國民擁有「外匯權」、「交通權」。因為若要使之成為法的權利，尚必須具備權利之性質及行使型態，否則只能說是影響因素之一。

最後，論及國民與國家兩者之間的概念時，因涉及抽象性、重複性及同一性，故不易釐清。一般主張國民教育權說，多認為國民應包括家長、教師、教師組織、學校設置者及教科書之作者、編者、出版者等有關人員。但是，這些人是否可以歸納為單純的

---

[12] 1959 年聯合國「兒童權利宣言」第七條第二項即表明，家長對子女的教育權限係最優先，此為世界各國所普遍肯定的原則。參照蘆部信喜編《憲法 III 人權（2）》，有斐閣，昭和 60 年，393 頁。

「國民」頗值得探討。例如，教師同時具備國家機關的立場及國民的立場之雙重性格，在涉及有關學生體罰爭論時，家長與教師即處於對立之狀態，兩者並無同質性。同樣地，此情形亦可類推至學校設立者及其他與教育過程有關人員身上。此外，在立憲主義之憲法原理下，國民同時也是國家機關之一，屬於國家構成的一部分。[13]因此，即使主張「國家教育權說」事實上亦無法排除國民之影響及參與。所以，國民教育權與國家教育權並非二者擇一互相否定的爭論，反而是在很多範疇有其同質性。特別是在國民主權原理之下，教育權之所在應屬不必爭論之範疇，乃自明之理。

參、教育自由與受教育權之關係

一般論及對「教育」的理解，其涵蓋面頗為廣泛，其意義亦頗為複雜。比方說單以「場所」來劃定教育的範疇，即可區分為家庭教育、學校教育、社會教育等不同類別。因此一旦論及與教育有關的教育自由，自然亦可能涉及各種不同內涵之意義，例如，「家長的教育自由」、「國民的教育自由」、「教師的教育自由」等，其間不僅是權利主體不同，法性格亦有所差異。於此更應注意者係，「教育自由」的根本意義，誠如前所論及之教育權並非「教育他人之權利」一般，教育自由亦非指「教育他人之自由」，

---

[13] 參照佐藤幸治編著《憲法 I 總論・統治機構》，成文堂，平成元年，146 頁。

而是指「教育相關事項的自由」。[14]教育自由之意義係為使受教育之主體（學習者）得以完整地成長及發展，負有協助其學習之責任者（家長、教育家、國民），須擁有必要且相當的「自由」。換言之，教育自由之享有主體，其「自由」之行使，須以保障受教育權主體享有真正充實之受教育權為前提條件，唯有此一情況之下，教育自由始具實質意義。因此，倘以「學校教育」作為有關教育自由之論議範圍，並以受教育權為核心，而針對國家能否介入教育內容此一論點提出評析，則「教育自由」之功能及意義如何即可顯示。

　　觀之七十多年來台灣的教育體制，可以說完全否定教育自由之理念。依據民國 18 年 4 月 26 日公布之「中華民國教育宗旨及其實施方針」，其第一句即規定「中華民國之教育，根據三民主義」，並規定「各級學校三民主義之教育，應與全體課程及課外作業相貫連」，可知國家已對教育之基本理念限定在「三民主義」此一意識型態之下，完全忽視學習主體的國民之學習權，也排斥負有協助學習之責任者（家長、教師、國民）的教育自由。更具體的，依據民國 68 年 5 月 23 日公布之「國民教育法」第八條「國民小學及國民中學之課程標準及設備標準，由教育部定之。國民小學及國民中學之教科圖書，由教育部編輯或審定之。」另依民

---

[14] 「教育他人自由」不同於「教育自由」兩者應予區別，但有時亦有相互關係。例如，教育自由的歷史發展始於自然權的觀念，故家長有教育子女的自由，國家不能獨佔教育權，此時所指係「教育他人自由」。家長有家庭教育自由，教會及私人團體也有設立學校的經營自由，這都是一種以家長、教會為主體，擁有從事教育事項的自由權性質之教育自由，也就是不受國家干涉地「教育他人之自由」概念。參照山崎真秀「教育」，《現代の國家權力と法》（現代法學全集 53，筑摩書房，1978 年）23-24 頁。

國 71 年 7 月 7 日公布之「國民教育法施行細則」第七條第一項「各科教科書由國立編譯館根據課程標準統一編輯或審定之。」在此體制之下，教育行政之主管機構「教育部」，亦同時掌握教育方針及教育內容（教科書之課程綱要、編輯、審定）之絕對權力，教育自由在台灣完全失去其存在的空間。近年來「國民教育法」、「國民教育法施行細則」雖然多次修正，但是受政治權力之強制與拘束之本質完全持續不變，「教育部」至今繼續掌控教育方針及教育內容。國民自幼的學習範圍及內容完全受政治權力之強制與拘束，國民人格之形成受操縱，身心之自由發展受壓抑，影響所及國民只接受到必須服從權威，效忠主義、領袖、國家的觀念，完全不理解何為民主法治、基本人權、正義與公平，也不理解工作的意義及對社會的責任，更無法學習到政治上自主判斷能力，成為健全的「主權者」。因此，如何確立教育自由之理念乃今後確保國民學習權之重要課題。

一般論及教育自由，界定其內容頗為困難，因涉及教育事項之重要自由頗多，比方教師的教育自由、家長的教育自由、教科書編著者的教育自由等各種形式的教育自由。事實上，與教育相關的自由亦頗多為其他自由權所保障。例如，編著教科書可歸之於出版自由，與宗教相關事項則可歸之於信仰自由。但是如前所論，教育的自由主要係以普通國民教育機關及兒童為對象，基於此前提，教育自由的內容可概括地由家長的教育自由、教師的教育自由及教育中立等三部分來探討。

一、家長的教育自由

　　家長對於子女的教育是超越權利、義務關係的自然情感，父母依己意自由地教育子女，雖也歸之於「教育自由」的範疇，但其本質上不同於其他源於實定法的教育自由，而係屬於自然權性質的教育自由。

　　過去羅馬法即有家長權（PATRIA POTESTAS）之規定，近代民法亦設有監護權之條款，[15]然而綜觀這些實定法權利之設定，只是反映親子間自然的關係，並非創設家長擁有教育子女的權限。因此，原則上只有與外部社會並無直接關連的家庭內部教育，特別是嬰兒及幼兒教育，係屬家長自然的、不可侵的教育自由。1959 年聯合國兒童權利宣言第七條第二項即明確指出此一原則，「有責任教育及指導兒童者，應以兒童之最佳利益為其指導原則。此責任首先應屬家長」。

　　家長的教育自由，除家庭教育之外，一般認為還包含學校選擇的自由，學校教育內容選擇的自由。但此二部分不同於家庭教育，並非單純之家長與子女間的家庭內部關係，而是涉及外部社會關係及法律關係。因此，家長的教育自由，屬於此部分並非不可侵，其介入範圍亦有界限。

　　首先，若論及有關學校選擇的自由，除了公立教育機構之外，家長也可以為子女選擇私立學校就讀。然因現代教育制度已

---

[15]　參照兼子仁著，前揭書，204 頁及中華民國民法第 4 章。

將私人興學納入公共教育體系，是以家長之選擇自由已受現實上之拘束。因此唯有調和公共教育之必要性與私人興學自由，才能使擁有各種不同型態校風及教育方針之私人興學得以設置存在，如此家長的學校選擇自由始有其相對的意義。

其次，有關學校教育內容選擇之自由方面，1948 年聯合國世界人權宣言第二十六條第三項即指出「家長有優先選擇需要子女接受何種教育的權利」。家長對學校的教育方式及內容，基本上擁有申述意見及要求改正的權利。但是，單以家長的教育自由，並無法主動地影響學校的教育內容，家長只能於限定範圍內或特定情況下，有消極拒絕子女參與學校活動的自由。[16]於此值得注意的是，若學校的教育內容涉及違憲、違法的教育內容，則屬侵犯家長及子女的憲法上權力。家長基於自身權益及子女監護人的身分，擁有要求改正的權利。

再者前已論及，教育自由係以受教育權者為前提，故家長教育自由之行使，必然受學習權的制約。首先於家庭教育或監護教育方面，家長雖擁有充分自主的教育自由，但是相對於子女的學習權，家長的教育自由即有其公法上的義務性存在，有其必須受制約的本質。例如，家長懲戒權之行使，須以促進子女之人格成長為原則，否則即為教育自由之濫用。其次，有關國家的國民義務教育制度，屬於對子女受教育權的具體保障。因此，家長相對

---

[16] 例如，涉及宗教自由部分的宗教教育；涉及兒童健康問題的學校午餐；涉及人格形成的髮型、服裝等私生活的侵害，家長原則上都有決定權。至於特殊的政治教育、儀式及活動或道德、愛國教育，家長的拒決權是否存在，則有爭論。

地必須承擔使子女接受義務教育的「義務」。[17]由此觀之，家長的教育自由雖具有相當的權利本質，但是就法理性格而言，實際上其對子女的義務性質似乎更具體。

二、教師的教育自由

教師教育自由的意義，係教師得以其鑽研所得之教育專門技能，來協助學習主體之兒童成長、瞭解真理、完成其學習的自由之謂。是以教師之所以擁有教育自由，主要是基於對於學習者有益，可以提升教育效果的理論。其所依據者在於若不賦予教師教育的自由，則啟發兒童潛在學習能力將受影響。[18]當然在此前提之下，教師教育的自由必然有其內在的制約，並非絕對的排他自由。

首先必須瞭解的是，教師的教育自由是以教育知識真理為其範圍，亦即以促進兒童發展的知識教育為主，至於涉及思想、信仰及倫理道德之德育部分，則必須受到制約。其次，教師的教育自由其目的主要在，如何以其專門技術更有效地將知識傳予學習者。因此有關教學技巧，雖係經由日常接觸兒童所累積的獨自經驗，但主要仍須以共通普遍有效之方式教育兒童。總之，教師的教育自由之所以存在，主要仍是基於其有增進學習的效果，倘因

---

[17] 必須注意的是，歐美具有私教育傳統諸國，亦接受「家庭義務教育」為國民義務教育制度之一類型，符合條件者得給予適當的認可。

[18] 參照井上英治著《佐藤憲法からみた擇一の爭點（下）》（法曹同人，1989年）228頁。

此反而阻撓或減低兒童的學習效果，則教育自由之存在即失去其意義。

　　此外，教師的教育自由，亦必受到來自國家權力的制約。亦即為求普通基礎教育之教育機會平等及維持普通基礎教育之一定水準，國家須在相當的範圍內規定教育之內容及教材，如此自然地限制了教師的教育自由。也因此使教師的教育自由，並非教師的權利或權限，而是一種職務遂行及抗拒不當干涉所必備的條件（職務上之自由裁量），也是一種相對於受教育權而來的憲法保障。[19]

三、教育中立

　　教育中立具有兩種不同的意義。其一，係指教育體系本身須於宗教面、政治面維持中立，不受各種外在勢力之影響，不因政權移轉而變動。其二，係要求施予教育者須自我抑制，以中性的立場從事教育工作，不可介入個人主觀的因素。亦即，教育的過程中必然存在著教育者與被教育者的相對關係，而教育中立主要是在強調於此關係中，教育者之自主、獨立性格。但並不因此而使得教育者處於主動、權威地位，或是受教育者必然處於被動從屬之地位。

---

[19] 有關教師的教育自由與教師自由權利則屬不同層次的問題，教師自由權利主要是指教師之勞動基本權及教師從事教育活動不可缺之權利、自由，與教師的教育自由宜詳加區分。參照神田修著〈教師の自由と權利〉《教育—理念、現況、法制度》ジュリスト增刊總合特集（有斐閣，1978 年）87-91 頁。

教育的目的，主要在塑造理想的人，使接受教育者能擁有客觀的知識、技能及健全的人格，因此必須維持教育的中立性，不得偏於一黨一派、特定意識型態，或強調任何倫理、宗教價值觀。誠然，教育自由即是追求教育中立所必須具備的條件，唯有教育自由確實地存在，才得以維護教育過程的中立，確保受教育者的學習權。

維持教育的中立是教育的基本理念，除國民、教師自主地維護外，仍須從制度面加以保障。[20]一方面，以法律規定教育行政機關的權限範圍，並另行設置由學者專家所組成的教育委員會分擔權限及制衡之。一方面，確立與教育有關的地方自治原則，以避免出現中央政治權力的支配及全國性的教育統制。

肆、結語

教育是國家社會發展過程中最重要的一環，同時就性質而言，教育亦非一朝一夕所能改變的，須長時間循序漸進地規劃與檢討。因此，如何正確地掌握教育方向，是國民應予關心的重要課題。以下試就以上所論及之憲法學理念，提出現代民主國家建立國民教育體制必須重視的幾點見解，以供思考台灣未來教育發展之方向。

---

[20] 參照有昌遼吉編《判例コンメンタール憲法 II》，三省堂，1988 年，360 頁；橫板健治、植野妙實子、長谷川憲編著《憲法と政治生活》，北樹出版，1987 年，195 頁。

首先必須指出的是，強調國家教育權可能產生之弊害很多。詳言之，強調國家教育權將使政治權力容易介入教育，使教育的內容與本質失去原來之面目。教育之目的本是傳授真理，而真理係客觀存在的，必須以理論及事實為基礎來追求。若任由擁有政治權力者，決定教育的方針與內容，再強制教師將之傳授予學生，則必然造成教育本質之不彰與崩壞。原因在於，政治活動的規則係由「多數決」或實力而確立，而多數與少數並非一成不變，政權係隨時可能互換的，倘權力隨著多數決原理或政治實力而變動移轉時，教育之內容亦必須因之而異動，則客觀協助學習者追求真理的目的將難以達成。

　　第二、教育內容頗為廣泛，除教科書之外，倘包含有多元化師資養成、教師個人知識體驗的傳授、實物觀察、誘導啟發等部分，可見教科書並非唯一之教學教材，只是教育內容之一部分。然而，教科書依其性質與內容，於教育之過程中，卻佔有相當之份量與比重，特別是在國民初等教育階段，其影響更大。因此，有關教科書編審之問題，實應重新改革。基本上為維護教育自由，防止政治權力介入教科書之內容，民主國家所採方式主要有兩種；一是自由制，任何人皆可編纂教科書，教育行政機關只擬定課程標準，故其內容可不受政治力影響。一是折衷制，任何人皆可編纂，但須經由教育行政機關之認定。兩種方式都必須考慮在擬定課程標準時、審查認定教科書時，如何由學者專家、家長團體、教師團體、民間團體等組成之教育委員會，客觀、公開、中立的判斷，以及如何避免政治權力介入的問題，否則將與由國家統一編纂，實質上並無兩樣。

第三、教育必須維持其獨立性、自主性，慎防各種社會勢力介入影響教育之內容與本質。例如，企業以其所擁有之強勢經濟力，若得以毫無拘束地介入教育體系，則該當企業若為遂其追求利潤本質，自是不容許公害、環保、勞工等問題之教育內容與學習。如此一來，將造成教育理念的偏差與扭曲。因而有學者提出類似司法獨立的教育獨立論，[21]即在於防止此一現象之出現。

第四、以國家教育行政為主導之中央集權式教育型態，發展出以「考試」為中心的教育現象。於此一現象中，教師以考試之成績來評定學生，而學生亦依其成績被編入該當評定等級，統一入學考試更決定學生未來升學之前途。使得教育存在的目的窄化為應付考試一途，家長認定補習教育為理所當然，而學生也因此成為參與考試戰場的記憶機器。因此，如何更多元化、廣泛的評定學習成果、因材施教，值得檢討。

第五、教育理念之偏差，造成功利主義盛行，再配合絕對服從的教育倫理，使培育出來之國民，個個成為經濟動物、企業戰士，只知盲目地獻身於經濟利益的追逐，喪失了個人之人生理想與生存價值之體認，值得檢討。

第六、教育行政機關企圖培育順從的國民，刻意強化權威觀念，強調服從與一致的理念，使國民逐漸喪失批判與監督的精神，以構成一個易於統治管理的國家。然而，民主制度之維護與健全發展，並不是國民服從權威就可以達成的，相反地，所需的是國民能奮勇挺身、批判抵抗的精神。美國第三任總統傑彿遜曾

---

[21] 參照永井憲一著〈教育權〉《憲法 30 年の理論と展望》法律時報增刊，日本評論社，1977 年，312 頁。

指出「自由民主的政府，不是基於國民的信賴與順從，而是經由國民不斷嚴密地警戒與監督所建立起來的」。此充分說明了教育下一代國民成為服從權威的順民，非但使其本身失去追求理想與幸福的能力，尚且會使民主制度瀕於毀滅之境。

上述種種之矛盾與對立，唯有國民重新認識教育的本質，投入更多的關注與期待，才得以解決。就理論而言，教育改革應由兩方面著手，其一為「民主化」，其二為「分權化」。所謂民主化即明確地區分教育與教育行政的區隔，前者由國民共同決定，並交由選舉或專業之教育委員會執行之。後者則由國會立法規範教育行政事務，確實監督管理教育行政機關。至於「分權化」則是將中央教育行政機關之主管事務，分別委由地方自治機關處理，使教育能走向多元化，避免統一制式教育的形成。更重要的是，教育問題之探討必須以人權的學習權為中心，教育之主要目的在於使學習者能體認人性的尊嚴，藉由此而認識到人生的價值及人與人相互尊重的理念。

最近有關黑箱課綱之爭議，只能依賴學生與少數教師站出來抗議，顯示台灣學習權保障完全被忽略。如此，國家及政治力可以繼續統制教育內容與教師體系，勢必使下一代成為服從威權的順民。

Do觀點29　PF0175

人權之基本原理

作　　　者／許慶雄
責任編輯／杜國維
圖文排版／楊家齊
封面設計／蔡瑋筠

發　行　人／宋政坤
出　　　版／獨立作家
　　　　　　地址：114 台北市內湖區瑞光路76巷65號1樓
　　　　　　電話：+886-2-2796-3638　傳真：+886-2-2796-1377
　　　　　　服務信箱：service@showwe.com.tw
　　　　　　http://www.bodbooks.com.tw
印　　　製／秀威資訊科技股份有限公司
　　　　　　http://www.showwe.com.tw
展售門市／國家書店【松江門市】
　　　　　　地址：104 台北市中山區松江路209號1樓
　　　　　　電話：+886-2-2518-0207　傳真：+886-2-2518-0778
網路訂購／http://www.govbooks.com.tw
法律顧問／毛國樑　律師
總　經　銷／時報文化出版企業股份有限公司
　　　　　　地址：333桃園縣龜山鄉萬壽路2段351號
　　　　　　電話：+886-2-2306-6842

出版日期／2015年12月　BOD一版　定價／420元

|獨立|作家|
Independent Author

寫自己的故事，唱自己的歌

人權之基本原理 / 許慶雄著. -- 一版. -- 臺北
市 : 獨立作家, 2015.12
　　面 ；　公分. -- (Do觀點 ; PF0175)
BOD版
ISBN 978-986-92257-4-8(平裝)

1. 人權

579.27　　　　　　　　　　104020946

國家圖書館出版品預行編目

讀者回函卡

感謝您購買本書，為提升服務品質，請填妥以下資料，將讀者回函卡直接寄回或傳真本公司，收到您的寶貴意見後，我們會收藏記錄及檢討，謝謝！如您需要了解本公司最新出版書目、購書優惠或企劃活動，歡迎您上網查詢或下載相關資料：http:// www.showwe.com.tw

您購買的書名：＿＿＿＿＿＿＿＿＿＿＿＿＿＿＿＿＿＿＿＿＿＿＿＿

出生日期：＿＿＿＿＿年＿＿＿＿＿月＿＿＿＿日

學歷：□高中 (含) 以下　　□大專　　□研究所 (含) 以上

職業：□製造業　□金融業　□資訊業　□軍警　□傳播業　□自由業
　　　□服務業　□公務員　□教職　　□學生　□家管　　□其它＿＿＿

購書地點：□網路書店　□實體書店　□書展　□郵購　□贈閱　□其他

您從何得知本書的消息？

　□網路書店　□實體書店　□網路搜尋　□電子報　□書訊　□雜誌
　□傳播媒體　□親友推薦　□網站推薦　□部落格　□其他＿＿＿＿＿

您對本書的評價：（請填代號　1.非常滿意　2.滿意　3.尚可　4.再改進）

　封面設計＿＿＿　版面編排＿＿＿　內容＿＿＿　文／譯筆＿＿＿　價格＿＿＿

讀完書後您覺得：

　□很有收穫　□有收穫　□收穫不多　□沒收穫

對我們的建議：＿＿＿＿＿＿＿＿＿＿＿＿＿＿＿＿＿＿＿＿＿＿＿＿

＿＿＿＿＿＿＿＿＿＿＿＿＿＿＿＿＿＿＿＿＿＿＿＿＿＿＿＿＿＿＿＿

＿＿＿＿＿＿＿＿＿＿＿＿＿＿＿＿＿＿＿＿＿＿＿＿＿＿＿＿＿＿＿＿

＿＿＿＿＿＿＿＿＿＿＿＿＿＿＿＿＿＿＿＿＿＿＿＿＿＿＿＿＿＿＿＿

11466
台北市內湖區瑞光路 76 巷 65 號 1 樓

獨立作家讀者服務部　　　　　收

⋯⋯⋯⋯⋯⋯⋯⋯⋯⋯⋯⋯⋯⋯⋯⋯⋯⋯⋯⋯⋯⋯⋯⋯⋯⋯

（請沿線對折寄回，謝謝！）

姓　　名：＿＿＿＿＿＿＿＿＿　年齡：＿＿＿＿　性別：□女　□男

郵遞區號：□□□□□

地　　址：＿＿＿＿＿＿＿＿＿＿＿＿＿＿＿＿＿＿＿＿＿＿＿＿＿

聯絡電話：(日) ＿＿＿＿＿＿＿＿＿＿＿　(夜) ＿＿＿＿＿＿＿＿＿＿

E-mail：＿＿＿＿＿＿＿＿＿＿＿＿＿＿＿＿＿＿＿＿＿＿＿＿＿

587本